BASTEI
LÜBBE

Prof. Dr. Heinz Ryborz wurde 1935 in Berlin geboren. Er studierte Naturwissenschaften, Psychologie und Philosophie. Nach seiner Promotion war er in leitenden Positionen in der Wirtschaft tätig. Seit 1973 ist er Professor an einer deutschen Hochschule. Er ist Autor von neun Büchern, die in mehrere Sprachen übersetzt wurden. Mit seiner Psychologie der praktischen Lebenshilfe hat er sich bereits in mehreren Ländern Geltung verschafft.

Meiner Tochter Karin
und meinem Sohn Alexander
gewidmet

Das Unbewußte im Menschen ist das größte Reich.

Jean Paul

HEINZ RYBORZ

Die geheime Kraft Ihrer Wünsche

Erfolg und Glück
durch Aktivierung des
Unterbewußtseins

BASTEI
LÜBBE

BASTEI-LÜBBE-TASCHENBUCH
Band 60 192

Lizenzausgabe: Gustav Lübbe Verlag GmbH,
Bergisch Gladbach
Printed in West Germany Januar 1988
Einbandgestaltung: Graupner & Partner
Druck und Bindung: Ebner Ulm
ISBN 3-404-60192-0

Der Preis dieses Bandes versteht sich einschließlich
der gesetzlichen Mehrwertsteuer

Inhalt

Einleitung

Warum vermag ein Mensch seine Wünsche zu verwirklichen und der andere nicht? Weshalb gelangt der eine fast spielend zu Wohlstand und Ansehen, während sich der andere sein Leben lang vergeblich darum bemüht? Warum haben manche Menschen immer Erfolg und andere nicht? Weshalb verfügen die einen über beneidenswerte schöpferische Kräfte, während andere nichts zustande bringen? Warum bleiben gewisse Leute bis zum Alter von achtzig Jahren und mehr jung in ihrem Herzen, während andere schon mit dreißig Jahren innerlich ausgebrannt sind? Und weshalb reifen manche an einem Unglück, während andere daran zerbrechen? Weshalb sind viele glücklich und viele nicht? Vor allem aber: Warum erfüllt sich nicht das Leben *aller* Menschen?

Beenden wir hier die Reihe der Fragen, obwohl sie sich noch weiter fortsetzen ließe.

Der Schlüssel zu ihrer Beantwortung liegt in der geheimen Kraft Ihrer Wünsche, die in Ihrem Unterbewußtsein schlummert. Dort – im Unterbewußtsein – liegt Ihre größte Kraftquelle. Gelingt es Ihnen, Ihre Wünsche in die richtige Beziehung zum Unterbewußtsein zu bringen, fließt Ihnen gleichsam von selbst die Kraft zu, diese Wünsche auch zu verwirklichen. Es ist darum wichtig und entscheidend, die Arbeitsweise des Unterbewußtseins verstehen zu lernen und sich seiner zu bedienen. Sobald Sie dies verstanden haben, werden Sie auch begreifen, weshalb sich die gewaltige Kraft Ihrer Wünsche bisher nicht zu entfalten vermochte. Und seien Sie beruhigt: Die Gesetze, nach denen das Unterbewußtsein handelt, gelten für *jeden*, ganz gleich, welcher Partei oder Konfession er angehört, ob er arm oder reich ist, glücklich oder unglücklich oder was auch immer. Es liegt also allein an Ihnen, sich die Möglichkeiten zunutze zu machen, die Ihnen dieses Buch an die Hand gibt. Doch zunächst gilt es, einmal klar zu bedenken, von wo wir dabei ausgehen und welche Ziele wir ansteuern.

Es entspricht einem elementaren Bedürfnis jedes Menschen, daß er seine Begabungen und Kräfte zu aktivieren und auf diese Weise seine Wünsche zu realisieren sucht. Meines Wissens gibt es keine Statistiken darüber, wie vielen das schon gelungen ist. Sicher ist jedoch, daß relativ wenige den Mut zu einem erfüllten Leben finden. Die Gründe dafür sind mannigfaltig. Meist wird man gar nicht danach gefragt, was man eigentlich wünscht, hofft und anstrebt. Man kommt – auch als erwachsener Mensch – kaum je dazu, eine eigene Wahl zu treffen, sondern glaubt, sich den Verhältnissen, in denen man nun einmal steht, beugen zu müssen. Kaum jemand wagt es, offen und uneingeschränkt seine Neigungen zu bekunden und ihnen nachzuleben. Man hat meist weder Zeit noch Gelegenheit, sich mit sich selbst zu beschäftigen, und wüßte zudem kaum, wie dies anstellen. Stets stand man unter dem Druck seiner Pflichten, oder man machte es sich leicht und hat es nun um so schwerer. Viele von uns waren bestimmt auch zu autoritätsgläubig und ließen sich zu immer neuen Kompromissen bewegen, die schließlich bis zur Selbstverleugnung, ja zur Selbstaufgabe führten. Andere wieder beschritten den Weg des geringsten Widerstandes und hatten ständig Ausreden und Entschuldigungen vor sich selbst. Wir alle aber wurden gedrängt und verführt, überredet und gezwungen. So nahm man eben Rücksicht, war vorsichtig, ja oft gehemmt und verklemmt, schüchtern und entmutigt, unentschlossen und unberaten, wobei man sich obendrein noch mit allerlei Gebrechen, Mängeln und Fehlern behaftet sah, weil man den Normen der Erziehung, der Schule, der Gesellschaft usw. in mancher Hin-

sicht nicht zu genügen vermochte. Und da man sich damit und mit sich selbst nicht auseinandersetzen wollte oder konnte, stand man den vielfältigsten Einflüssen offen und war dankbar, wenn sie einen ablenkten und die eigene Person vergessen ließen, mit ihr freilich auch manch geheimes, uneingestandenes Sehnen und Hoffen. Kurz, wir waren damals – in unserer Kindheit, in unserer Jugend – nicht Herr unser selbst, waren unser selbst nicht mächtig.
Und sind wir es heute? Vielleicht. Doch bei sehr vielen Menschen sind die verborgenen Wünsche entweder schon früh verblichen oder unterdrückt worden, während sich viele insgeheim immer noch und immer wieder fragen oder vielmehr in Frage stellen. Fragen wie diese tauchen auf: Was will ich? Was wünsche ich überhaupt? Wozu bin ich wirklich berufen, wozu bestimmt? Wozu bin ich eigentlich fähig? Wohin treibt mich mein Innerstes? Und in welcher Rolle erfülle ich mich und meine Träume?
Nun, gerade um dieser Fragen willen ist dieses Buch geschrieben worden. Und so wollen wir uns jetzt der Frage zuwenden, welch praktische Hilfestellung Ihnen dieser Band geben kann. In welchen Rahmen ist er einzuordnen?
Er soll Ihnen zeigen, daß Erfolg und Glück bei Ihnen selbst liegen. Er will Sie mit anderen Worten ermuntern, sich selbst zu äußern und sich mit Ihren Wünschen und Hoffnungen auseinanderzusetzen – tatkräftig und konsequent. Dazu bietet Ihnen das Buch eine praktikable Arbeitstechnik an. Es legt dar, wie Sie Ihre ganz persönlichen Wünsche und Bedürfnisse entdecken können, womit ein großes Anliegen eines jeden Menschen angesprochen wird. Anhand der hier vermittelten Methodik erfahren auch Sie die große Kraft Ihrer Wünsche. Schon im Märchen wird ja von alters her der Kraft des Wünschens eine zentrale Bedeutung zugemessen. Oft ge

schieht es, daß einer bei einer Fee oder einem guten Geist drei Wünsche frei hat. Indem Ihnen das Buch nun zeigt, wie Sie Ihre Wünsche verwirklichen können, hilft es Ihnen, selbst zu einem guten Geist zu werden, Ihr eigenes Leben in die Hand zu nehmen und Sie selbst zu werden. Es befreit Sie somit auf geradezu märchenhafte Weise aus dem Zustand des Verwunschenseins – denken Sie bloß an die Geschichte vom Froschkönig. Da schleuderte doch die Prinzessin den widerlichen Frosch an die Wand, worauf an seiner Stelle der Prinz erschien. Mit dem Buch freilich brauchen Sie nichts Derartiges zu tun. Es genügt durchaus, es aufmerksam zu lesen, um sich hernach wie ein erlöster Prinz oder eine entzauberte Prinzessin zu fühlen! Daß in den Märchen auch verwunschene Personen vorkommen, beweist übrigens, daß es auch eine negative Kraft des Wünschens gibt. Und deshalb möchte Sie das Buch auch davor bewahren, bloßem Ehrgeiz, blindem Strebertum und rein egoistischer Zielsetzung zu verfallen, denn «der Mensch lebt nicht von Brot allein».

Erlauben Sie mir in diesem Zusammenhang noch einige grundsätzliche Worte zur Frage des menschlichen Glücks und des Wesens unserer menschlichen Existenz. Dann sollte nämlich auch um so offenkundiger werden, wie das im Buch dargelegte methodische Verfahren der Wunschfindung, Willensbildung, Zielsetzung und Zielverwirklichung zu verstehen ist. Fassen wir unsere menschliche Situation kurz so zusammen: Hinter dem Wunsch nach Erfolg, Anerkennung und Ausschöpfung der eigenen Fähigkeiten steht im Grunde das Verlangen nach Teilhabe am Göttlichen, nach Heimat und Geborgenheit, Ewigkeit und Seligkeit. Den Zustand eines solchen Glücks erlebt der Mensch in der Natur und in Gotteserlebnissen, wenn er – wie die Mystiker aller Religionen – die Grenzen des eigenen Ich überwindet und mit der Unendlichkeit Gottes eins wird.

Doch dies kann niemals Dauerzustand sein. Es ist uns schon aus biologischen Gründen unmöglich, ständig auf dieser Stufe des Glücks und seliger Selbstvergessenheit zu verharren. Oder religiös formuliert: Seit der Vertreibung aus dem Paradies gelingt uns jenes Weilen in der Transzendenz (in der Überhebung aus Zeit und Raum) nicht mehr. Die völlige Harmonie des Menschen mit sich selbst, mit aller Kreatur und mit Gott ist uns unwiderruflich verloren, doch ist die Erinnerung daran immer wachgeblieben, wie ein ferner Traum. Er ist auch die Ursache, weshalb jeder Mensch offen oder verborgen das Gefühl, ja die Überzeugung hegt, es stecke noch etwas anderes in ihm, selbst wenn er sich den Bedingungen, Verhältnissen und Gegebenheiten seiner unparadiesischen Existenz unterwirft. Darum sucht er jene ursprüngliche Ganzheit, jene Verbundenheit mit sich und aller Welt zurückzugewinnen, und zwar auf verschiedene Art. Als Christ hat er sogar den Auftrag dazu. Wir Europäer meinen das Paradies durch unermüdliches aktives Bestreben wieder erschaffen zu können, durch rastlose Tätigkeit und ruheloses Suchen und Forschen, während ihm Asiaten durch Meditation, das heißt geistige Versenkung in das Wesen der Dinge nahezukommen glauben. Das Empfinden jedenfalls, einen Verlust wettmachen zu müssen, und das Verlangen, einer höheren Bestimmung wieder teilhaft zu werden, ist echt und allgemein, und so wünscht denn jeder zu dem zu werden, worauf er angelegt ist: zu einem Wesen harmonischer Erfüllung.

Wir im Westen sehen die Voraussetzung dazu in ausgeprägter Individualität verbürgt, doch bevor jemand als Individuum, als nicht länger entzweibares Wesen zu bestehen vermag, muß er sich erst als Identität erfahren und sich selbst begegnen, was nur durch die Hinwendung und Hingabe an die Umwelt möglich ist. Die Erfahrung von Brüderlichkeit und Feindlichkeit zugleich,

von Ich und Du in wechselseitiger Beziehung gestattet dann mit der Zeit auch den Rückschluß auf das Selbst, das sich als menschlicher Kern, als Person oder Persönlichkeit unverwechselbar herauszuschälen beginnt. Auch wenn es also nichts Endgültiges im Streben des Menschen gibt und er sich nicht allen Fragwürdigkeiten und Bedingtheiten entziehen kann, vermag er sich doch ständig fortzuentwickeln.
Für die Praxis des Lebensglückes heißt dies, daß zwischen den nach außen gerichteten und zwangsläufig verengenden Aspekten unserer Existenz und den integrativen, auf Weite und Transzendenz zielenden Bestrebungen ein ausgewogenes Verhältnis bestehen sollte. Ist dies einmal erreicht, werden Sie nicht nur die verborgenen Fähigkeiten Ihrer selbst entdecken, sondern auch ein ganz neues Lebensgefühl entwickeln. Um dafür ein konkretes, einfaches und praktikables Programm anzugeben, konnten hier nicht alle Aspekte menschlichen Glücks in gleichem Umfang behandelt werden. Denn während sich für das Verfahren der Wunschfindung und Willensbildung, der Zielsetzung und Handlung leicht ein Schema anbietet, läßt sich die Gesamtheit aller Faktoren, die das Glück des Menschen bestimmen, natürlich nicht in ein solches Schema pressen. Immerhin ist dem «wahren Erfolg» und dem «wahren Glück» ein Schlußwort gewidmet, wobei auch da nicht zu vermeiden war, daß Wesentliches ausgeklammert werden mußte. Es wird auch darauf hingewiesen, daß Unglück nicht immer etwas Unglückliches bedeutet, zumal dann, wenn man begreift, daß solches Un-Glück zum Erwachsenwerden und Reifen beitragen kann. Es ist – ähnlich wie Mephisto in Goethes «Faust» – «ein Teil von jener Kraft, die stets das Böse will und nur das Gute schafft.» Diabolisches sollten wir dahinter nicht erblicken, sondern eine Chance dafür, klüger und reifer zu werden und die Grenzen unserer Möglichkeiten zu erkennen.

Soviel also in etwas anspruchsvollen Worten zu Erfolg und Glück als den Zielen unseres Strebens. Lassen Sie sich davon bitte nicht erschrecken; die Sprache der folgenden Kapitel wird einfacher und für jedermann leicht verständlich sein. Wir sind auf diesen Seiten von der Unbeholfenheit vieler Menschen, von ihrem Gefühl des Ausgeliefertseins, der Ohnmacht ausgegangen, gegen das wiederum das Empfinden rebelliert, mehr und Besseres aus sich machen zu können. Dabei ist auf das nachfolgende Übungsprogramm hingewiesen worden, auf die Kräfte Ihres Unterbewußtseins, die Ihnen dazu verhelfen werden, Ihre Ziele zu erreichen. Zum Schluß dieses Abschnitts sei noch an das Wort eines großen Philosophen erinnert: «Der *Weg* ist das Ziel.» Das scheint ein Widerspruch zu sein. Der Satz will jedoch besagen, daß das Ziel an und für sich nichts ist und nichts bedeutet, wenn es nicht eine Wegstrecke und alle die damit verbundenen Mühen und Erfolge der Überwindung zum Inhalt hat. Daran wäre vor allem beim praktischen Teil zu denken.

Kehren wir nun wieder zu unserem Buch zurück und sehen wir, was es Ihnen zu bieten hat, worin seine Besonderheit und sein praktischer Nutzen bestehen und was für Vorteile es gewährt.

Es legt zur Hauptsache Arbeitstechniken dar, die es Ihnen ermöglichen, mit den Kräften des Unterbewußtseins Ihre Wünsche zu entdecken und Ihre Fähigkeiten auf Ihre Ziele hin zu entfalten. Die im Buch beschriebene Technik baut deshalb auf dem Unterbewußtsein auf, weil dort Ihre größten Fähigkeiten liegen. Das Verfahren ist folglich nicht nur neu, sondern auch besonders wirkungsvoll. Es zeigt Ihnen anhand einfacher Übungen, wie auch Sie die erstaunlichen Möglichkeiten Ihres Unterbewußtseins ausschöpfen können. Vielleicht fragen Sie sich jetzt, woher ich eigentlich die Sicherheit und den Optimismus zu einer solchen Feststellung nehme. Nun, alle bedeutenden und großen Menschen haben ihre Neigungen und Wünsche einzig deshalb in Tat und Wirklichkeit umzusetzen vermocht, weil sie sich der Kräfte Ihres Unterbewußtseins bedienten, gleichgültig ob sie erfolgreiche Entdecker oder Erfinder, Künstler, Gelehrte oder Unternehmer waren. Wenn Sie die Biographien dieser Großen lesen, wird sich Ihnen dies immer wieder bestätigen. Denn erst der Einsatz des Kräftepotentials des eigenen Unterbewußtseins führt den Menschen zur Entfaltung seiner individuellen Begabungen. Nehmen Sie daher diese Chance wahr. Dann werden auch Sie sich von der Masse abheben, indem Sie sich verwirklichen.

Erinnern Sie sich an den «Parzival» von Wolfram von Eschenbach? Dort kommt im Gralsgeschehen dem erlösenden Wort als Antwort auf stummes Leiden entscheidende Bedeutung zu. In einer ähnlichen Lage wie der kranke Gralskönig Amfortas, den Parzival nach seinem Leiden zu fragen versäumt, befinden vielleicht auch Sie sich. Doch Sie können sich oder vielmehr das verborgene Heilsame in Ihnen selbst erlösen. Sobald es Ihnen nämlich gelingt, sich aus Ihrer passiven Leidensrolle zu befreien, indem Sie Ihre Wünsche nicht länger unterdrücken, sondern in Worte fassen, wird auch Ihnen die heilende Kraft des Unterbewußtseins zuströmen. Sie werden Mut zu einem erfüllten Leben finden und es selbst in die Hand nehmen.

Die Besonderheit dieses Buches besteht also nicht zuletzt darin, Sie auf ein Privileg hinzuweisen, das nicht nur einer Minderheit vorbehalten bleiben sollte. Und darum könnte man das Buch sogar als revolutionär bezeichnen. Sein eigentlicher praktischer Nutzen jedoch ist darin zu sehen, daß es erfolgreiche und einfache Techniken anbietet, die Ihnen dazu verhelfen, Ihre eige-

nen Möglichkeiten überhaupt erst wahrzunehmen und sie zu verwirklichen. Dazu müssen Sie die notwendigen Vorsaussetzungen schaffen, müssen Sie Ihr Unterbewußtsein vom Druck langjähriger Diskriminierung und Verleugnung befreien.
Ein gewichtiger Vorteil des Buches liegt schließlich auch darin, daß die Kräfte des Unterbewußtseins nicht allein in *eine* Richtung gelenkt werden. Sie werden sich nämlich im Leben niemals verwirklichen, wenn Sie allein nur positives Denken betreiben oder *nur* achtsam sind oder *nur* Ihre Intelligenz und Ihr Gedächtnis schulen oder *nur* mit Menschen besser umzugehen lernen. Auf diese Weise entsteht lediglich der bei vielen Leuten anzutreffende Irrtum, man nehme sein Leben in die Hand, obschon man sich nur *einem* Bereich der Selbstentfaltung widmet. Wenn Sie jedoch die ernsthafte Absicht haben, sich selbst zu verwirklichen, werden Sie erkennen, daß an all den im Buch angeführten Techniken nicht vorbeizukommen ist.
Der durch diese Einleitung geschaffene Rahmen der ganzen Erfolgsmethode wird durch das 4. Kapitel «Das Tor zu einem neuen Leben» noch erweitert und im Schlußwort, das weitere Perspektiven aufzeigt und vor allem Wesen und Wahrheit von Erfolg und Glück untersucht, vollendet.
Natürlich schließt das in den folgenden neun Kapiteln Gesagte niemals aus, sich noch mit zusätzlicher Literatur zu befassen und auf besondere Einzelheiten einzugehen, sofern man dazu den Wunsch verspürt. Sie finden deshalb gleich an das Schlußwort anschließend ein kleines Verzeichnis empfohlener Literatur.
Entscheidend bleibt jedoch die Befolgung des Übungsprogramms. Dessen übersichtliche Zusammenstellung gleich nach dem erwähnten Literaturverzeichnis vereint alle im Text ausführlich besprochenen Übungen und Arbeitstechniken und verschafft Ihnen einen Über-

blick über die gesamte Praxis unserer Methode in ihrem Ablauf und ihren Zusammenhängen.

Das folgende Register schließlich faßt die verwendeten Ausdrücke und Begriffe zusammen. Es mag zunächst einen gelehrt-wissenschaftlichen Eindruck erwecken und vielleicht eher abschreckend wirken. Lassen Sie sich aber dadurch nicht stören, Register sehen eben immer etwas pompös aus. Hat man einmal eine gewisse Scheu vor einem solchen Apparat überwunden, kann er recht nützlich und hilfreich sein, vor allem bei der Klärung von Ausdrücken, Sachverhalten und Beziehungen, die noch nicht ganz verstanden wurden. Sie werden durch den Vergleich mit anderen Stellen im Text einerseits präzisiert und anderseits in ihrer Bedeutung erweitert, weil sie von verschiedenen Hintergründen her gesehen werden. Scheinbare Widersprüche würden sich so dann erklären und auflösen.

Das Register gibt Ihnen folglich Gelegenheit, das Buch nicht nur von vorn nach hinten der Länge nach zu lesen, sondern auch der Breite nach, wobei sich interessante Querverbindungen ergeben, die das Verständnis des Textes abrunden. Ratsam ist es allerdings, erst einmal den Ausführungen wie gewohnt Seite für Seite zu folgen und erst nach der Lektüre des ganzen Bandes vom Register ausgiebigeren Gebrauch zu machen. Schreiten Sie also auf dem vorgezeichneten Weg voran und schenken Sie Ihre Aufmerksamkeit in erster Linie dem Übungsprogramm.

Die suggestiven Übungen (Übungsgruppe B, Übungen 9–14) sollte der Leser mindestens drei Wochen lang durchführen, denn meist ergibt sich erst nach dieser Frist eine Veränderung im Selbstbild. Halten Sie in der Zwischenzeit mit Kritik und anderer gedanklicher Auseinandersetzung zurück, selbst dann, wenn Ihnen das Selbstbild unerreichbar vorkommt. Urteilen Sie also erst nach drei Wochen über den Erfolg und beschäftigen Sie

sich vorher intensiv mit der Wunschfindung (Übungsgruppe A, Übung 1–8). Widmen Sie in den ersten vier Wochen dem Programm der Übungsgruppe C (Übungen 15–22) nur wenig Zeit. Mit den Übungsgruppen C, D, E (Übungen 15–31) sollten Sie sich erst nach der fünften Woche eingehender beschäftigen. Denn wie in allen Dingen gilt auch hier, daß einerseits Übung den Meister macht, anderseits aber zu großer Eifer schadet und mutlos macht. Bei diesen Übungen zur Selbstverwirklichung werden sowohl Methoden der Suggestion wie der Achtsamkeit angewandt. Suggestion auf der Grundlage der Psycho-Kybernetik bewirkt durch die Kräfte des Unterbewußtseins ein neues Selbstbild und positive Verhaltensweisen. «So wie der Mensch im Herzen denkt, so ist er auch», sagt die Bibel. Achtsamkeit dagegen führt zu Selbsterkenntnis und baut falsche Verhaltensweisen ab. Die dargelegten Techniken sind an kein Alter gebunden, denn das Unterbewußtsein verbraucht sich nicht mit zunehmenden Jahren. Es versteht sich, daß sie nur Hilfsmittel, jedoch niemals Selbstzweck sind. Dennoch sollte sich der Leser darauf konzentrieren, diese Techniken anzuwenden; dabei darf er sich durch andere Dinge nicht ablenken lassen. Dies alles erfordert selbstverständlich einen gewissen Zeitaufwand. Mit der Zeit verglichen, die früher versäumt oder vertrödelt wurde, ist er allerdings klein.
Das Entfaltungsprogramm mit seinem Übungsaufbau bietet Ihnen die Chance Ihres Lebens. Auch Sie werden mit dieser Methode spielend Erfolg haben, ohne sich anzustrengen. Wo immer Ihre verborgenen, unbekannten Fähigkeiten liegen und welche Wünsche Sie auch haben mögen: die Methode gilt auch für Sie und Ihren ganz speziellen Fall.
Gehen Sie entschlossen und zugleich behutsam und schrittweise vor. So werden Sie die neuen Kräfte aus Ihrem Unterbewußtsein immer in Ihrer Gewalt haben

und mit einer nicht gerade auf Liebe ausgerichteten Umwelt besser fertig werden. Sie werden ein bewußteres Leben führen und ausgeglichener, erfolgreicher und glücklicher sein.

Wenn Sie sich längere Zeit mit der Verwirklichung Ihrer Wünsche befassen, werden Sie feststellen, daß an die Stelle bereits verwirklichter neue, andere Wünsche treten. Aus diesem Grunde empfiehlt es sich, der Erfüllung eines Wunsches nie absoluten Charakter beizumessen, auf welcher Ebene er immer liegen mag. Bleiben Sie sich bewußt, daß Ihnen die Erfüllung von Wünschen nie das Glück ersetzen kann, das der Mensch in der Transzendenz seiner Existenz und in seiner Religion findet, das heißt in der geistigen Durchdringung und Aneignung von Zeit und Welt und in der seelischen Geborgenheit eines allumfassenden Prinzips. Etwas Endgültiges, das Sie aller weiteren Wünsche überheben würde, gibt es nicht. Und das ist gut so. Das Leben kann und darf ja nicht stillestehen und ebenso wenig der Mensch, der mitgehen muß, sich ständig weiterentwickeln soll, damit aus ihm werden kann, wozu er bestimmt ist.

Beziehen Sie also auch die Zeit in Ihre Wunscharbeit ein – die Zeit, die Sie reifer werden läßt und die auch Ihre Wünsche reift, so daß sie fast unmerklich andere Gestalt annehmen und in veränderte Richtungen zielen.

Vergessen Sie nie: Das Buch liefert Ihnen nur eine Methode, um das Leben besser zu bewältigen. Und da sich das Leben, wie gesagt, fortwährend wandelt und Sie sich mit ihm, ist Ihnen gleichzeitig immer auch die Freiheit vorbehalten, Ihren Standpunkt zu ändern und ohne Rücksicht auf überholte Vorsätze und Vorstellungen der zu werden, der Sie wirklich sind. Oder der Sie sein könnten, wenn Sie nur wollten. Anerkennen Sie dabei keinen anderen Zwang als den, der Ihnen aus Ihren eigenen Einsichten und Überzeugungen erwächst, und bleiben Sie selbst da kritisch und vorsichtig, indem Sie stets erneut sich selbst befragen und die angegebenen Techniken praktizieren. Und sofern Sie auch diese lediglich als Rüst- und Handwerkszeug betrachten, sind Sie imstande, sich Ihre innere Freiheit zu bewahren. Dann hat nicht die Methode Gewalt über Sie, sondern Sie haben Gewalt über die Methode.

Erinnern Sie sich an das Märchen von Rumpelstilzchen? Da war doch die schöne Müllerstochter in die Abhängigkeit dieses seltsamen Männchens geraten, wurde aber mit seiner Hilfe die Gemahlin des Königs. Um nicht verraten zu werden, versprach sie Rumpelstilzchen sogar ihr erstes neugeborenes Kind. «Über ein Jahr brachte sie ein schönes Kind zur Welt und dachte gar nicht mehr an das Männchen. Da trat es plötzlich in ihre Kammer und sprach: ‹Nun gib mir, was du mir versprochen hast.› Die Königin erschrak und bot dem Männchen alle Reichtümer des Königs an, wenn es ihr das Kind lassen wollte. Aber das Männchen sprach: ‹Nun, etwas Lebendes ist mir lieber als alle Schätze der Welt.›»

Sie wissen, wie es weitergeht. Der Königin gelingt es schließlich, Rumpelstilzchens Gewalt dadurch zu brechen, daß sie listig dessen Namen in Erfahrung zu bringen weiß und diesen Namen auch nennt. Wie das Männchen sich so erkannt sieht, verliert es die Macht über die Königin. Es verschwindet wutentbrannt, und sie darf ihr Kind behalten.

Die erlösende Tat der Königin war, etwas oder jemanden beim Namen zu nennen. Das bedeutet gemeinhin auch, die Wahrheit zu sagen. Oder mehr noch: eine Wahrheit zu setzen, und zwar gegen das Namenlose, Ungestalte und Ungeheure, ja Bedrohliche, das im Märchen durch das tückische Männchen verkörpert wird. Die Königin fürchtete es zu recht, hatte sie ihm doch anfänglich nichts entgegenzusetzen. Erst mit der Satzung der Wahrheit war der Bann gebrochen. Und so ergeht es uns auch heute noch. Wir werden von Wünschen verfolgt, sind voller Unruhe und Unrast, spüren eine innere Leere und empfinden zugleich mancherlei Wirres und Drängendes, das sich jedoch auf keinen klaren Nenner bringen läßt und gerade dieser Ungestaltheit wegen oft Angstgefühle, Beklemmungen und gar Depressionen auslöst. Bis wir – endlich! – den Mut aufbringen, den Mut der Verzweiflung vielleicht, die Dinge beim Namen zu nennen und den quälenden Druck in der Brust zum Verschwinden zu bringen.

Eben deswegen will Ihnen dieses Buch helfen, Ihre Wünsche zu erkennen und sie zum Ausdruck zu bringen. Es hilft Ihnen womöglich, eine Last vom Herzen zu wälzen und die geheime Kraft Ihrer Wünsche positiv und sinnvoll einzusetzen. Und wenn Sie das Wünschen wie auch die Verwirklichungstechniken im Rahmen dieser Einleitung sehen, werden Sie es in Ihrer Gewalt behalten und Ihr Leben verändern und bereichern. Dann sind Sie Herr Ihrer selbst, und nicht länger Ihr eigener Sklave. Dann bewahren Sie sich und Ihrem Leben die so notwendige Dimension der Unendlichkeit, die Sie erlösend und befreiend eh und je über die eigene Wirklichkeit hinauszielen läßt, so daß auch Sie das Wunder der Selbstbefreiung erleben.

Was aber heißt Wünschen zuletzt? Doch nichts anderes, als sein Inneres mit Wahrheit zu erfüllen!

1. Kapitel

Erkennen Sie Ihre Wünsche, die Zielsignale Ihres Unterbewußtseins

Auch die Kräfte Ihres Unterbewußtseins werden sich entwickeln. Dann werden Sie imstande sein, jetzt noch verborgene Fähigkeiten frei zu entfalten.
Es gilt zunächst nur, eine sehr wichtige Voraussetzung dafür zu schaffen: Sie müssen Ihre ganz persönlichen Wünsche erkennen! Denn Sie benötigen klare Ziele, auf die Sie mit all Ihren Kräften und Fähigkeiten hinarbeiten können.
Freilich handelt es sich dabei nicht um irgendwelche Ziele, sondern um solche, mit denen Sie sich persönlich identifizieren. Und hierin wiederum liegt eine ganz besondere Problematik. Denn die meisten Menschen erkennen nie, was denn Ihre ganz persönlichen Wünsche sind. Es gilt demnach, solche Ziele, die nur zu oft noch im Unterbewußtsein verborgen sind, erst einmal bewußt zu machen.
Mit der in diesem Kapitel dargelegten Methode werden Sie nun erstmalig die Möglichkeiten Ihres Unterbewußtseins konsequent dafür nutzen, Ihre individuellen Ziele zu erkennen. Sie brauchen sich nur an die Anweisungen zu halten. Und so werfen Sie den Motor zur Betätigung Ihres Unterbewußtseins an.
Lassen Sie dann der Tätigkeit Ihres Unterbewußtseins freien Lauf. Bringen Sie bitte keine Einwände gegen Ihre Wünsche vor, indem Sie etwa an Ihren Fähigkeiten zweifeln oder an Schwierigkeiten bei der späteren Wunschverwirklichung denken. Denn damit würden Sie nicht nur Ihre Wünsche weiterhin unterdrücken, sondern auch die Entfaltung der Kräfte Ihres Unterbewußtsein behindern.
Damit ist nun endgültig Schluß. Unterdrücken Sie persönliche Wünsche nicht mehr. Registrieren Sie solche Signale Ihres Unterbewußtseins vielmehr aufmerksam. Denn Ihre eigenen Wünsche zeigen Ihnen, wozu Sie einmal fähig sein werden. In Form des Wunsches signalisiert Ihnen das Unterbewußtsein, auf welches Ziel hin es

für Sie tätig sein möchte. Weil es dafür mit den besten Voraussetzungen ausgestattet ist. Sie müssen den Kräften Ihres Unterbewußtseins nur die Möglichkeit dazu geben.
Fördern Sie nun mit der in diesem Kapitel beschriebenen Technik die Tätigkeit Ihres Unterbewußtseins, verstärken Sie zugleich auch dessen Zielsignale. So werden Sie sich endlich Ihrer ganz persönlichen Wünsche bewußt. Und damit tun Sie den ersten Schritt zur Entfaltung Ihrer Möglichkeiten und Ihrer ganz besonderen Persönlichkeit.

Stellen Sie eine Liste Ihrer persönlichen Wünsche auf

«In den seltensten Fällen wissen Leute wirklich, was sie wollen, selbst wenn sie sagen, sie wüßten es», stand vor einigen Jahren in der führenden amerikanischen Fachzeitschrift *Advertising Age.*
Trifft diese Feststellung von Werbefachleuten auch auf Sie zu? Haben Sie sich schon einmal gründlich mit der Frage beschäftigt, was Sie für sich im Leben erreichen wollen? Ich meine nicht, was Sie möchten, um andere zu beeindrucken. Und ich spiele auch nicht auf Wünsche an, die sich bei Ihnen einstellen, nachdem Sie bereits andere erfolgreich unterdrückt haben. Wenn Sie zum Beispiel sagen: «Ich will einen Urlaub in Spanien verbringen, denn eine Reise nach den Seychellen kann ich mir nicht leisten», oder: «Ich möchte einen Urlaub an der See verbringen, weil meine Frau meine Vorliebe für das Skifahren nicht teilt», dann meine ich all das nicht.
Ich frage nach den Wünschen, die aus Ihnen selbst kommen. Und ich meine damit all jene Wünsche, die schon früher einmal in Ihren Vorstellungen aufgetaucht sind

und die Sie mit ängstlichen Fragen unterdrückten. Kann ich das erreichen? Was werden die anderen sagen? Darf ich überhaupt so etwas wünschen?
Wissen Sie also, was Sie für sich ganz persönlich wünschen? Denn nur danach wird gefragt.
Ich gebe zu, die Beantwortung dieser Frage ist nicht einfach, und erst recht nicht auf Anhieb. Denn die Sehnsüchte und Wünsche der meisten Menschen bleiben ihnen nur zu oft selbst verborgen.
Ihre eigenen und ganz persönlichen Wünsche werden Ihnen indes am schnellsten dann bewußt, wenn Sie sich zu deren Enthüllung der Möglichkeiten Ihres Unterbewußtseins bedienen.
Lassen Sie mich zunächst eine einfache Technik dafür erläutern. Nehmen Sie Papier und Bleistift in die Hand. Und schreiben Sie nun die sieben Wünsche auf, deren Erfüllung Ihnen am meisten am Herzen liegt. Und bemühen Sie sich, diese Ziele zu präzisieren. Darauf kommt es ganz besonders an.
Wenn Sie zum Beispiel schreiben: «Ich will etwas tun, das mich befriedigt», so geben Sie zwar die Richtung an, die Sie einschlagen wollen, doch bedeutet das noch keine klare Zielsetzung. Denn eben darüber sollen Sie sich ja Ihre Gedanken machen.
Genauso mangelte es dem Wunsch, reich zu werden, an der notwendigen Zielklarheit. Formulieren Sie also klare Ziele. Und verzichten Sie auf die Aufzeichnung von Sehnsüchten und Erwartungen. Denn nur wer sein Ziel klar umrissen hat, wird es auch erreichen.
Haben Sie schon einige Wünsche aufgeschrieben? Zählen Sie die materiellen Dinge auf, die Sie sich wünschen. Nehmen Sie in die Wunschliste aber auch Charaktereigenschaften, wenn Sie sich solche Ziele setzen.
Nun, erkennen Sie, was Sie wollen? Vielleicht haben Sie aufgeschrieben: «Ein großes Auto!» Ist es jedoch tatsächlich Ihr größter Wunsch, einen solchen Wagen zu

besitzen? Oder versteckt sich dahinter nur der Wunsch, dem Nachbarn zu imponieren? Seien Sie ehrlich zu sich selbst: Haben Sie nicht auch das in die Wunschliste aufgenommen, was eigentlich andere von Ihnen wollen?
Haben Sie zum Beispiel den Mut gefunden und «Tauchen auf den Malediven» aufgeschrieben, weil Sie schon seit frühester Jugend das Leben und die Farben unter Wasser faszinierten? Oder besteht Ihr Wunschkatalog nur aus dem, was Ihnen andere ständig als erstrebenswert einredeten? Und ist es Ihnen bisher tatsächlich sehr gut gelungen, all Ihre geheimen Sehnsüchte zu unterdrücken?
Selbst wenn dem so wäre, verzagen Sie nicht. Schreiben Sie trotzdem all die Wünsche auf, die Ihnen zunächst einfallen. Denn wenn Sie sich auf etwas Besseres besinnen, können Sie den ersten Wunsch immer noch durchstreichen und dafür den schriftlich festhalten, dessen Erfüllung Ihnen noch mehr bedeutet.
Hier noch einige Hinweise für die Aufstellung Ihrer persönlichen *Wunschliste.*

1. Schreiben Sie nur das auf, was Sie wollen, und nicht, was ein anderer von Ihnen erwartet. Formulieren Sie nur persönliche Wünsche. Und lassen Sie als Schranken und Grenzen Ihrer Wünsche nur das bürgerliche Gesetzbuch gelten.
2. Drücken Sie Ihre Wünsche genau aus. Also nicht einfach schreiben: «Sparen», sondern vielleicht: «Monatlich 300 DM sparen.» Auch nicht: «Charakter verbessern», sondern etwa: «Liebevolleres Verhalten zur Familie zeigen.»
3. Ordnen Sie Ihre Wünsche so, daß der am leichtesten zu verwirklichende am Anfang der Liste steht.
4. Setzen Sie sich zunächst Ziele, die nicht allzu schwer zu realisieren sind. Zerlegen Sie Fernziele in Nah-

ziele, und streben Sie erst diese an. So wäre es zum Beispiel falsch, sich gleich vorzunehmen, Vorstandsvorsitzender zu werden. Und es wäre sehr viel besser, zunächst die beruflichen Kenntnisse in besonderen Kursen zu erweitern.

5. Schreiben Sie die Wunschliste so, daß Sie positiv formulieren. Also *nicht:* «Ich möchte meine negativen Stimmungen abbauen», sondern: «Ich bemühe mich, stets gut gelaunt zu sein.» Diese Notwendigkeit wird Ihnen später noch verständlicher werden.

Sind Sie vielleicht der Ansicht, Sie könnten sich diese schriftlichen Aufzeichnungen sparen? Und fragen Sie, worin eigentlich der Nutzen der schriftlichen Formulierung für Sie ganz persönlich besteht?

Nun, selbst wenn Sie nach dieser Technik vorgehen, werden Ihnen gewiß nicht auf Anhieb die sieben Wünsche einfallen, deren Erfüllung Ihnen alles bedeutet. Sie werden damit auch dann noch nicht fertig sein, wenn Sie verschiedene Wünsche auf der Liste durchstreichen und diese durch andere ersetzen, die für Sie mehr bedeuten. Beenden Sie deshalb die Liste, wenn Ihnen zunächst nichts mehr einfällt. Schreiben Sie diese sauber ab und legen Sie sie fort. Und setzen Sie Ihre Überlegungen am nächsten Tag oder etwas später fort.

Die Zielliste ist für Sie nicht nur eine gute Arbeitsunterlage. Sie haben so auch die Voraussetzung dafür geschaffen, daß Ihr Unterbewußtsein erfolgreich für Sie arbeiten kann. Ohne daß Sie sich selbst anstrengen. Denn wenn Sie diese Liste nach zwei Tagen erneut in die Hand nehmen und sich damit beschäftigen, werden Ihnen bald Wünsche einfallen, die Ihnen noch mehr bedeuten. Überarbeiten Sie daher die Liste. Und schreiben Sie sie auch wieder neu. Die Notwendigkeit dazu liegt nun auf der Hand.

Verfahren Sie so einige Male und kristallisieren sich da-

bei keine anderen Wünsche mehr heraus, dann haben Sie Ihre ganz persönlichen Ziele erkannt.
Machen Sie sich deshalb tatsächlich die Mühe und schreiben Sie die Wünsche jedesmal neu und sauber auf. Denn durch die schriftliche Formulierung ergibt sich für Sie eine um so größere Klarheit. Nur eine sauber geschriebene Liste wird Sie zu weiteren Einfällen anregen. Und zugleich schaffen Sie Aktivitätszentren im Unterbewußtsein, damit es sich erfolgreich für Sie betätigen kann. Doch davon später mehr. Jetzt beschäftigen Sie sich mit Übung 1.

Übung 1: Schreiben Sie sieben Wünsche auf, die Ihnen besonders am Herzen liegen. Überarbeiten Sie die Liste mehrfach.

Sie sind nun allen anderen weit voraus, weil Sie Ihre Ziele erkennen. Und diese auch erreichen werden. Denn wer nur allein die Richtung weiß, in die er gehen will, kann nie ans Ziel gelangen oder wird darüber hinausschießen. Einfach weil er keine klare Zielsetzung hat. Und trotz allen Eifers werden sich so keine Fortschritte erzielen lassen.
Davon soll das folgende Beispiel berichten.

Unterdrücken Sie Ihre Wünsche nicht und setzen Sie sich klare Ziele

Als ich nach Abschluß des Studiums meine Tätigkeit in der Industrie begann, lernte ich dort einen jungen Diplomkaufmann kennen. B. war etwa zwei Jahre vor mir in das Unternehmen eingetreten und wegen guter Leistungen im Verkauf in eine Stabsabteilung hochgelobt worden. Da ich mich früher sehr für Betriebswirtschaft interessiert hatte, aber im Unternehmen in einem wissenschaftlich-technologischen Sektor arbeitete, bestanden zwischen mir und B. gemeinsame Interessen. Zudem mußte keiner den anderen als Rivalen fürchten. Wir unterhielten uns deshalb oft, wozu die Mittagspause die beste Gelegenheit bot. Und im Laufe der Zeit vertiefte sich unser Kontakt.

B. ging es eigentlich recht gut. Da seine Frau nicht unvermögend war, hatte er für sich und seine Familie ein Haus im Grünen kaufen können. Daß er sich dabei finanziell nach der Decke strecken mußte, empfanden er und seine Frau nicht als besonderes Opfer, da ihre Kinder nun im eigenen Garten herumtoben konnten.

Beruflich setzte sich B. das Ziel, ein erfolgreicher «Pyramidenkletterer» à la Vance Packard zu werden und am Ende seiner Karriere mindestens die Position eines Direktors zu erreichen. Zu seinem Kummer war jedoch der Posten des Direktors der Stabsabteilung bereits besetzt und auch schon dessen Stellvertreter ernannt, so daß er sich keine Hoffnungen machen konnte, diesen Posten je zu erreichen.

B. tat nun genau das Richtige, um aus dieser Sackgasse herauszukommen. Er beschloß, sich beruflich zu verändern. In dem Zusammenhang erzählte B. mir auch, seine frühere Tätigkeit im Verkauf derselben Unternehmung habe ihn weit mehr befriedigt als seine Arbeit in der Stabsabteilung, da ihm der Kontakt mit Menschen mehr Freude bereite als die stupide Beschäftigung mit trockenen Zahlen. Der aufmerksame Leser wird sich hier natürlich fragen, was B. denn eigentlich veranlaßt hatte, sich einem Arbeitsgebiet zu widmen, das gar nicht seinen Neigungen entsprach. Hätte nämlich B. den Wunsch geäußert, in der Verkaufsabteilung zu verbleiben, wäre die Firma gewiß seinem Wunsch nachgekommen. Stellen wir also die Frage, warum B. gegen seine

persönlichen Neigungen und Wünsche handelte, als er vom Verkauf in die Stabsabteilung wechselte.
Nicht nur B., sondern auch vielen anderen Menschen ist es zur Angewohnheit geworden, sich daran zu orientieren, was ihnen in den Augen ihrer Mitmenschen Ansehen und Achtung einbringt. Im Falle B. war es ganz einfach. Er wußte, sein Ansehen bei den Kollegen würde steigen, wenn er in einer Stabsabteilung arbeitete, die direkt dem Vorstandsvorsitzenden unterstand. Und aus diesem Grunde opferte er die für ihn interessante Tätigkeit im Verkauf. Die Befriedigung seiner Eitelkeit entpuppte sich jedoch sehr bald als Ersatzbefriedigung von geringer Dauer. Und als schließlich für B. auch noch die Hoffnung zerrann, in der Stabsabteilung zu deren Leiter aufzusteigen, brachte er die Kraft, seinen Wunsch nach einer fesselnden Tätigkeit zu unterdrücken, nicht länger auf.
Doch verfolgen wir nun den weiteren Weg des Herrn B. Seine Bestrebungen, einen fesselnden Posten im Verkauf bei einer anderen Unternehmung zu bekommen, führten nicht zum Erfolg. Und das nicht zuletzt deshalb, weil er bereits mehrere Jahre nicht mehr im Verkauf gearbeitet hatte. Nur eine Firma bot ihm schließlich an, ihn bei gleichem Einkommen innerhalb von zwei Jahren zu einem Fachmann in der Datenverarbeitung auszubilden.
«Wenn ich im Rechnungswesen Spezialist bin», argumentierte B., «werde ich es doch einmal erreichen, später Direktor zu werden. Ich müßte dann allerdings mindestens noch einmal die Firma wechseln. Der Umgang mit Computern liegt mir zwar nicht, aber für die Karriere müssen nun einmal Opfer gebracht werden.»
B. verkaufte sein Haus und zog mit seiner Familie in die Großstadt, in der die Firma seiner Wahl ihre Niederlassung hatte. Zwei Jahre später war B. in derselben Sackgasse wie vorher. Er hatte sich zwar die neuen

Fachkenntnisse angeeignet, doch eine innere Befriedigung ob seiner Arbeit stellte sich nicht ein. B. litt überdies vermehrt noch an dem Umstand, daß er immer noch nicht Abteilungsleiter war, und er bedauerte auch, nun in einem Unternehmen mit schlechtem Betriebsklima zu arbeiten.

Wir brauchen diesem Beispiel einer falschen Zielsetzung keine weiteren hinzuzufügen. Sie werden sicher genügend weitere Fälle aus Ihrem Bekanntenkreis kennen. Die Folgen einer falschen Zielsetzung reichen aber noch viel weiter als im angegebenen Beispiel. Die permanente Unterdrückung eigener Sehnsüchte durch den selbstauferlegten Zwang, Ziele anzusteuern, mit denen man sich nicht selbst identifiziert, kann nämlich zu mannigfaltigen psychosomatischen Erkrankungen führen – zu Erkrankungen also, bei denen zwischen Seele und Körper ein gestörtes Verhältnis erkennbar wird. Das Feld solcher Krankheiten ist weit. Es umfaßt Magengeschwüre, Depressionen, Manien, Bluthochdruck, Impotenz, Frigidität und den Herzinfarkt, um nur einige zu nennen.

Man schätzt, daß etwa vierzig Prozent der Patienten, die eine normale Arztpraxis aufsuchen, körperliche Leiden haben, die auf seelische Ursachen zurückzuführen sind. Unter jene Kranke fallen natürlich nicht nur Menschen, die ihre Wünsche unterdrücken. Wir müssen auch jene anderen zu ihnen zählen, die es aus Unkenntnis der Erfolgsgesetze nicht verstanden, ihre Ziele zu verwirklichen. Doch aus welchem Grund auch immer ein Wunsch nicht verwirklicht wurde, spielt letzten Endes keine Rolle. Denn schließlich schenkt nur die Befriedigung eines Wunsches ein Gefühl von Glück. Und wenn dies fehlt, wird der Mensch seelisch krank.

Doch was tun die meisten Mediziner in solchen Fällen? Sie veranlassen die Kranken nur selten dazu, ihre eigene Kraft zu mobilisieren. Statt dessen versuchen sie mit einem großen Einsatz von Psychopharmaka und Medikamenten eine Behandlung vorzunehmen. Die Ärzte behandeln aber auf diese Art nur die Symptome und nicht die eigentlichen Ursachen der Erkrankung. Einem Arzt bringt die Verordnung eines Medikamentes immerhin schnell und leicht verdientes Geld. Und der Patient meint in seiner Unbeholfenheit oder Bequemlichkeit, er könne seine Probleme durch Schlucken der Arznei beseitigen. Schließlich ist er ja auf Konsum dressiert. Und ein Mensch, der sich selbst zu helfen weiß, wäre der Mitwelt doch nur unbequem.

Zurück zu Ihnen. Wollen Sie tatsächlich Ihr Leben auf diese Art verbringen? Und sich trotz aller Künste der Medizin und der Pharma-Industrie weiter unglücklich fühlen? Dann denken Sie stets daran: Sie haben nur ein Leben, um es zu leben!

Wer sich im Leben glücklich fühlen will, muß sich wieder auf seine ganz persönlichen Wünsche besinnen. Und er muß sich eigene Ziele setzen, damit er sich entfalten kann.

Es bedarf zur Verwirklichung eines Wunsches nur sehr wenig Zeit, wenn sie mit der verglichen wird, die sonst nutzlos vergeudet wird. Kann es also überhaupt noch einen Zweifel geben?

Bleibt folglich nur zu wissen übrig, wie man seine Ziele mit Erfolg anstrebt. Doch das ist das Thema dieses Buches. Und davon handeln folgende Übungen.

Entwickeln Sie einen gesunden Egoismus

Eigentlich sollte man annehmen, eine solche Aufforderung wäre völlig überflüssig. Denn jeder kann täglich neu erleben, wie sehr Menschen nur an sich selbst denken. Niemand kommt an einer solchen Erfahrung vor-

bei. Und nicht nur die anderen, sondern auch wir denken nur an uns. Zumindest scheint es so.
Doch verhalten wir uns auch dann egoistisch, wenn es um das eigene Glück geht? Das ist merkwürdigerweise bei sehr vielen Leuten nicht der Fall.
«Ich bin durch meine Verpflichtungen so eingespannt, daß ich mich nicht meiner Selbstentfaltung widmen kann», heißt es oft. Ein solches Argument wird etwa jener Mann anführen, der sich schon seit Jahrzehnten für das Wohl seiner Firma aufreibt. Natürlich muß sich jeder bis zu einem gewissen Grad bemühen, sich seinen Job zu sichern. Daran gibt es keinen Zweifel. Doch steht eigentlich der Aufwand an Kraft und Zeit, den Sie für die Firma treiben, wirklich in einem vernünftigen Verhältnis zu dem Nutzen, den Sie von Ihren Mühen haben? Eine kleine Treueprämie für zwanzig oder noch mehr Jahre unermüdlichen Schaffens im Dienste Ihrer Firma wird Sie für die Berufschancen, die Sie bei den anderen Unternehmen ausschlugen, nie entschädigen. Oder haben Ihnen etwa die vielen Pflichten, die Sie sich in der Firma geduldig aufbürden ließen, tatsächlich etwas eingebracht?
Nehmen wir einmal an, Ihr Arbeitsplatz würde durch Rationalisierung überflüssig oder der Firma ginge es schlecht. Selbst wenn Sie nun einmal umgekehrt an das Verantwortungsbewußtsein und die Treue der Firma Ihnen gegenüber appellierten, so würde Ihre Entlassung kaum rückgängig gemacht.
Doch verlassen wir nun den Bereich der Arbeit und wenden wir uns der Familie zu. Sie alle kennen die vielgeplagte Hausfrau. Sie wird nie müde, sich immer und jederzeit zum Wohle der Familie aufzuopfern. Und zu all der vielen Arbeit muß sie auch immer noch die Unordnung der Kinder aufräumen. Natürlich könnten das die Kleinen auch schon selbst besorgen. Die Kinder haben jedoch längst erkannt, daß dies im Grunde nicht

notwendig ist, weil die Mutter von selbst einspringt und ihnen solche Arbeit abnimmt. Und mit viel Geschick und Raffinesse wälzen dann die Kleinen immer mehr Unbequemes auf die Mutter ab.
Ob sich nun der Mann oder die Hausfrau oder sonstwer ständig für andere aufreibt: All diese Menschen meinen, für sich selbst nichts mehr tun zu müssen. Denn schließlich tun sie ja schon so viel für andere. Für die andern arbeiten sie wie besessen, aber für sich selbst legen sie die Hände in den Schoß. Und je mehr von ihnen erwartet wird, desto härter arbeiten sie. Die Anerkennung und das Lob der anderen bedeuten ihnen viel. Und häufig begnügen sie sich schon damit, nur gebraucht zu werden.
Mit ihrer unermüdlichen und hektischen Betriebsamkeit versuchen sie oft aber nur, sich ein Alibi zu schaffen, eine Ausflucht, um der Beschäftigung mit sich selbst aus dem Weg zu gehen. Und machen wir uns außerdem in beiden Beispielen nichts vor. Der Mann ist in der Firma durchaus durch einen anderen zu ersetzen. Und je intensiver sich die Mutter für die Kinder ins Zeug legt, desto mehr fördert sie deren Entwicklung zur Unselbständigkeit.
Denn ganz allgemein gilt: Je hingebender sich jemand für andere einsetzt, desto selbstverständlicher wird das von ihm erwartet. Schließlich wird man es ihm sogar noch sehr übelnehmen, wenn er nur einmal den egoistischen Forderungen der anderen nicht freudig nachkommt. Spätestens dann, wenn man ihn nicht mehr braucht, wird er auf jeden Fall von seinen Nutznießern vergessen sein. Und wenn er *dann* erst das Gefühl hat, das Leben sei an ihm vorbeigegangen, kann es schon zu spät sein. Selbst die heftigsten Selbstvorwürfe können solche Fehler nicht ungeschehen machen, und auch die Zeit vermag keiner zurückzudrehen.
Wenn darum das Leben nicht in Verbitterung und Ent-

täuschung enden soll, bleibt nur eine Konsequenz: Eigene Wunschvorstellungen zu entwickeln und die eigenen Kräfte auch für sich selbst zu nutzen!
Oder werden auch Sie vom Alltag völlig in Anspruch genommen? Und meinen Sie, Sie könnten in der Woche nicht etwa drei bis vier Stunden Zeit erübrigen, um die im Buch angegebenen Übungen zu machen? Damit auch Sie die ungeahnten Möglichkeiten Ihres Unterbewußtseins wahrzunehmen vermögen?
Dann stellen Sie eine ausführliche Bilanz über Ihre Tätigkeiten auf. Und schreiben Sie hinter jede Tätigkeit, ob sie *Ihnen* hilft oder anderen. Sollten Sie der Ansicht sein, Sie würden Ihre Kräfte sowohl für sich als auch für andere nutzen, so wägen Sie ab, wem Sie *mehr* helfen: Sich oder den anderen.
Danach wird es Ihnen leicht fallen, all jene Tätigkeiten zu reduzieren, die für Sie nicht wichtig sind. Die gewonnene Zeit aber können und sollen Sie sinnvoll für sich selbst verwenden. Oder meinen Sie, Sie hätten selbst für eine solche Liste nicht genügend Zeit? Dann überlegen Sie doch bitte, ob es eigentlich etwas Wichtigeres geben kann, als sich mit dem zu beschäftigen, was für Sie – und nur für Sie – am wichtigsten ist.
Wollen Sie tatsächlich mit Ihrer hektischen Geschäftigkeit auch in Zukunft Ihre Möglichkeiten unterdrücken? Möchten Sie nicht lieber Ihre ganz besonderen Fähigkeiten entdecken und sie positiv einsetzen? Damit auch Sie sich Ihres ganz besonderen Wertes bewußt werden? Und sogar noch Ihre Familienangehörigen von Ihrem Glück profitieren?
Es gibt viele Menschen, die nie Zeit haben, weil sie sie für Nebensächlichkeiten vergeuden. Und natürlich beneiden sie andere, die weniger tun und doch mehr erreichen. Das Geheimnis liegt allein darin: Jene Glücklichen wissen, was für sie wichtig ist. Sie nutzen die ganz besonderen Kräfte und Möglichkeiten ihres Unter-

bewußtseins und lassen sich durch nichts davon abbringen. Durch nichts!
Machen Sie es ihnen nach. Und schaffen Sie auch die Voraussetzungen dafür.

Übung 2: Stellen Sie eine Liste Ihrer Tätigkeiten und Beanspruchungen auf. Überlegen Sie, wem Ihre Aktivitäten nutzen. Helfen sie anderen mehr als Ihnen, so geben Sie diese auf. Und nutzen Sie die Zeit dafür, Ihre eigenen Wünsche zu realisieren.

Verzichten Sie nicht auf diese Übung. Im Grunde genommen ist sie noch viel wichtiger als die regelmäßige Überprüfung Ihrer Kontoauszüge.
Dank ihr werden Sie nun Zeit finden, eigene Ziele anzustreben.

Nehmen Sie in Ihre Liste keine sich widersprechenden Wünsche auf

Stellen wir uns einmal vor, Sie machten auf einer Urlaubsreise mit dem Jeep einen ausgedehnten Ausflug in die Wüste. Der Motor streikt, und Sie entschließen sich, zu Fuß in die Oase zurückzukehren. Nach wenigen Stunden haben Sie jedoch hoffnungslos die Orientierung verloren und irren umher. Die Sonne brennt auf Sie herab, und der Durst plagt Sie. Ihr ganzer Wasservorrat besteht aus einer kleinen Flasche Wasser. Das reicht, um jetzt Ihren Durst zu löschen. Doch dann haben Sie am nächsten Tag nichts mehr zu trinken. Es gibt für Sie also nur eine Wahl: Entweder den Durst gleich zu löschen oder den Wasservorrat aufzuheben. Den Durst zu

löschen und gleichzeitig den Wasservorrat zu behalten, ist nicht möglich.
Ebenso unmöglich ist es zum Beispiel, ein Stück Kuchen jetzt zu essen und es für morgen aufzubewahren.
Oder nehmen wir an, Sie besaßen hundert Deutsche Mark. Dafür könnten Sie etwas kaufen. Sie können das Geld aber auch sparen. Sollten Sie dagegen den Wunsch haben, das ganze Geld zu sparen und doch auch einen Gegenstand zu kaufen, so ist das natürlich ebenfalls unmöglich. Sie müßten sich schon für die Erfüllung des einen oder anderen Wunsches entscheiden.
Diese etwas einfältigen Exempel, für die ich um gütige Nachsicht bitte, wären eigentlich gar nicht erwähnenswert. Denn jeder weiß, daß eine Erfüllung derartig sich widersprechender Wünsche ganz schlicht ein Ding der Unmöglichkeit ist. Und selbst wenn sich jemand noch so sehr aufreibt, wird er dem Zielkonflikt doch nicht entrinnen. Und da sich nicht zur selben Zeit zwei oder noch mehr Ziele ansteuern lassen, bleibt keine andere Wahl als immer nur *ein* Ziel anzustreben.
Doch um die Wünsche vieler Menschen ist es recht seltsam bestellt. Sie möchten Übergewicht verlieren und den Appetit doch nicht zügeln. Sie wollen viel Geld verdienen und zugleich wenig oder überhaupt nichts tun. Sie wollen von anderen Menschen unabhängig sein und trotzdem von jedermann beneidet und bewundert werden. Obwohl der Wunsch nach gesteigertem Ansehen erst recht zur Abhängigkeit von anderen Personen führt.
Nehmen Sie daher Ihre Wunschliste noch einmal vor. Finden Sie auf ihr zwei sich widersprechende Ziele, dann müssen Sie sich für eins entscheiden.
Sollten Sie zum Beispiel die Absicht haben, Vorsitzender einer Partei oder sonstigen Vereinigung zu werden, gleichzeitig aber auch nach innerer Freiheit und Unabhängigkeit streben, werden Sie sich so in einen unentrinnbaren Zielkonflikt hineinmanövrieren. Denn je

mehr Sie um die Gunst der Wähler werben müssen, desto eher verlieren Sie Ihre Unabhängigkeit. Ebenso können Sie nicht zum selben Zeitpunkt zwei Anschaffungen machen, wenn Ihnen Ihre momentane finanzielle Lage nur eine ermöglicht.
Verzichten wir auf weitere Beispiele. Wenn Sie sich also in einem solchen Zielkonflikt befinden: Überlegen Sie, welches von beiden Zielen für Sie erstrebenswerter ist, und streichen Sie das andere von der Liste.
Sollten Sie sich jedoch für keines von beiden entscheiden können, dann streichen Sie beide von Ihrer Wunschliste, zumindestens vorläufig, denn vielleicht treffen Sie später eine Auswahl.

Übung 3: Gehen Sie die Wunschliste noch einmal durch und untersuchen Sie, ob sie widersprüchliche Ziele enthält. Finden Sie Ziele, die sich gegenseitig ausschließen, streichen Sie sie so lange, bis Sie sich für das eine oder andere entschieden haben.

So werden fortan auch Sie keine kostbare Zeit mehr bei Zielkonflikten verschwenden.

Auch Sie haben Begabungen

Wenn Sie die Wunschliste aufstellen und überarbeiten, werden Sie vielleicht wieder von Zweifeln an Ihren Vorhaben befallen.
Sie fragen sich: Werde ich mein Ziel erreichen? Oder: Verfüge ich tatsächlich über die Begabungen und Fähigkeiten, die notwendig sind, meinen Wunsch zu verwirklichen? Was werden die anderen zu meiner Absicht sa-

gen? Und: Paßt mein Wunsch in meine bisherige Lebensrichtung?
Ich gebe zu, daß ein taub geborener Mensch kaum sehr günstige Voraussetzungen für eine Laufbahn als großer Dirigent mitbringt. Dennoch ist eine solche Möglichkeit nicht völlig auszuschließen. Und wer erst mit dreißig Jahren sein Interesse an einer bestimmten Sportart entdeckt, wird wohl keine Olympiamedaille mehr gewinnen können, mögen auch seine Leistungen sonst sehr beachtlich sein.
Nun gibt es zwar durchaus Menschen, die ihre Fähigkeiten maßlos überschätzen. Doch sie sind weit in der Minderzahl. Die Mehrzahl dagegen unterschätzt ihre Fähigkeiten. Psychologische Forschungen und Experimente haben gezeigt, daß viele Menschen auf bestimmten Gebieten überragende Fähigkeiten besaßen, von denen sie bisher gar nichts wußten. Die Lebensgeschichten nicht weniger Persönlichkeiten beweisen außerdem, daß es möglich ist, Talente auch in späteren Lebensjahren zu fördern und zu entwickeln.
Vincent van Gogh entdeckte erst mit dreißig Jahren seine Begabung und Liebe für die Malerei. Manfred Köhnlechner, mit 35 Jahren noch hochbezahlter Wirtschaftsmanager, interessierte sich zunächst nur nebenbei noch für medizinische Fragen. Als er aber seinen Industriejob aufgab, war er in weniger als fünf Jahren auf seinen medizinischen Spezialgebieten bekannter als die meisten Professoren und Leiter großer Kliniken.
Der Arzt Helmholtz beschäftigte sich neben seinem Beruf noch mit der Physik. Nachdem es ihm gelungen war, die Wärme- und Schwingungslehre um wesentliche Erkenntnisse zu bereichern, gab er seinen Arztberuf auf und widmete sich nur noch physikalischen Problemen. Er machte sogar weitere große Entdeckungen und trug viel zum heutigen Wissensstand der Physik bei.
Der Schriftsteller Ernst Wiechert war Studienrat und

gab seinen Beruf auf, als seine Bücher in aller Welt hohe Anerkennung fanden.
Erich von Däniken, einst unbekannter Hotelier in der Schweiz, verblüffte die Welt mit seinen neuen Hypothesen über Besuche Außerirdischer auf unserem Planeten.
Heinrich Schliemann hatte bereits mit vierzig Jahren als Geschäftsmann soviel Vermögen erworben, daß er es sich leisten konnte, nur noch seinen Neigungen zu leben. Er führte auf eigene Kosten mehrere archäologische Expeditionen durch und ging als Entdecker der sagenumwobenen Stadt Troja in die Geschichte ein.
Begnügen wir uns mit den Beispielen, die mir im Augenblick einfallen. Man könnte mit ihnen mehrere Bücher füllen, und selbst dann wäre eine solche Darstellung noch lange nicht erschöpfend. Schon diese wenigen Beispiele zeigen indessen sehr deutlich, zu welchen Leistungen Menschen fähig sind, wenn sie sich nicht damit begnügen, nur die Rolle der Bewunderer anderer Leistungen zu spielen. Van Gogh, Helmholtz, Köhnlechner, Wiechert und die vielen anderen haben ihre Sehnsüchte eben nicht abgetötet, sondern haben ihnen Zeit und Raum zur Erfüllung gelassen. Sie glaubten an ihre innere Stimme, an ihre Bestimmung, und scheuchten alle Zweifel von sich. Zweifel wie diese: Sind die anderen – Künstler, Schriftsteller oder wissenschaftliche Kapazitäten – nicht wesentlich befähigter als ich? Wo bleibt für mich noch eine Chance? Sie entwickelten vielmehr von Anfang an die richtige Einstellung und versuchten, ihre Ziele zu realisieren.
Halten wir fest: Wünsche sind oft Vorboten. Sie melden Kräfte, die in uns ruhen. Sie signalisieren Fähigkeiten, die nur darauf warten, ins Leben gerufen zu werden.
Die meisten Menschen erfahren leider nie, wozu sie wirklich fähig sind, weil sie ständig nur das tun, was man von ihnen erwartet, und sie ihre besten Fähigkeiten unterdrücken. Hätte von Däniken nur das getan, was

man von ihm erwartete, wären seine Bücher ungeschrieben und seine faszinierenden Spekulationen Millionen von Lesern unbekannt geblieben. Und Heinrich Schliemann hätte weiter über Kontorbüchern gesessen, nach billigen Einkaufsquellen für seine Handelsschiffe gesucht oder sich mit anderen Problemen des Handels befaßt. Uns aber wäre die Welt der Antike nie so umfassend erschlossen worden.
Doch wir wollen uns hier nicht mit der Frage beschäftigen, was geschehen wäre, wenn Troja erst später entdeckt worden wäre. Eines steht fest, und nur das soll uns im Rahmen dieses Buches interessieren: Heinrich Schliemann wäre niemals zu seinen Erfolgen gelangt, hätte er sich nur an seiner Umwelt orientiert und seine eigenen, eigentlichen Wünsche ignoriert.

Übung 4: Nehmen Sie Ihre Wunschliste jeden Tag für einige Minuten vor. Wiederholen Sie Übung 1–3.

Streichen Sie einen Wunsch nur dann von der Liste, wenn Sie ihn später einmal verwirklicht haben oder wenn Sie beim Nachdenken feststellen, daß er Ihnen nichts bedeutet. Lassen Sie einen Wunsch aber nicht deshalb fallen, weil Sie an Ihren Fähigkeiten zweifeln.
Prägen Sie sich genau ein: Wünsche sind Anzeichen oder Vorzeichen von Fähigkeiten, die auf Erprobung drängen. Jeder ist auf einem bestimmten Gebiete zu höchstem Erfolg befähigt. Auch Sie verfügen über große Fähigkeiten, nur sind Sie sich ihrer meist gar nicht bewußt.

Trennen Sie sich von Ihren Ausreden

Die meisten Menschen suchen immer nach Ablenkung und Zerstreuung und gehen damit ihren eigentlichen Zielen aus dem Weg.

So fiel es zum Beispiel einem meiner ehemaligen Studienkameraden ein, wenige Wochen vor seinem Diplomexamen unbedingt seine große Wohnung neu zu tapezieren. Und als diese Arbeit endlich getan war, entschloß er sich, von den Ersparnissen seiner Frau eigenhändig ein Haus zu bauen. Und auch dabei blieb es nicht. Wen verwundert es daher noch, daß er das Examen niemals schaffte.

Zugegeben, das Beispiel ist sehr extrem. Aber es gibt eben vielerlei Arten, dem Wichtigen und Entscheidenden – somit auch Schwierigen – vor Angst aus dem Weg zu gehen.

Überlegen Sie doch einmal: Wie oft haben Sie nicht schon eine Sache auf später verschoben, weil Ihnen etwas anderes dringlicher schien. Wie oft haben Sie doch Ihre Zeit auf Partys oder im Umgang mit Menschen verbummelt, die Ihnen nichts bedeuten. Wenn Sie nun die Zeit für Ihre Ziele nutzen, werden Sie natürlich den Kontakt zu solchen Leuten verlieren. Doch Sie werden diesen Verlust verschmerzen. Es sei denn, Sie bedauerten, auf diese Art vor dem Wichtigen nicht mehr auskneifen zu können.

Haben Sie nicht oft auch Verpflichtungen in der Firma, in Vereinigungen oder sonstwo auf sich genommen, nur aus dem Gefühl heraus, dann um so geachteter und angesehener zu sein? Natürlich bleibt Ihnen dann keine Zeit mehr, Ihre Pläne zu verwirklichen. Doch wenn Sie weiterhin gierig nach all dem greifen, was man Ihnen anträgt, laufen Sie ernstlich Gefahr, in Schwierigkeiten zu geraten, denn auch die berühmte lange Bank, auf die man unbequeme Dinge zu schieben pflegt, hat ein Ende.

Bestimmt kennen Sie wie ich eine ganze Anzahl von Menschen, die von einer ungeheuren Arbeitshektik erfüllt sind und ständig jammern, sie hätten keine Zeit. Doch ist Ihnen einmal die Möglichkeit gegeben, genaue Einsicht in die Arbeitsleistung solcher Leute zu nehmen, werden Sie mit Erschrecken feststellen, daß jene geplagten Geister nicht einmal die Zeit fanden, das Nächstliegende und Einfachste zu erledigen. Trotzdem bringen sie es fertig, den Arbeitsplatz jeden Abend erschöpft und ausgelaugt zu verlassen.
Wer Erfolg haben will, muß wissen, was für das Erreichen seines Ziels besonders wichtig und vorrangig ist, und das muß er natürlich auch zuerst ins Werk setzen. Doch wir wollen an dieser Stelle nicht schon darauf eingehen, wie man seine Zeit am besten einteilt. Davon später mehr.
Nun gibt es auch viele Menschen, die grundsätzlich anderen mehr vertrauen als sich selbst. Von Politikern zum Beispiel erwarten sie, daß sie ihnen Wohlstand und Bequemlichkeit verschaffen. Von Ärzten erhoffen sie sich eine Lösung ihrer persönlichen Schwierigkeiten. Und von anderen erwarten sie anderes. Immer aber erwarten sie von *anderen* Hilfe, nur nicht von sich selbst. Vielfach tritt die entscheidende Änderung in ihrem Leben erst dann ein, wenn sie jede Hoffnung auf Beistand von anderen aufgeben müssen. Dann bleibt schließlich als einziger Ausweg nur noch, sich auf sich selbst zu besinnen. Und zu dieser Möglichkeit nehmen sie jeweils ihre letzte Zuflucht.
So berichtete mir vor Jahren einmal ein Ägypter während einer gemeinsamen Arbeitspause, wie seine Selbstentfaltung erst durch unmittelbare Not ausgelöst wurde. Lassen wir ihn selbst erzählen.
«Ich kam nach Deutschland, um Chemie zu studieren. Meine Eltern waren reich. Eigentlich hatte ich gar nicht die Absicht, zu studieren. Doch da mir meine Eltern je-

den Monat siebentausend Mark überwiesen, konnte ich als Student in Deutschland ein angenehmes Leben führen. Vorlesungen besuchte ich nur wenige und erst nach vielen Semestern legte ich auch einige Prüfungen ab. Ich hatte viele Freunde und Freundinnen. Die feuchtfröhlichen Feste, die wir von meinem Geld feierten, endeten meist erst in den Morgenstunden. Natürlich hätte ich es so noch lange ausgehalten. Denn mit siebentausend Mark im Monat kann man sich die Zeit sehr gut vertreiben. Doch meine Vergnügungen nahmen ein jähes Ende, als in Ägypten Oberst Nasser an die Macht kam. Meine Eltern wurden enteignet und teilten mir bedauernd mit, sie könnten nun kein Geld mehr schicken. So änderte sich meine Situation jäh. Als meine Freundinnen und Freunde sahen, daß ich kein Geld mehr für Feste hatte, dauerte es nicht lange, und sie verließen mich. Da ich so gut wie nichts gespart hatte, mußte ich arbeiten, um mich von dem verdienten Geld ernähren zu können. In jener Zeit lernte ich zum ersten Mal den Hunger kennen. Ich freundete mich mit einem Mädchen an, das mir finanziell half, meine Studien zu beenden. Mein ganzes Leben änderte sich. Ich muß ehrlich gestehen: Das Studium begann mir nun Freude zu bereiten. Bei der Arbeit fühlte ich mich glücklich, und ich konnte plötzlich gar nicht mehr verstehen, warum ich mein früheres Leben nicht schon eher und aus eigenem Entschluß geändert hatte. Übrigens ist das Mädchen heute meine Frau. Wir haben zwei Kinder. Ich bin Nasser nicht böse, daß meine Eltern enteignet wurden. Im Gegenteil. Es war mein Glück, vom Schicksal gezwungen zu werden, meine eigenen Kräfte zu entwickeln.»
Die Wirklichkeit unterstreicht seine Ausführungen. Denn der sympathische Ägypter ist heute als erfolgreicher Wissenschaftler an einem deutschen Institut tätig. Begnügen wir uns mit diesem einen Beispiel, das stellvertretend für eine ganze Reihe ähnlicher spricht.

«Not kann durchaus zur Entfaltung der eigenen Kräfte beitragen», wird nun gewiß mancher Leser zugeben. «Doch in meinem Fall gibt es ganz besondere Umstände, die mir den Erfolg versagen. Da existiert diese Schwierigkeit, und da gibt es auch noch jenes ...»
Wir wollen und können hier nicht auf jede einzelne denkbare Entschuldigung eingehen. Die Zahl der Ausreden ist sehr groß, denn seit jeher haben Menschen darauf sehr viel Zeit und Phantasie verwendet. Dabei pflegt es etwa derart zu tönen:

Meine Familie raubt mir die ganze Zeit.
Ich habe leider immer Pech.
Mir fehlt die notwendige Bildung.
Ich bin zu nervös.
Mir mangelt es an Beharrlichkeit.
Ich bin zu abgespannt.

Zu den Menschen, die scheinbar triftige Entschuldigungen hätten anführen können, wenn Sie überhaupt danach gesucht hätten, gehörte auch George Bernard Shaw. Er besuchte die Schule nur fünf Jahre. Danach arbeitete er als Kassierer und übernahm dann Schreibarbeiten. Seine ersten fünf umfangreichen Romane wurden von allen Verlegern Englands und der Vereinigten Staaten abgelehnt. Shaw gab jedoch nicht auf. Jahre später wurde er ein berühmter Autor und erhielt 1925 sogar den Nobelpreis für Literatur.
Der Grieche Demosthenes stotterte. Durch beharrliches Üben schaffte er es, einer der bedeutendsten Redner im alten Griechenland zu werden.
Julius Cäsar war von schwächlicher Gestalt. Dennoch gelang es ihm, bester Reiter, Schwimmer und Schwertkämpfer seines Heeres und schließlich der erste Mann der römischen Republik zu werden.
Als Napoleon die Militärakademie beendete, hielten ihn

alle Vorgesetzten für einen Offizier von geringen Fähigkeiten. Doch Bonaparte studierte unermüdlich die Schlachtenpläne berühmter Feldherren der Vergangenheit. Sein Schlafpensum betrug nur vier Stunden. Welchen Erfolg er hatte, bedarf wohl keiner weiteren Erwähnung.
Der Frankfurter Maler und Graphiker C. E. Fischer verlor im Krieg beide Arme. Seine Begeisterung für die Malerei war so groß, daß es ihm meisterhaft gelang, seine Bilder mit dem Mund zu malen. Kunstkenner meinen sogar, er habe seine früher mit der Hand gemalten Werke noch übertroffen.
Kurz, die meisten berühmten Menschen hätten genügend Ausreden gefunden, um die Schwächen und Mängel zu bemänteln, die ihren Erfolg anfänglich verhinderten. Doch sie dachten gar nicht daran. Sie waren vielmehr auf ihre Selbstentfaltung bedacht und benutzten die Hindernisse nicht, um von ihnen Entschuldigungen abzuleiten. Sie wuchsen im Gegenteil mit den Widerständen, überwanden sie schließlich und erreichten so das Ziel ihrer Wünsche.
Verzichten Sie also künftig auf *Ausreden.* Und machen Sie Übung 5.

Übung 5: Überlegen Sie genau, welche Gründe Sie bisher wörtlich anführten, um Ihre Mißerfolge zu entschuldigen. Nehmen Sie sich vor, sich in Zukunft solcher Entschuldigungen nicht mehr zu bedienen. Trennen Sie sich endgültig von Ihren Ausflüchten.

Vergessen Sie aber auch das folgende nicht. Ihr Unterbewußtsein kann und wird schon bald ungeahnte Erfolgskräfte entwickeln, ohne daß Sie sich besonders anstrengen. Zu dieser Technik später mehr. Sie werden alle Schwierigkeiten fast spielend überwinden. Nur müssen

Sie jetzt aufhören, die Kräfte Ihres Unterbewußtseins durch Ausflüchte ständig zu negieren. Verzichten Sie auf Ausreden. Damit tun Sie den ersten Schritt dazu, Ihr Unterbewußtsein zur Verwirklichung Ihrer Wünsche einzusetzen.

Überarbeiten Sie Ihre Wunschliste und beschreiben Sie genau Ihre Ziele

Nehmen Sie die geschriebene Wunschliste mehrmals vor. Fällt Ihnen vielleicht doch noch ein Wunsch ein, den Sie bisher unterdrückten? Den Sie nicht zu formulieren wagten? Wenn ja, dann setzen Sie ihn ebenfalls auf die Liste und streichen dafür einen Wunsch, der Ihnen weniger am Herzen liegt. Entdecken Sie erst jetzt Wünsche, die sich widersprechen? Nun, dann entscheiden Sie sich für einen. Gelingt das nicht, streichen Sie beide von der Liste. Ordnen Sie die Wünsche jedoch wieder so, daß Sie mit den am leichtesten zu verwirklichenden beginnen.
Schreiben Sie hierauf die Liste neu. Nehmen Sie diese kleine Mühe auf sich. Auf die Notwendigkeit ist schon vorher hingewiesen worden.

Übung 6: Überarbeiten Sie Ihre Wunschliste und schreiben Sie diese neu.

Haben Sie diese Übung beendet, kann der nächste Schritt getan werden. Beschreiben Sie jetzt jedes Zielobjekt Ihrer Liste so, wie Sie es sich vorstellen und ersehnen. Und bemühen Sie sich, jeden Gegenstand auf der Liste mit mindestens zehn erwünschten Eigenschaften zu versehen.
Wollen Sie zum Beispiel ein Grundstück für ein noch zu

bauendes Haus kaufen, sollten Sie sich zur Beschreibung des Ziels folgende Fragen stellen und sie beantworten:

Grundstück

1. Maximale Entfernung zur Arbeitsstelle?
2. Flächengröße?
3. Im Randbezirk der Stadt? Auf dem Lande?
4. Entfernung des Grundstücks zu Einkaufsmöglichkeiten?
5. Falls Sie Kinder haben: Entfernung des Grundstücks zu den Schulen?
6. Soll das Grundstück an einer Hauptstraße, Nebenstraße oder abseits liegen?
7. Soll das Grundstück Hanglage haben?
8. Legen Sie Wert auf eine gute Aussicht?
9. Welche Breite muß das Grundstück mindestens haben? (Wird von der Hausgröße bestimmt.)
10. Was darf das Grundstück höchstens kosten?

Lassen wir es bei den zehn Punkten bewenden. Selbstverständlich können Sie Ihre Wünsche auch noch genauer beschreiben. Je präziser Ihr Bild des Ziels, desto besser ist es verwendbar.
Dabei macht es keinen Unterschied, ob es sich um ein Bildungs- oder Berufsziel handelt oder um eine neue Wohnung, ein Haus, ein Kleidungsstück, eine Urlaubsreise oder sonst etwas.
Beschreiben Sie auf jeden Fall jedes Ihrer Ziele in mindestens zehn Punkten genau! Und Sie werden auch genau erkennen, wonach Ihnen wirklich der Sinn steht.
Wenn Sie sich angewöhnen, jeden Ihrer Wünsche exakt zu beschreiben, werden Sie in Zukunft noch etwas anderes gewinnen. Überlegen Sie nur einen Augenblick. Haben Sie in den letzten zwölf Monaten nicht oft etwas gekauft, das sich nachher als unzweckmäßig oder gar

unbrauchbar herausstellte? Zum Beispiel einen neuen Anzug, der im Grunde überhaupt nicht zu Ihnen paßt? Es kann aber auch eine modische Hose gewesen sein, die sich nachträglich als höchst unbequem erwies. Oder eine Fotokamera, die doch nicht alle Schikanen besaß. Oder sonst etwas.
Außerdem sind Sie wohl häufig von Einkäufen nach Hause gekommen und hatten wieder feststellen müssen, daß Sie viel mehr einkauften, als Sie sich eigentlich vornahmen. Nachher lagen die Sachen dann nutzlos herum. Sie werden gar nicht lange zu überlegen brauchen. Gewiß werden Ihnen sehr bald mehrere solcher Dinge einfallen, die Sie ziemlich gedankenlos und übereilt einkauften. Erkennen Sie nun eine weitere Notwendigkeit, die eigenen Wünsche genau zu beschreiben?

Übung 7: Beschreiben Sie ausführlich jedes Ihrer Ziele in mindestens 10 Punkten. Nehmen Sie eine mehrmalige Überarbeitung vor.

Die genaue Beschreibung der Wunschziele wird Ihnen kaum auf Anhieb gelingen, und daher sollten Sie auch diese Liste wiederholt überarbeiten. Dabei werden Sie erkennen, daß bestimmte Details für Sie doch nicht so wünschenswert sind, wie Sie zunächst dachten. Sie werden also Änderungen vornehmen. Das ist ganz natürlich. Doch schreiben Sie alle diese Änderungen wieder auf. Sie können ja Ihre neuen Vorstellungen zunächst in ein Notizbüchlein schreiben und erst später in die Liste übertragen. Doch vergessen Sie nicht, die Liste jedesmal wieder neu zu schreiben.
Mit dieser Technik werden Sie verborgene Zielvorstellungen aus dem Unterbewußtsein hervorholen. Es signalisiert Ihnen anfangs zwar noch unklare Vorstellungen, doch kommt ihnen schon sehr wichtige Bedeutung zu. Denn sie übernehmen nun die Rolle von Aktivitätszen-

tren. Und mit Hilfe der Netzeffekte des Unterbewußtseins werden die ersten Ideen sehr bald jene genauen Zielvorstellungen nach sich ziehen, die noch in den dunklen Tiefen Ihres Geistes schlummern.
Verfahren Sie daher nach dieser Technik.
So werden Sie Ihre Wünsche bald präzis erfassen. Und dann sind Sie anderen Menschen weit überlegen. Denn nun haben Sie die Voraussetzungen für eine erfolgreiche Betätigung Ihres Unterbewußtseins geschaffen. Nun kennen Sie das Ziel, auf das Sie bedacht hinarbeiten werden.
Und Ihre Kräfte und Fähigkeiten werden sich entfalten.

2. Kapitel

So gewinnen Sie die richtige Einstellung zum Erfolg und zu den Möglichkeiten Ihres Unterbewußtseins

Fallen Ihnen vielleicht Fehlschläge aus der Vergangenheit ein? Ist Ihr Selbstvertrauen deshalb geschmälert worden? Sind Sie daher mutlos und zweifeln Sie, ob Sie je zum Schmied Ihres Glückes werden können?
Beenden Sie einen solchen Kreislauf deprimierender und resignierender Gedanken. Verschwenden Sie keine Zeit mehr an die Vergangenheit. Wer seine Ziele erreichen will, darf nur nach vorn blicken. Ziehen Sie unter das, was einmal gewesen ist, einen dicken Strich. Denn ab heute beginnt für Sie ein neues Leben.
Von nun an werden Sie die Kräfte des Unterbewußtseins für sich nutzen, weil dort Ihre größten Möglichkeiten liegen. So werden auch Sie den schon lange gewünschten Erfolg erzielen. Und auch Sie werden glücklich sein, weil Sie Ihr eigenes Leben verwirklicht haben.
Um seine Ziele zu erreichen, sind drei wichtige Voraussetzungen zu erfüllen:

- Sie müssen Ihre Ziele richtig anstreben.
- Sie haben diejenigen Energien zu entwickeln, die zum Erreichen des Ziels notwendig sind.
- Sie müssen über die notwendigen Fähigkeiten verfügen oder diese noch entwickeln.

Auf diese drei Voraussetzungen soll nun im folgenden näher eingegangen werden, damit Sie die Vorstellungen, die Sie von Ihren Erfolgsmöglichkeiten haben, entsprechend ändern können.
Und so tun Sie einen weiteren Schritt, damit sich jetzt auch die Kräfte Ihres Unterbewußtseins entfalten können.

Streben Sie Ihre Ziele richtig an und erkennen Sie die Erfolgsvoraussetzungen

Schon an der ersten Forderung, die Ziele richtig anzustreben, scheitern Millionen von Menschen. Und es gibt unter diesen sogar sehr viele, die bereits über entfaltete Begabungen und starke Energien verfügen und ihre Ziele trotzdem nicht erreichen. Einfach und allein, weil sie ihre Ziele falsch anstreben. Sei es nun, daß sie sich gegenüber anderen Menschen nicht richtig verhalten und sich nicht durchsetzen können oder daß sie bei der Verfolgung ihrer Ziele andere grundlegende Fehler begehen.

Dieses Buch würde deshalb seinen Zweck nur zu einem Teil erfüllen, wenn es nicht auch ein Aufruf an Sie wäre, mit den Kräften Ihres Unterbewußtseins die Erfolgsvoraussetzungen zur Verwirklichung Ihrer Ziele nun selbst richtig zu erkennen. Denn auch dazu bietet Ihnen das Unterbewußtsein wirksame Hilfe an.

Doch lassen Sie mich dies noch etwas näher erläutern. Haben Sie schon einmal etwas vom Kausalitätsgesetz gehört? Es besagt ganz einfach, daß jede Ursache ihre Wirkung hat, und umgekehrt. Dieses Gesetz gilt in der ganzen Schöpfung. Daran ist nicht zu zweifeln. Auch der Erfolg untersteht dem Kausalitätsgesetz. Und sowohl Erfolg wie auch Mißerfolg werden in ihrer Wirkung gesetzmäßig durch ihre Ursachen bedingt.

Nur wenn Sie richtig, das heißt den Anforderungen des Erfolges entsprechend handeln, haben Sie Erfolg. Und wer Fehlschläge einstecken muß, begeht Fehler bei der Verfolgung seiner Ziele.

Mit anderen Worten: Es ist nicht unvermeidbares Pech, wenn Sie Ihr Ziel nicht erreichen. Sie haben lediglich etwas falsch gemacht.

Die Konsequenzen daraus liegen auf der Hand. Sie müssen all das tun, was den Erfolg bedingt, und all das vermeiden, was ihn verhindert. Der Erfolg ist dann ganz einfach das Ergebnis solch richtiger Bestrebungen. Doch um Erfolg zu haben, müssen Sie erst erkennen, was dazu notwendig und erforderlich ist. Hierin liegt das eigentliche Problem. Erst wenn es gelöst ist, kann und muß gehandelt werden.

Die meisten Fehlschläge entstehen dadurch, daß die Voraussetzungen zum Erfolg nicht genügend überdacht wurden. Oder es wurde dabei ein grober Fehler begangen und so der Mißerfolg schon programmiert. Ob es sich bei der Programmierung um ein großes oder kleines Ziel handelt, spielt indes keine Rolle. Denn jedes Ziel läßt sich in viele kleinere Teilziele zerlegen. Und wer in kleinen Dingen nach der Erfolgsformel «Richtigmachen führt zum Erfolg» vorgeht, wird mit Sicherheit auch alle großen Ziele erreichen. Stellt sich also bereits bei der Verfolgung eines Teilziels ein Mißerfolg ein, so wird Ihnen damit deutlich und unmißverständlich signalisiert: Etwas ist falsch gemacht worden.

Ein Grund zur Verzweiflung ist das keineswegs. Bleiben Sie bewußt zuversichtlich. Denn wer einen Fehlschlag schon als endgültige Niederlage ansieht, wird sehr bald sein Selbstvertrauen verlieren und sich am Ende gar nichts mehr zutrauen. Für Sie besteht keine Notwendigkeit, nach einem mißglückten ersten Versuch niedergeschlagen die Hände in den Schoß zu legen. Erreichen Sie das Ziel nicht beim ersten Anlauf, so versuchen Sie es eben ein zweites und drittes Mal. Denn aus einem Fehlschlag läßt sich bei reiflicher Überlegung auch viel lernen.

Bemühen Sie sich also, nach einem Fehlschlag dessen Ursache herauszufinden. Sie werden sehen, beim nächsten Male klappt es! Wer so denkt, wird sich seine Aktivität nicht durch wachsende Unsicherheit einengen lassen und wird seine Ziele deswegen nicht kürzerstecken. Auch die alten Feldherren gaben wegen einer unglückli-

chen Schlacht den Krieg noch längst nicht verloren. Und erinnern wir uns noch einmal an Bernard Shaw. Er hatte sich durch seine Mißerfolge nicht entmutigen, sondern zu noch größeren Leistungen anspornen lassen.
Es gibt nun allerdings Menschen, die die Gewohnheit haben, mit dem Kopf durch die Wand zu rennen. Es sind ausgesprochene Dickschädel, die noch nicht einmal die Wirklichkeit richtig zu beobachten verstehen. Sie erkennen nicht, daß sie ständig dieselben Fehler wiederholen. Und weil sie ihre bitteren Erfahrungen nicht nutzen, werden sie ihre Ziele nie erreichen. Immer wieder verwechseln sie die Realität mit ihren Phantastereien und Illusionen und scheitern darum kläglich an den harten Tatsachen, gegen die sie auf die Dauer doch nicht ankommen.
Einem Dickkopf, der gegen alle Lebensweisheit handelt, wird die Wirklichkeit stets neue Enttäuschungen und Niederlagen bescheren. «Wer nicht hören will, muß fühlen», sagt schon ein altes Sprichwort.
Halten wir fest: Wer glücklich werden will, muß sich an den Ursachen des Erfolgs orientieren und darf nicht gegen den Strom schwimmen. Vergessen Sie das nie! Und sofern auch Sie zu den Menschen gehören, die alte Fehler immer wieder neu begehen, können Sie sich trösten. Ihr Unterbewußtsein wird Sie dazu befähigen, sich endlich von den verhängnisvollen Irrtümern, die Ihre Erfolge bisher verhinderten, zu trennen. Die in dem Buch dargelegte Technik ist für Sie besonders effektiv und revolutionär. Denn wer die Kräfte seines Unterbewußtseins nutzt, lernt erheblich schneller aus seinen Fehlern. Wenn Sie also mit den Kräften des Unterbewußtseins den Weg Ihrer traurigen Erfahrungen erheblich abkürzen, sind Sie sogar jenen anderen Menschen, die sich der Wirklichkeit nur sehr langsam anzupassen vermögen, weit voraus.
Allerdings leben auch Sie nicht ewig. Und darum haben

Sie nicht immer Zeit, mehrere Versuche zu unternehmen, um ein Ziel zu erreichen. Wenn Sie sich darauf verlassen, aus Erfahrung klug zu werden, können Sie nie ein erfolgreiches und glückliches Leben führen. Denn unter Umständen müssen Sie auf die entscheidende Erfahrung ein ganzes Leben lang warten.

Am besten ist es folglich, sich gleich am Anfang gründlich mit den Voraussetzungen zu befassen, die den Erfolg erst ermöglichen. Wie gelangen wir nun zu solchen Voraussetzungen?

Könnten wir die Summe aller menschlichen Erfahrungen ziehen und zu gedrängtem Wissen komprimieren, verfügten wir auch schon über die erforderlichen Grundsätze und Leitlinien zu erfolggerechtem Handeln. Unser Leben würde sich grundlegend ändern. Wir brauchten uns bloß nach diesen Prinzipien zu richten, ohne Lehrgeld für unsere Fehler und Irrtümer bezahlen zu müssen. Notwendig wäre dann nur noch, sich nicht mit dem Wissen allein zu begnügen, sondern auch danach zu handeln.

Zu unserem Glück ist es tatsächlich möglich, die Vorbedingungen zum Erfolg auf den verschiedensten Gebieten des Lebens kurz und verständlich darzulegen.

Sie fragen, warum das so ist?

Nun, darauf ist bereits einmal hingewiesen worden. Sowie es einen kausalen Zusammenhang zwischen Ursache und Wirkung gibt, läßt sich die Mannigfaltigkeit eines Geschehens wissenschaftlich exakt beschreiben und mit wenigen Gesetzen erfassen. Und wie Sie wissen, untersteht auch der Erfolg dem Gesetz von Ursache und Wirkung. Und damit ist die Begründung schon erfolgt.

Dieses Buch macht Sie nun mit den Erfolgsgesetzen vertraut, die Sie beachten müssen, um sich den Erfordernissen des Erfolges gemäß zu verhalten. Derart können Sie Ihr Leben bewußt gestalten und wissen genau, wie Ihre Ziele zu erreichen sind.

Verstehen Sie nun das Erfolgsgeheimnis so vieler Menschen, die Sie bisher beneideten? Es ist ganz einfach. Es kommt lediglich darauf an, das Richtige zu tun. Sie werden sehen, daß gar kein großes Rüstzeug notwendig ist. Allerdings lassen sich nicht für jeden speziellen Fall aus der Praxis und für alle Gegebenheiten des Lebens detaillierte Hinweise zu richtigem individuellem Handeln geben. Dazu würden selbst noch so viele Bücher über den Erfolg nicht ausreichen. Immerhin wird auch für solche Fälle eine einfache Methode dargelegt. Sie können also Ihr Unterbewußtsein auch dazu nutzen, unbekannte Erfolgsursachen Ihrer Ziele zu ermitteln, so daß der Weg der eigenen Erfahrung weitgehend vermieden wird. Darin liegt, wie wir schon gesehen haben, ein ganz besonderer Vorteil.
Wenn Sie systematisch nach der in Kapitel 5 ausgeführten Technik verfahren und Aktivitätszentren im Unterbewußtsein schaffen, werden Sie ohne jede Mühe imstande sein, für jeden Fall die Erfolgsursache durch einfache Überlegung zu finden.
Nun wäre es natürlich wirklichkeitsfremd, zu behaupten, Sie könnten mit dieser Methode in Zukunft jede negative Erfahrung ausschalten. Selbst geniale Menschen, die die Kräfte des Unterbewußtseins vorbildlich nutzten, haben ja gelegentlich einen Fehlschlag hinnehmen müssen. Die Nutzung der Möglichkeiten des Unterbewußtseins gestattete ihnen jedoch, bei einem Fehlschlag schnell das zu erfassen, was zum Erreichen des Zieles dringend notwendig gewesen wäre. Eben darin liegt der große Unterschied zu anderen Menschen.
Eifern Sie daher jenen Großen nach! Denn auch Sie bringen die Voraussetzungen für große Erfolge mit. Mit den in den folgenden Kapiteln beschriebenen bewährten Techniken werden Sie die erstaunlichen Möglichkeiten Ihres Unterbewußtseins immer effektiver nutzen. Schon jetzt sind Sie ja Ihren Mitmenschen weit voraus. Denn

indem Sie die Übungen 1 bis 7 durchführten, gewannen Sie die so dringend notwendige Zielklarheit. Die Kräfte Ihres Unterbewußtseins und Ihres Geistes können sich nun entfalten und werden nicht mehr ziellos verstreut. Und damit ist die Bahn frei, aufwärts zu streben, einem erfolgreichen und glücklichen Leben entgegen. Die Zukunft liegt ganz in Ihren Händen.

Übung 8: Verschwenden Sie keine Gedanken mehr an die Vergangenheit.
Denken Sie immer daran:
Richtigmachen bringt Erfolg. Jeder ist seines Glückes Schmied.
Sagen Sie die Sätze mehrmals am Tag zu sich, wenn Sie allein sind.

Das einfache Geheimnis der Kraftentfaltung

Es kommt nicht nur darauf an, das zu wissen, was den Erfolg bedingt. Genauso wichtig ist es auch, jene Kräfte zu entwickeln, die zum Handeln erforderlich sind. Erst dann werden Sie Ihre Pläne verwirklichen können.
Natürlich sind dazu auch Fähigkeiten erforderlich. Darauf gehen wir aber erst im folgenden Abschnitt ein. Hier beschäftigen wir uns kurz mit der Entwicklung jener Kräfte, die zu einer erfolgreichen Selbstentfaltung notwendig sind.
Sind Sie etwa auch der Ansicht, jene Kräfte erst dann entfalten zu können, wenn Sie über einen starken Willen verfügen? Weil erst ein großer Wille starke Energien entwickeln könne? Und haben Sie deshalb in der Vergangenheit nicht oft genug versucht, sich endlich einen starken Willen anzueignen? Haben Sie nicht immer wieder neue Vorsätze gefaßt, um bei deren Durchführung

Ihren Willen zu stählen? Um Ihre Willenskraft zu mehren?

Wenn Sie so vorgingen, haben Sie es gewiß wie so viele andere Menschen sehr bald aufgegeben, sich weiter zu quälen. Weil es Ihnen nämlich trotz großer Anstrengungen doch nicht gelang, größere Willenskräfte zu entwickeln.

Es ist indes keinesfalls Ihr Schicksal, sich damit abfinden zu müssen, nur über schwache Erfolgskräfte zu verfügen. Starke schöpferische Energien sind nicht das Privileg weniger auserwählter Menschen. Auch Sie verfügen über große Kräfte, doch sind sie noch tief in Ihrem Unterbewußtsein verborgen.

Sie fragen, warum Sie von diesen Kräften bisher nichts merkten? Und weshalb Sie sie trotz großer und wiederholter Anstrengungen nicht entfalten konnten?

Das Geheimnis besteht darin: Schöpferische Kräfte entwickeln Sie nicht durch Anstrengung. Die Entfaltung eigener Energien wird vielmehr gerade dadurch behindert. Aus diesem Grunde gilt es, zuerst die besonderen Voraussetzungen dafür zu schaffen, daß sich die in Ihrem Unterbewußtsein vorhandenen Kräfte *frei* entfalten können. Es gilt, die inneren Widerstände abzubauen, die Ihre Entfaltung bisher behinderten. Dazu ist kein starker Wille notwendig. Und sind die Widerstände einmal abgebaut, bedarf es erst recht keines starken Willens mehr. Dann können sich nämlich Ihre Erfolgskräfte frei entfalten, und jede Anstrengung wird überflüssig. Selbst einem «schwachen Willen» werden nun höchste Leistungen möglich.

Die wichtigste Voraussetzung zur ungehinderten Entfaltung noch verborgener Kräfte besteht darin: Sie müssen an Ihre eigenen Kräfte *glauben!* Erst durch den Glauben an sich werden Sie sich entfalten. So negieren Sie die inneren Widerstände und lassen diese verkümmern, da Sie ihnen Ihre Aufmerksamkeit entziehen.

Im nachfolgenden Kapitel 3 sind mehrere Verfahren angegeben, mit denen Sie in kurzer Zeit spielend und ohne Mühe die Grundlage dazu schaffen, Ihre Erfolgskräfte frei und ungehemmt zu entfalten. Verfahren Sie, wie dort angegeben. Mit einfachen autosuggestiven Techniken und positivem Denken räumen Sie Ihre inneren Widerstände aus dem Weg, so daß der Entwicklung eigener Energien nichts mehr entgegensteht. Sie werden sich dabei nicht anstrengen. Es wird Ihnen im Gegenteil Freude bereiten, eigene schöpferische Kräfte und Energien zu entfalten. Und von nun an wird es mit der Behinderung Ihrer eigenen Entfaltung ein Ende haben.

Die Rolle des Unterbewußtseins bei der Entwicklung Ihrer Fähigkeiten

Große und bedeutende Menschen waren – wie schon erwähnt – stets weit voraus, weil sie die Kräfte und Fähigkeiten ihres Unterbewußtseins nutzten. So vermochten sie ihre eigenen Begabungen zu entfalten und ihre Zeitgenossen zu übertreffen.
Auch Sie werden Ihrer Zeit weit voraus sein, wenn Sie die Möglichkeiten Ihres eigenen Unterbewußtseins wahrnehmen. Sie brauchen nicht mehr zu bedauern, bereits in diesem Jahrhundert geboren zu sein. Etwa weil Sie meinen, Ihre Nachkommen hätten später größere Chancen. Denn über diese großartigen Möglichkeiten verfügen Sie schon jetzt. Sie müssen sie nur nutzen. Und das tun Sie, wenn Sie die im Buch angegebenen einfachen und effektiven Techniken anwenden. Darin liegt Ihr großer und ganz besonderer Vorteil.
Meines Wissens wird kreative Entfaltung und Selbstbehauptung durch die Kräfte des Unterbewußtseins an kei-

ner Universität oder Schule gelehrt. Der Grund dafür ist leicht zu erkennen. Niemand ist ernstlich daran interessiert, Sie zu einem erfolgreichen Menschen zu machen. Und erst recht nicht daran, Sie im Gebrauch der Möglichkeiten Ihres Unterbewußtseins zu unterrichten. Denn dann könnten Sie sich sehr bald als gefährlicher Rivale erweisen. Und es versteht sich fast von selbst, daß an der Verbreitung einer solchen Methode auch keine Organisationen interessiert sind, die darauf aus sind, Menschen zu beherrschen. So nutzte also bisher allein eine kleine Minderheit diese Chance. Sie verteidigt durch die Kräfte des Unterbewußtseins weiterhin erfolgreich ihre Privilegien.

Ganz außergewöhnliche Menschen haben aber der Welt schon immer durch ihr eigenes Beispiel gezeigt, welche Kräfte und Fähigkeiten jeder entfalten kann. In diesem Buch finden Sie darum erstmalig alle wirksamen Techniken dargelegt, damit auch Sie Ihre Fähigkeiten entfalten können. Die Autosuggestion – eine einfache und wirkungsvolle Technik, den Glauben an sich selbst zu fördern – ist auch dabei. Für den Erfolg mit diesen Techniken ist es natürlich unerheblich, welche politische oder religiöse Einstellung Sie persönlich teilen. Es spielt hier keine Rolle, ob Ihnen die Kräfte und Fähigkeiten von der Natur oder von Gott verliehen wurden. Nur auf das Vorhandensein der Kräfte und Fähigkeiten kommt es an. Wichtig für Sie ist nur, die Kräfte und Fähigkeiten Ihres Unterbewußtseins überhaupt zu nutzen. Welche Ansichten Sie sonst vertreten, ist in diesem Zusammenhang unwichtig.

Vor einigen hundert Jahren sind Ihre Vorfahren aus der Leibeigenschaft des Adels befreit worden. Heute gilt die rechtliche Gleichheit aller Menschen vor dem Grundgesetz. Doch Unterschiede zwischen den Menschen gibt es immer noch. Sie wissen es: Nur dem Tüchtigen gehört die Welt! Wollen Sie weiter abseits stehen und das Feld

anderen überlassen? Nur weil Sie nicht an sich selbst und Ihre Fähigkeiten glauben?
Nehmen Sie die in diesem Buch angeführten Übungen einige Male durch. Sie werden so ihre eigenen Fähigkeiten entdecken. Sie werden den Platz erobern, der Ihnen nach Ihrer Leistung gebührt. Und die Selbstentfaltung wird Ihnen sogar noch mehr Freude bereiten als der damit verbundene materielle Erfolg.
Nur in sehr wenigen Ländern unserer Erde unternahmen Wissenschaftler bisher Versuche, um die gewaltigen Möglichkeiten des Unterbewußtseins bei Menschen aus unterschiedlichen sozialen Schichten im Versuch zu beweisen. Als es diesen Forschern bei einer größeren Anzahl von Leuten gelungen war, den Nachweis für die Wirksamkeit und Nützlichkeit dieser Methode zu erbringen, bemühten sie sich, daraus die Konsequenzen zu ziehen und effektive Techniken zur Entfaltung der persönlichen Fähigkeiten zu entwickeln.
Am Institut für Suggestologie in Sofia zum Beispiel haben bisher mehrere hundert Personen aus allen sozialen Schichten einen sonst über zwei Jahre laufenden Sprachkursus in nur zwanzig Tagen erfolgreich hinter sich gebracht. Kleine Versuchsklassen meisterten Kurse in Mathematik, Physik, Chemie und Biologie sogar in wenigen Wochen. Institutsleiter Dr. Losanow erreichte diese außerordentlichen Erfolge dank der Suggestologie. Die Kursteilnehmer schalteten mit einfachen Entspannungstechniken die Abwehrmechanismen des Gehirns aus und erzielten eine derartige Steigerung der Lernfähigkeit, daß sie es selbst fast nicht glauben konnten. Das Besondere dabei war, daß keiner sich dabei angestrengt hatte. Jeder verließ den Kursus, ohne die geringsten Zeichen von Abgespanntheit zu zeigen.
Sie brauchen freilich nicht nach Sofia fahren, um Ihre eigenen Möglichkeiten auszuschöpfen. Denn solche Techniken sind auch in diesem Buch enthalten. Sie kön-

nen sie zu Hause ohne großen Zeitaufwand anwenden. Außerdem haben Sie noch einen weiteren Vorteil. Mit den dargelegten Methoden richten Sie Ihre Fähigkeiten auf Ziele, die Sie sich selbst gesetzt haben. Sie werden sie sogar zur Verwirklichung Ihrer individuellen Wünsche anwenden. Ohne besondere Schwierigkeiten. Und damit sind Sie auch schon diesen Kursteilnehmern weit voraus!

Glauben Sie nun auch an Ihre Fähigkeiten? Wenn Sie die hier angegebenen Methoden nutzen, werden Sie sich ohne Zweifel von Ihren Möglichkeiten überzeugen. Und die eigene Erfahrung wird für Sie der überzeugendste Beweis sein.

Sie benötigen dazu niemanden sonst. Nur sich selbst. Denn die schöpferischen Kräfte stecken gewissermaßen in Ihnen. Sie müssen sie nur wecken.

Auch der russische Meisterhypnotiseur Raikow bewies in vielen Versuchen, welch außerordentliche Fähigkeiten Menschen entwickeln können, wenn sie an sich glaubten. Immer wieder beteuerte er: «Ich gebe den Leuten in den Versuchssitzungen keinerlei Hilfe von außen. Sie nutzen nur ihre eigenen Fähigkeiten. Aber nur wenige Menschen sind sich ohne Ansporn der außerordentlichen Kräfte und Fähigkeiten bewußt, über die sie im Grunde verfügen.»

Bei seinen Experimenten brachte Raikow auch künstlerische Talente zur Entfaltung. Eine zeichnerisch vollkommen unbegabte Physikstudentin – dafür hielt sie sich wenigstens – zeichnete nach 25 Hypnosesitzungen innerhalb von zwei Monaten zwar nicht wie Raffael oder Michelangelo, doch immerhin schon wie ein versierter Zeitschriftenillustrator. Das verborgene Talent «explodierte» in ihr so heftig, daß sie sogar daran dachte, Malerin zu werden.

Genaue wissenschaftliche Untersuchungen zeigten, daß bei solchen Sitzungen gar kein echter Hypnosezustand vorhanden war. Denn Meßgeräte wie das EEG (Elektroenzephalogramm zur Messung der Gehirnströme) registrierten während der Sitzungen ähnliche Gehirnwellen wie im Zustand völliger Wachheit. Und mit dem von Adamenko entwickelten KKAP-Gerät (Meßgerät für die Konduktivität der Kanäle von Akupunkturpunkten) wurde bestätigt, daß der Mensch bei diesen Sitzungen sogar mehr Aktivität zeigt, als wenn er hellwach ist. Die Wissenschaftler prägten dafür den bezeichnenden Begriff «Superwachsein»!

Fremdsuggestion und Autosuggestion (Selbstbeeinflussung) sind also ein Mittel, um zu diesem Superwachsein zu gelangen. Raikow förderte auf diese Art bei einem Jungen innert kurzer Zeit den Durchbruch einer überdurchschnittlichen mathematischen Begabung; die Zensuren in Mathematik besserten sich sprunghaft.

Das durch Suggestion hervorgerufene Selbstvertrauen beseitigt folglich all jene Hemmungen, die den schöpferischen Fluß hemmen. Es können darum nun Möglichkeiten genutzt werden, die sonst im Leben unerschlossen bleiben. Die im folgenden erwähnten autosuggestiven Techniken werden also auch Ihnen dazu verhelfen, ohne Mithilfe eines anderen die Blockade der eigenen Möglichkeiten spielend abzubauen.

Der Autosuggestion haben sich übrigens schon viele Menschen bedient. Hier ein weiteres Beispiel. Der Komponist Sergej Rachmaninow fiel bei der Uraufführung seiner ersten Symphonie in St. Petersburg vollkommen durch. Ein gellendes Pfeifkonzert der Zuhörer quittierte sein Bemühen. Deprimiert beschloß er, das Komponieren aufzugeben. Und während vieler Jahre schuf er wirklich keine neuen Kompositionen mehr. Es schien, als wären seine Fähigkeiten plötzlich versiegt. Seine Freunde fürchteten, er würde tatsächlich nie mehr komponieren, und ängstigten sich um ihn. Besorgt empfahlen sie ihm, den Hypnotiseur Dr. Dahl aufzusuchen.

Rachmaninow tat seinen Freunden den Gefallen. Wahrheitsgemäß berichtete er Dr. Dahl, daß ihm selbst bei aller Anstrengung nichts mehr einfallen wolle. Der Hypnotiseur machte nun seinen Besucher mit der Technik der Autosuggestion vertraut. Und Rachmaninow praktizierte sie.

«Die Inspiration strömt mir zu – völlig frei. Nichts kann sie mehr blockieren. Die Inspiration strömt mir zu – völlig frei...», suggerierte sich Rachmaninow am Tage mehrere Male.

Die Technik führte schnell zum Erfolg. Und bald schrieb der Komponist das in aller Welt bekannte Zweite Klavierkonzert in c-Moll. Ganz Rußland war von dieser Komposition begeistert. Und dankbar widmete sie Rachmaninow seinem Helfer Dr. Dahl.

Mit der autosuggestiven Technik (Kapitel 3) werden auch Sie die Barriere vor Ihren Möglichkeiten beseitigen und gleichzeitig spielend Ihre kreativen Möglichkeiten fördern (Kapitel 5), um dann Ihre Fähigkeiten weiter systematisch zu entfalten (Kapitel 6).

Sie benötigen also keinen Meisterhypnotiseur, um Sie selbst zu werden. Nutzen Sie die in dem Buch angegebenen Techniken, um in Ihrem Inneren eine Revolution nie gekannten Ausmaßes in Gang zu setzen. Ihre Vorfahren haben ihre Unterdrücker entmachtet und sich von der Leibeigenschaft des Adels befreit. Tun auch Sie etwas zu Ihrer Entfaltung. Und geben Sie vor allem Ihre Unterdrückerrolle Ihnen selbst gegenüber auf. Denn damit haben Sie sich bisher am meisten geschadet. Sobald Sie sich selber Freiheit gewähren, werden Sie in Ihrem Leben Ihre ganz persönliche Erfüllung finden. Dann werden Sie an völlig neuen Ufern erwachen. Sie brauchen einzig die Techniken dieses Buches anzuwenden, um sich aus Ihrem Dämmerzustand zu lösen. Und so werden Sie auch die Faszination Ihres Lebens erkennen. Dazu ist es nie zu spät.

Halten Sie Ihre Pläne geheim und erwähnen Sie Ihre Erfolge niemals selbst

Rechnen Sie mit der Tatsache, daß es nun einmal nur sehr wenige Menschen gibt, die Ihnen einen Erfolg von Herzen gönnen und sich darüber freuen. Wenn Sie anderen von Ihren Plänen erzählen, werden Sie nur zu oft auf boshafte Kritik stoßen und sich hernach entmutigt fühlen. Man wird wahrscheinlich versuchen, Sie lächerlich zu machen. «Was, gerade Sie wollen ein solches Ziel erreichen?», wird man Ihnen entgegenhalten. Und selbst wenn man es Ihnen nicht ins Gesicht sagt, so werden Ihre Zuhörer doch mit anderen hinter Ihrem Rücken darüber tuscheln.
Auch vor Ihren engsten Freunden und Verwandten sollten Sie Ihre Absichten nicht offenbaren. Denn selbst Ihnen nahestehende Menschen werden – meist aus reinem Unwissen – versuchen, Ihnen Ihre Pläne auszureden. Sie bekämen jedenfalls eine Menge Phrasen zu hören.

Das kannst du nie erreichen.
Wird sich der Aufwand für den Plan auch wirklich lohnen?
Begnüge dich mit dem, was du erreicht hast.
Der Spatz in der Hand ist besser als die Taube auf dem Dach.
Du kannst dich doch nicht mehr ändern.
Du bist schon viel zu alt dafür.

Natürlich könnten Sie sich vor den anderen rechtfertigen. Doch dann müßten Sie nicht nur die eigenen, sondern auch noch die Widerstände der anderen überwinden. Sich mit den negativen Gedanken anderer zu beschäftigen, ist also nicht ratsam. Anstatt Ihre Pläne mit Eifer zu verwirklichen, würden Ihnen die Zweifel der

anderen durch den Kopf gehen. Und unter solchen Umständen verlören Sie einen großen Teil Ihrer seelischen Kraft.
Behalten Sie daher Ihre eigenen Pläne für sich. Sie sparen so viel Zeit und Energie. Wenn die anderen Ihre Erfolge registrieren, erübrigen sich alle Diskussionen. Und man wird Sie dann auch nicht für einen Prahler und Angeber halten, der nicht ernst zu nehmen ist.
Holen Sie von anderen auch keine Ratschläge zur Verwirklichung Ihrer Absichten ein. Nehmen Sie lieber einen Fehlschlag hin und verbessern Sie mit der Erfahrung Ihr eigenes Handeln. Vertrauen Sie auf Ihre eigenen Kräfte und machen Sie sich nicht von anderen abhängig. Wenn Sie die folgenden Kapitel gewissenhaft durcharbeiten, haben Sie das auch gar nicht nötig. Dann sind Sie den anderen sogar weit voraus.
Sofern Sie nichts von Ihren Plänen erzählen, können Sie auch einen gelegentlichen Rückschlag besser verheimlichen. Ihr Ansehen vor den anderen sinkt in diesem Falle nicht. Oder glauben Sie, es würde Ihrer Karriere dienen, wenn Sie oder jemand anderer Ihrem Chef erzählte, Sie hätten einen Fortbildungslehrgang erst im zweiten Anlauf bestanden?
Verheimlichen Sie also ihre Pläne, und Sie werden schneller Erfolg haben. Wenn Sie dann Ihr Ziel erreicht haben, werden Sie gewiß von diesen oder jenen gebeten werden: «Erzählen Sie mir doch genau, wie man so etwas schafft!» Hüten Sie auch in solchen Momenten Ihre Zunge und berichten Sie nur allgemeines, doch nie einzelnes. Erzählen Sie höchstens, Sie hätten nach diesem Buch gearbeitet, gehen Sie jedoch nie auf Details Ihres Erfolgsprogramms ein.
Vance Packard, der Erfolgsautor, schrieb: «Die es schafften, sprechen nicht darüber, wie es Ihnen gelang.» Wenn Sie über Details Ihrer Erfolge sprechen, büßen Sie etwas von Ihrem Erfolg ein.

Als ein bekannter Reporter der britischen BBC einmal gefragt wurde, ob es denn nicht eine sehr unangenehme Aufgabe sei, von anderen Leuten immer alles in Erfahrung zu bringen, sagte er nur lächelnd: «Es gibt keine indiskreten Fragen, es gibt nur indiskrete Antworten.»
Nun wissen Sie es also ganz genau! Richten Sie sich bitte danach. Menschen wollen nun einmal von anderen immer alles wissen. Sie wollen erfahren, was Sie verdienen, wie hoch Ihr Vermögen ist, wie Sie Ihre Erfolge erzielten und noch viel mehr. Und wenn Sie schließlich von jemandem alles wissen, ist er für Sie uninteressant geworden, und man hat vor ihm jede Achtung und allen Respekt verloren. Denn nur ein Dummkopf beantwortet alle Fragen, die man ihm stellt, offen und ehrlich. Das heißt freilich auch wieder nicht, daß man Unwahres sagen soll. Nein, es gilt einfach diplomatisch zu sein.
Auf jeden Fall schadet es Ihrem Erfolg, wenn man immer weiß, woran man mit Ihnen ist. Die meisten Menschen sind ja ohnehin nur darauf aus, dem anderen eins auszuwischen. Sei es, weil sie ihn nicht mögen oder weil man auf seine Erfolge neidisch ist. Lassen Sie daher die anderen über Sie rätseln und ständig neue Seiten an Ihnen entdecken. Es ist ein Teil Ihres Erfolgsgeheimnisses.
Halten wir fest: Sprechen Sie nicht über Ihre Pläne! Denken Sie an das alte Sprichwort: Reden ist Silber, Schweigen ist Gold. So vermeiden Sie Spott und negative Beeinflussung. Andere sollen Ihre Erfolge selber feststellen, und so werden Sie und bleiben Sie für Ihre Mitmenschen interessant. Je weniger man über Sie weiß, desto weniger Möglichkeiten gibt es, Ihnen Hindernisse in den Weg zu legen.

3. Kapitel

So entfalten Sie Ihre Erfolgskräfte und schaffen die Voraussetzungen zur Entwicklung Ihrer Fähigkeiten

Dieses Kapitel macht Sie nun damit vertraut, wie Sie spielend die Voraussetzungen dafür schaffen, daß sich Ihre Kräfte und Fähigkeiten frei zu entfalten vermögen. So heben Sie ohne Anstrengung endlich die Blockade Ihrer Möglichkeiten auf. Von nun an gehört der vergebliche Kampf gegen Ihre inneren Widerstände der Vergangenheit an. Denn mit positivem Denken, Autosuggestion und bildhaften Zielvorstellungen werden Sie Ihre Kräfte zum Leben erwecken und Ihre Fähigkeiten optimal entwickeln. Sie müssen sich ihrer nur bedienen.

Erkennen Sie die Macht der Gedanken

Erinnern Sie sich noch? Einer Ihrer Zähne schmerzte. Sie warteten damals vorsichtig ab, ob die Schmerzen wieder abklingen würden. Denn wer geht schon gern zum Zahnarzt! Doch Ihre Hoffnung auf Besserung wurde enttäuscht. Die Schmerzen wurden immer heftiger und quälender. Sie erkannten schließlich die Notwendigkeit, zum Arzt zu gehen. Der Besuch war unvermeidbar.

Nun entwickelten sich in Ihrem Geist folgende Gedanken: «Wird der Arzt den Zahn ziehen müssen? Wird die Behandlung schmerzvoll und kostspielig sein? Oder sind sogar schon mehrere Zähne krank . . .?»

Die Kette der Befürchtungen nahm kein Ende. Und je länger Sie sich damit befaßten, desto größer wurde Ihre Angst vor dem Zahnarzt. Als Sie endlich doch im Wartezimmer saßen, berichteten Ihnen andere Patienten, was sie beim Zahnarzt schon alles erleiden und erdulden mußten. Wen überrascht es, wenn sich Ihre Vorstellungen von dem, was nun über Sie kommen würde, bis ins Unermeßliche steigerten? Ihre Angst war schon so entscheidend angewachsen, daß Sie sogar meinten, Ihre quälenden Schmerzen hätten nachgelassen. Denn Ihr Bewußtsein beschäftigte sich mit dem, was noch kommen sollte derart intensiv, daß Sie Ihre eigentlichen Schmerzen kaum mehr wahrzunehmen vermochten. Mancher ist deshalb in der Meinung, sein Zahnweh habe aufgehört, schon vor der Behandlung schnell wieder nach Hause gegangen. Dort erkannte er freilich bald, daß es ein Irrtum war. Also zurück zum Zahnarzt. Endlich wurde man aufgerufen, und die Behandlung begann. Und man überließ sich ergeben seinem Schicksal. Haben Sie in dieser Situation nicht auch die Erfahrung gemacht, daß die Behandlung eigentlich gar nicht so schmerzvoll und unangenehm war, wie Sie sich diese in Gedanken vorstellten?

Stellen wir noch einen weiteren Vergleich an. Sie lesen in einer Zeitschrift oder einem Buch einen Bericht über die Symptome einer Krankheit. Ihre Gedanken beschäftigen sich mit dem Artikel, und Sie denken: Hoffentlich werde ich nicht krank. Dann dauert es häufig gar nicht lange, und Sie entdecken plötzlich bei sich alle Symptome desselben Übels. Ängstlich laufen Sie zum Arzt. Er sagt Ihnen wahrheitsgemäß, Sie seien völlig gesund. Sie glauben daran. Und auf einmal existieren auch alle von Ihnen vorher registrierten Symptome nicht mehr.

Die Erfahrung bei beiden Beispielen zeigt, daß Menschen oft weniger infolge von Tatsachen als infolge Ihrer Gedanken leiden. Dabei stellt sich häufig auch heraus, daß die Dinge, deretwegen man sich beunruhigt, einzig und allein in der eigenen Vorstellung existieren.

Umgekehrt können nun positive Gedanken ungeahnte Kräfte auslösen. Denken Sie nur an die vielen Wunderheilungen in Lourdes. Wenn der Gläubige auf seine Heilung hofft, sie ersehnt, vor allem an sie glaubt und sein Vertrauen auf Heilung nie erlahmt, vermag er durch die Kraft positiver Gedanken in der Tat Wunder zu bewirken.

Fassen wir zusammen: Unser Leben wird weniger von Tatsachen bestimmt als vielmehr von den Gedanken, die wir uns über Dinge machen.
Das, wovor wir uns ängstigen, hat stets große Aussicht, auch einzutreffen. Denn in unseren Gedanken hat die Zukunft – das auf uns Zukommende – einen willigen und unermüdlichen Helfer. Einen besseren Verbündeten als uns selbst kann das Unglück gar nicht haben.
Erkennen Sie nun die Notwendigkeit, sich von all Ihren negativen Gedanken schnell zu trennen? Läßt sich daran noch zweifeln?

Schaffen Sie sich bildliche Zielvorstellungen

Wie ist es möglich, sich von negativen Gedanken zu befreien? Soll man dabei entschlossen und mit allen Kräften negative Vorstellungen bekämpfen?
Gewiß haben Sie nun wieder das Bild eines sogenannt willensstarken Menschen vor Augen. Er beißt die Zähne aufeinander, ballt die Fäuste und arbeitet zäh an sich. So nämlich pflegt man jenen Typ hinzustellen, in dem viele ihr Ideal erblicken. Doch lassen sich positive Gedanken dadurch ins Leben rufen, daß man negative bekämpft? Und lassen sich ganz allgemein negative Charaktereigenschaften dann beseitigen, wenn man ständig mit ihnen in Streit liegt?
Denken Sie an einen Menschen, der an Platzangst leidet. Jener Kranke möchte unbedingt und mit aller verfügbaren Willenskraft über einen Platz gehen. Doch er schafft es nicht, selbst wenn er sich noch so sehr anstrengt, weil seine Angst und seine Unsicherheit zu groß sind.
Man weiß heute, daß diese Krankheit durch Suggestion zu heilen ist. Im Schlaf wird den Betroffenen ständig

eingeflüstert: «Wenn Sie wach sind, können Sie über die Straße gehen. Wenn Sie wach sind, können Sie über die Straße gehen. Wenn Sie wach sind, können Sie über die Straße gehen.» Diese positive Beeinflussung zahlt sich aus. Denn im wachen Zustand gelingt es solchen Leuten dann tatsächlich, ohne zu überlegen und ohne sich anzustrengen den Platz zu überqueren.

Bei dieser Methode wird nicht etwa die Willenskraft eines Hypnotiseurs auf den Kranken übertragen. Nein, der Kranke kann sich durch eigene Beeinflussung – eben durch Autosuggestion – sehr einfach und ohne Mühe dahin bringen, über den Platz zu gehen. Und dies funktioniert auch dann, wenn es sich nicht um Platzangst, sondern um andere Hemmungen und Störungen handelt.

Verstehen Sie nun, was ich sagen will? Das Fehlverhalten eines Menschen resultiert einzig aus dem Umstand, daß ein bestimmter innerer Ablauf behindert und gehemmt wird. Und wodurch? Nur durch die falschen Vorstellungen, die man mit der Erfüllung einer Aufgabe verbindet. Es gilt also, diese falschen Vorstellungen zu beseitigen. Und das geschieht am besten durch positive Suggestion.

Die positive Suggestion kann bei allen Hemmungen angewandt werden. Wichtig ist nur, sie auch wirklich positiv zu betreiben! Sagt zum Beispiel jemand: «Ich will nicht mehr faul sein», so sind in diesem Satz noch viele Zweifel enthalten, und vor allem drückt er aus, daß man einmal faul war. Gerade das aber soll ja nun der Vergangenheit angehören. Sagt er sich aber wiederholt: «Ich bin von Arbeitsfreude erfüllt», so wird er sich wundern, zu welchen Erfolgen er durch solche Bejahung fähig wird.

Wer sich aktiv gegen das Negative wehrt, verstärkt es nur. Alle negativen Gedanken und Antriebe verblassen jedoch bald, wenn sie überhaupt nicht mehr beachtet

werden. Sie sind ja nur durch ständige Beachtung und Wiederholung groß und mächtig geworden.
Falls auch Sie bisher einen nutzlosen Krieg gegen Ihre Schwächen geführt haben, ist Ihnen jetzt wohl klar geworden, weshalb Sie sich vergeblich anstrengten. Und weshalb es Ihnen trotz aller Anstrengung nicht gelang, eine negative Charaktereigenschaft abzulegen. Und das, obwohl Sie erkannt hatten, daß eben diese negative Eigenschaft für Ihre Mißerfolge verantwortlich war.
Wenn bisher all Ihre Mühen scheiterten, so lag das an Ihrer Unwissenheit. Nur deshalb machten Sie es falsch. Doch das ist nun vorbei. Auch Sie werden ungeahnte Kräfte entwickeln, um Ihre Ziele zu erreichen. Weil Sie von nun an den Erfolgskräften Ihres Unterbewußtseins ihre freie Entfaltung ermöglichen.
Lassen Sie mich an einem Beispiel aus meinem Leben zeigen, wie man die weiteren Voraussetzungen dafür schafft, daß die verborgenen Kräfte sich unbehindert entfalten können. Das Ereignis liegt noch gar nicht lange zurück und ist mir sehr gut im Gedächtnis haften geblieben.
Meine Tochter Karin besuchte mit sieben Jahren neben dem üblichen Schulunterricht auch für zwei Stunden in der Woche die Musikschule der Stadt. Die Musikschule ist sehr gut und innert Jahresfrist werden dort mit Anfängern schon beachtliche Erfolge erzielt. Trotzdem ging unsere Tochter nicht mit großer Begeisterung zum Musikunterricht. Als das zweite Musikschuljahr vorbei war, sollten die Kinder das Spielen eines Musikinstrumentes zu erlernen beginnen. Daher fragte die Musiklehrerin, welches Instrument Karin spielen solle. Da kleinere Kinder aus anatomischen Gründen nicht jedes Instrument spielen können, standen nur die Tischharfe oder das Klavier zur Debatte. Unserer Tochter war es eigentlich egal, welches Instrument gewählt wurde, und ich hatte den Eindruck, daß sie am liebsten kein Instru-

ment erlernen und die Zeit lieber mit Herumtollen im Garten verbringen würde.
Meine Frau verstand es nun sehr gut, unser Kind für das Klavierspielen zu begeistern. Mit den lebendigsten Worten malte sie ihr aus, wie schön doch Klavierspielen sei. Sie zauberte vor ihr Erlebnisfeld das Bild einer Pianistin, die durch ihr Spiel die Aufmerksamkeit aller Zuhörer fesselt. Und damit das Bild auch sehr eindrucksvoll war, durften natürlich unter den Zuhörern und Bewunderern auch die beiden gleichaltrigen Cousins meiner Tochter nicht fehlen.
Sie hätten sehen sollen, wie die Begeisterung meiner Tochter Flammen schlug. Alles Desinteresse war verflogen. Zu welch starken Antrieben sich Vorstellungen und Gedanken auswachsen, die mit Leben erfüllt werden, erfuhr ich gleich anschließend. «Papa, wann kaufen wir ein Klavier? Wann beginnt der Unterricht?» Mit solchen Wünschen bedrängte mich meine Tochter mit beharrlicher Hartnäckigkeit. Ich hatte eigentlich nur noch die Wahl zwischen einem alten oder einem neuen Klavier. Und als uns ein preiswertes gebrauchtes Klavier angeboten wurde, wollte Karin bei der Besichtigung und beim Kauf unbedingt auch dabei sein.
Doch wir wollen uns hier nicht weiter mit Kindererziehung beschäftigen. Anhand dieses Beispiels ist indes alles Wichtige schon gesagt. Sie können ein Kind entweder fast zu Tode prügeln, um mit ihm etwas zu erreichen, oder das Ziel spielend-spielerisch anstreben, indem Sie das Kind positiv ansprechen. Und das tun Sie, wenn Sie das, was werden soll, im voraus mit Leben erfüllen. Es versteht sich von selbst, daß auf negative Forderungen wie «Das darfst du nicht» zu verzichten ist.
Die meisten Menschen strengen sich leider in falscher Richtung an und führen einen aussichtslosen und aufreibenden Krieg gegen ihre inneren Widerstände. Sie möchten zwar gerne etwas tun, finden aber nicht die

Kraft zum Handeln. Wir aber wissen bereits, daß sich Erfolgsmenschen so gut wie gar nicht anstrengen! Ihr Geheimnis besteht darin, die Kräfte und Fähigkeiten des Unterbewußtseins zu entfalten. Doch die meisten Menschen sind unwissend und nutzen ihre inneren Möglichkeiten überhaupt nicht oder nur zu einem Teil. Sie altern frühzeitig und machen sich und anderen das Leben schwer.

Merken wir uns also, daß sich die Impulse unseres Unterbewußtseins und unsere Gedanken allgemein zu starken Triebkräften entwickeln, wenn wir sie mit lebhaften Vorstellungen beleben. Gedanken bestimmen unser ganzes Leben. Sie treiben es voran, wenn wir sie mit bildhaften Vorstellungen erfüllen. Und was wir oft denken, wird schließlich zu einem festen Glauben. Glauben wir an uns selbst, setzen wir damit auch schon die Kräfte unseres Unterbewußtseins in Gang.

Auch Sie werden Erfolg haben, denn Sie verfügen über alle Kräfte dazu. Schon die Einsicht in das Wirken der Kräfte Ihres Unterbewußtseins kann wahre Wunder bewirken! Überdies können Sie Ihre Ziele mit derselben Leichtigkeit und Ausdauer verfolgen, mit der Sie sonst Ihren Liebhabereien nachgehen. Sie müssen nur die richtigen Bedingungen dafür schaffen. Und die sind ohne Zweifel: Freude und Interesse.

Verfahren Sie daher so, daß Sie sich vorstellen, Sie hätten Ihre Ziele schon erreicht.

Wünschen Sie sich zum Beispiel ein Haus, dann stellen Sie sich vor, wie Sie durch die geschmackvoll eingerichteten Räume gehen. Mit anderen Worten bedeutet dies, daß sich Ihre Fähigkeiten zugleich mit Ihren Vorstellungen entwickeln. Und Ihre Vorstellungen leiten Sie einfach vom vorweggenommenen Endstadium ab, vom Ziel also, das Sie mit Hilfe Ihres Geistes sozusagen auf eine Leinwand projizieren und mit Farbe und Leben erfüllen.

Wenn Sie ein bestimmtes Berufsziel verfolgen, versu-

chen Sie ganz keck, Ihre Vorstellungen wie in einem Film zu erleben. Sehen Sie sich jetzt schon bei der Ausübung Ihres Traumberufs.
Was es auch immer sei: Geben Sie sich ganz der Vorfreude hin. Unterstützen Sie Ihre Vorstellungen dadurch, daß Sie sich noch zusätzlich einen Bilderband Ihrer Ziele anlegen. Sie brauchen dazu nur Fotos aus Zeitschriften auszuschneiden, natürlich solche, die Ihren Wünschen sehr nahe kommen. Zusammen mit Übung 7 (Detail-Wunschliste) schafft die Technik der bildhaften Darstellung Ihrer Ziele die notwendigen Voraussetzungen für das Wirken Ihrer inneren Kräfte. Unlust und Hemmungen verschwinden so ganz wie von selbst.

Übung 9: Stellen Sie ein Bilderbuch Ihrer Ziele zusammen. Betrachten Sie es regelmäßig. Geben Sie sich ganz dem Erlebnis hin, das Ziel schon erreicht zu haben.

Schon kleine Anfangserfolge bringen die Kräfte Ihres Unterbewußtseins in Schwung. Mit der zunehmenden Freude an der Bilderbucharbeit wächst Ihre Leistungsfähigkeit. Die Kräfte und Fähigkeiten Ihres Unterbewußtseins können sich besser entfalten, und der Glaube an das eigene Können wird um so stärker werden.

Erhöhen Sie die Zahl Ihrer positiven Gedanken

Beschäftigen Sie sich nicht mit negativen Gedanken.
Ob Sie es wollen oder nicht, schon durch die Umwelt werden negative Gedanken an Sie herangetragen. Wir leben nun einmal nicht allein auf einer einsamen Insel, und die verschiedensten Einflüsse wirken über unsere Mitmenschen auf uns ein.

Doch Sie haben es in der Hand, ob diese Beeinflussung immer größer werden und von Ihnen Besitz ergreifen kann. Nehmen Sie daher zu jedem auftauchenden Gedanken möglichst sofort Stellung. Ist der Gedanke negativ, beschäftigen Sie sich nicht weiter mit ihm. Denn Sie wissen: Alles wird in uns erst dadurch mächtig, weil wir uns damit befassen.
Hungern Sie daher negative Gedanken gewissermaßen aus. Geben Sie ihnen durch ihre eigenen Gedanken keine Nahrung. So werden Sie die ungebetenen Gäste schnell wieder los; je weniger Sie sich mit Ihrem unerbetenen Besuch beschäftigen, desto schneller wird er wieder aus Ihrem Geist ausziehen. Merken Sie sich den Ausspruch des großen chinesischen Weisen Konfuzius:

«Du kannst nicht verhindern, daß die Vögel der Sorge über deinem Haupt fliegen. Du hast es aber in der Hand, ob sie auf deinem Kopf ihre Nester bauen.»

Nutzen Sie die Wirkung von Leitsprüchen.
Erwählen Sie für sich mehrere positive Leitsprüche. Der angeführte Satz von Konfuzius ist zum Beispiel einer. Suchen Sie sich jedoch nur solche aus, die Sie besonders beeindrucken.
Denken Sie am Tag mehrmals an diese Sätze. Es gibt an jedem Tag genug Augenblicke, in denen Sie Zeit dafür haben. Wenn Sie allein sind, sprechen Sie die Leitsprüche leise vor sich hin. Denken Sie an Situationen aus Ihrem Leben, da sich die Sätze bewahrheitet hatten. Versuchen Sie auch, die Weisheiten in eigene und für Sie einprägsamere Worte zu kleiden.
So denken Sie positiv und heben durch regelmäßige Übung das Gesamtniveau Ihrer positiven Gedanken. Sie verlieren dadurch keine Zeit, denn Sie nutzen nur müßige Augenblicke. Natürlich können Sie sich am Tag

auch noch mehr Zeit dafür reservieren. Das ist sogar noch besser. Denken Sie auch an Ihre Leitsprüche, wenn Sie einmal mutlos, enttäuscht oder deprimiert sein sollten. Ein guter Gedanke kann schon ausreichen, um eine negative Stimmung zu vertreiben. Bauen Sie solche positive Gedanken systematisch auf. Schreiben Sie die Leitsprüche auf einen Zettel und legen Sie diesen in Ihre Brieftasche. Sie können die Sprüche auch einrahmen und auf den Schreibtisch stellen. Was Sie auch immer tun, es kommt nur darauf an, daß Ihnen die Sprüche oft genug ins Auge fallen. Wenn Sie an die Sprüche denken, sie vor sich hinsagen oder mit anderen Worten neu formulieren, verschwinden negative Gedanken entweder sofort oder bald. Denn im Geist können mehrere Gedanken nicht nebeneinander existieren. Diese Erfahrung haben die Chinesen vor mehreren tausend Jahren schon gemacht.
Wenn Sie so Ihre positiven Gedanken vermehren, werden Sie immer glücklicher. Und die negativen Gedanken, die durch Reden anderer Menschen, durch Fernsehen oder Reklame auf Sie einwirken, sind um so leichter abzuschütteln.
Nachstehend sind einige Beispiele für positive Leitsprüche aufgeführt. Sie können sich natürlich auch anderer positiver Zitate bedienen, wenn Sie wollen.

Menschen werden weniger durch Tatsachen beunruhigt als vielmehr durch ihre Vorstellungen. Epiktet

Das Leben eines Menschen wird durch seine Gedanken bestimmt. Marc Aurel

Jemand mit glücklicher Natur leidet nicht unter dem Alter. Plato

Diejenigen werden siegen, die daran glauben, daß sie es können. Vergil

Das Wort ist nur Schatten der Tat. Demokrit

Wähle die richtigen Mittel, und das Ziel wird sich wie von selbst einstellen. Mahatma Gandhi

Es ist wichtiger, das Richtige zu tun, als etwas richtig zu machen. P. Drucker

Reife ist nicht das Ergebnis des Fortschrittes, sondern Reife ist Idee und Gestalt. R. Kassner

Die Aufgabe wahren Erkennens ist, ständig zurückzukehren zu dem, wovon es ausging. K. Jaspers

Es ist an der Zeit für alle Menschen, sich selbst zu Hilfe zu kommen. E. Nelson

Du ärgerst dich? Begreifst du nicht, daß du deinem Feind auch noch deine Gedanken gibst, um dich damit zu quälen? Buddha

Plane das Schwierige, wo es noch leicht ist!
Tue das Große da, wo es noch klein ist!
Alles Schwere auf Erden beginnt stets als Leichtes.
Alles Große auf Erden beginnt stets als Kleines.
Laotse

Beenden wir hier die Liste der Zitate. Versuchen Sie gelegentlich, eigene Leitsprüche zu formulieren. Sie können aber auch im Buch Sätze unterstreichen, dick und farbig, wenn diese für Sie besonders wichtig sind. Das ist übrigens auch ein ganz vorzügliches Hilfsmittel zur

Durcharbeitung dieses Textes. Natürlich können Sie auch die von Ihnen unterstrichenen Sätze des Buches zu Leitsätzen machen.

Übung 10: Erwählen Sie mehrere positive Leitsprüche. Sprechen Sie diese am Tage mehrmals vor sich hin, wenn Sie allein sind. Betreiben Sie die Übung auch stets dann, wenn sich pessimistische Stimmungen einstellen.

Heben Sie die Blockierung Ihrer Fähigkeiten auf, und stärken Sie Ihr Selbstvertrauen

Sie erinnern sich: Alle Kräfte sind schon in Ihrem Unterbewußtsein vorhanden. Sie brauchen nur noch in Freiheit gesetzt zu werden. Und der beste und einfachste Weg hierzu ist der der Suggestion. Natürlich gehen auch schon von den Leitsprüchen suggestive Kräfte aus. Doch nun wollen wir die Selbstbeeinflussung dafür benutzen, um systematisch bestimmten Fähigkeiten in uns zum Durchbruch zu verhelfen.

Wie Sie wissen, ist Autosuggestion mit keinen Anstrengungen verbunden. Wenn Sie sich doch dabei abmühen, betreiben Sie die Beeinflussung falsch. Malen Sie vielmehr spielerisch mit Worten ein Bild von sich, wie Sie sein werden. Geben Sie sich ganz dem Gefühl hin. Und Sie werden sehen: Das Bild wird Wirklichkeit!

Nehmen wir aber einmal an, Sie seien noch nicht ein besonders positiver Mensch. Nur zu oft verdunkelt sich Ihre Stirn, und Sie blicken mürrisch drein. Wenn Sie zu Ihrem Chef gerufen werden, plagen Sie die mannigfaltigsten Ängste. Und wenn Sie nach Hause kommen, greifen Sie ängstlich nach der Post, da Sie neues Unheil fürchten . . .

Zusätzliche Symptome zu beschreiben, ist wohl überflüssig. Im folgenden Suggestivtext wird deshalb eine Übung dargelegt, mit der Sie negativen Gedanken in wenigen Wochen abhelfen können. Anfangserfolge stellen sich sogar schon nach kürzerer Zeit ein. Damit die Wirkung des Textes sehr schnell eintritt, sprechen Sie bitte die Worte ein erstes Mal nach dem Aufstehen, ein zweites Mal im Verlauf des Tages und ein drittes Mal vor dem Schlafengehen. Von Vorteil ist, wenn Sie den Text auswendig lernen. Dazu ist nicht viel Mühe notwendig, denn Sie werden die Worte ohnehin bald beherrschen. Geben Sie sich ganz dem Gefühl hin, das die Worte auslösen.
Sehr hilfreich ist es auch, wenn Sie den Text am Morgen vor einem Spiegel sprechen und dabei auch noch in Ihr Gesicht sehen. Die Wirkung der Sätze wird Sie dann den ganzen Tag begleiten. Haben Sie keine Möglichkeit, tagsüber bei der Arbeit den Text unbeobachtet und von anderen nicht hörbar zu flüstern, dann flüstern Sie ihn eben nur in Gedanken. Doch sprechen Sie den Text dann am Abend vor dem Schlafengehen wieder laut und benutzen Sie auch den Spiegel. Der Schlaf wird dafür sorgen, daß der Suggestionstext ein ganz besonderer Erfolgsschlüssel zu den Möglichkeiten Ihres Unterbewußtseins werden wird. Dazu später mehr.
Hier nun die Übung.

Übung 11: Suggestionstext zur Steigerung positiver Gedanken

Ich denke positiv, ganz positiv. – Meine negativen Gedanken verblassen immer mehr. – Es gelingt mir immer besser, positive Gedanken zu entwickeln. – Es gelingt mir immer besser, ich spüre es. – Mein Vertrauen in mich selbst ist sehr groß. – Ich fühle, ich werde frei von allen negativen Gedanken, frei von allen Ängsten, frei von jeder Unsicherheit, frei von Hemmungen. – Ich bin sehr glücklich. – Die Macht meiner positiven Gedanken wird immer stärker. – Das gibt mir große Sicherheit. – Ein Gefühl großen Glücks erfüllt meinen Körper. (Tief atmen!) – So wie es jetzt ist, wird es immer sein. – Mit den Kräften meiner positiven Gedanken meistere ich jede Situation. – Ich werde mit allen Schwierigkeiten fertig. – Immer besser, immer besser. – Und das dank der Kraft positiver Gedanken. – Daher werde ich immer positiver, immer positiver. – Auch ich werde alle Schwierigkeiten meistern, denn ich bin und denke positiv, immer nur positiv. – Ich bin positiv – positiv – völlig positiv.

Wie schon ausgeführt, ist jeder Mensch zu höchster Erfolgsentwicklung fähig. Auch Sie verfügen über diese Möglichkeiten. Sie dürfen aber die Möglichkeiten Ihres Unterbewußtseins nicht durch falsche Vorstellungen hemmen. Und das tun Sie, wenn Sie sich nichts zutrauen, wenn Sie an sich und Ihren Fähigkeiten zweifeln.

Das Unterbewußtsein kann am besten für Sie arbeiten, wenn Sie an sich glauben. Denn in Ihrem Innern ist bereits schon alles vorhanden. Sie brauchen es nur noch ins Leben zu rufen. Und dazu ist der unbeirrbare Glaube an die eigenen Fähigkeiten vonnöten.

Mit folgender Übung werden Sie nun auch Ihr Selbstvertrauen zu unbeschwerter Entfaltung bringen.

Übung 12: Suggestivtext zur Steigerung des Selbstvertrauens

Mein Unterbewußtsein verfügt über große Möglichkeiten. Mein Unterbewußtsein verfügt über große Kräfte. – Mein Unterbewußtsein besitzt deshalb enorme Fähigkeiten. – Deshalb vertraue ich auf mich. –

Je mehr ich an mich und meine Möglichkeiten glaube, desto besser und erfolgreicher kann sich mein Unterbewußtsein entfalten. – Daher vertraue ich auf mich. – Ich vertraue auf mich.– So wie bedeutende Menschen bin auch ich zu großen Leistungen fähig. – Denn auch ich verfüge über die großartigen Möglichkeiten des Unterbewußtseins. – Daher vertraue ich auf meine Kräfte. – Deshalb vertraue ich auf meine Fähigkeiten. – Auch ich erziele damit große Erfolge. – Mit meinem Selbstvertrauen setze ich mich gegen alle Widerstände durch. – Denn ich besitze große Kräfte. – Ich vertraue auf mich. – Ich vertraue sehr stark auf mich. – Mit meinen Kräften und Fähigkeiten erreiche ich meine Ziele. – Durch mein Selbstvertrauen entfalten sich meine Kräfte und Fähigkeiten immer mehr. – Immer mehr. – Immer mehr. – Daher vertraue ich auf mich. – Ich vertraue auf mich. Mein Vertrauen ist vollkommen. – Vollkommen. – Ganz vollkommen.

Ihr Selbstvertrauen wird sich nun um so schneller festigen, je mehr Sie es auch nach außen deutlich zeigen. Indem Sie Ihre gewonnene Sicherheit täglich wieder neu demonstrieren, verstärken Sie sie. Umgekehrt versteht es sich von selbst, daß sich unsicheres Auftreten sehr abträglich auf Ihr Selbstvertrauen auswirkt. Einfach weil Ihr unsicheres Verhalten Sie negativ beeinflußt.

Stärken Sie daher Ihr Selbstbewußtsein zusätzlich, indem Sie Ihr sicheres Auftreten fördern. Ihre Umwelt bringt Ihnen dann auch mehr Respekt entgegen. Und so schalten Sie obendrein auch noch negative Beeinflussung durch andere weitgehend aus. Denn je sicherer Sie auftreten, desto weniger werden Ihnen Ihre Mitmenschen mit skeptischen Blicken, zynischem Grinsen oder anderen negativen Signalen begegnen.

Bald werden Sie die Kräfte Ihres Unterbewußtseins auch dafür nutzen, sich anderen gegenüber viel leichter zu behaupten. Doch davon soll erst in Kapitel 6 ausführlicher die Rede sein.

Nun gibt es allerdings auch Menschen, die aus gekränktem Stolz ungeahnte Fähigkeiten entwickeln. Der zornige Ausspruch: «Denen werd' ich aber zeigen, was in mir steckt», war schon oft der Anfang einer großen Karriere. Doch gewiß ist das kein Weg dazu, die eigenen Kräfte und Fähigkeiten in fast spielerischer Manier zu entfalten. Darum soll uns diese Möglichkeit nicht weiter beschäftigen.

Mit Übung 11 und 12 jedoch schaffen Sie die Voraussetzungen zur Entfaltung Ihrer Kräfte und Fähigkeiten gleichsam spielend. Fördern Sie nun mit Übung 13 auch noch Ihr sicheres Auftreten. Sie vervielfältigen auf diese Art die Möglichkeiten Ihres Unterbewußtseins.

Übung 13: Suggestivtext zur Entfaltung eines sicheren Auftretens

Ich bin sicher. – Ich bin meiner sehr sicher. – Es gibt für mich keinen Grund, im Umgang mit anderen Menschen ängstlich oder verzagt zu sein. – Ich bin ein positiver Mensch und erreiche durch meine Kräfte und Fähigkeiten sehr viel. – Ich habe anderen manches voraus. – Denn ich nutze die Möglichkeiten meines Unterbewußtseins. – Und ich wende für alle meine Ziele die Erfolgsgesetze an. – Alles was ich unternehme, baut auf die Gesetze erfolgreicher Menschenbeeinflussung auf. – Kein Mensch vermag sich ihnen zu entziehen. – Kann ich nicht heute überzeugen, dann morgen oder später. – Daher ergreife ich immer die Initiative und nutze meine Möglichkeiten. – Das macht mich allen überlegen. – Diese Sicherheit prägt meine Körperhaltung. – Ich gehe aufrecht und gelöst. – Mit meiner inneren Sicherheit schaue ich andern fest in die Augen. – Ich weiß, ich werde mich durchsetzen. – Jede meiner Bewegungen zeugt von dieser Sicherheit. – Meine Sicherheit ist unerschütterlich. – Ich bin absolut sicher. Absolut sicher. – Nichts kann mich aus dieser Sicherheit bringen. – Ich bin absolut sicher. – Absolut sicher. – Denn mit den

Kräften meines Unterbewußtseins bin ich anderen weit voraus. – Weit voraus.

Öffnen Sie sich ganz den Wirkungen dieser drei suggestiven Texte. Jede Übung dauert höchstens fünf Minuten. Das ist wenig Zeit. Führen Sie die Übungen am Tag dreimal in der schon beschriebenen Weise durch. Und ziehen Sie dabei Ihre Aufmerksamkeit von der Außenwelt zurück.

Selbstbeeinflussung hat mit Sich-Einreden gar nichts zu tun. Vielmehr schaffen Sie so die günstigsten Voraussetzungen zur Entfaltung Ihrer Möglichkeiten. Geben Sie sich ganz den Wirkungen der Gedanken und Worte hin. Erleben Sie schon jetzt, wie Sie einmal sein werden, und lassen Sie sich innerlich völlig von dem Bild durchdringen.

Einzelne Rückschläge können in der ersten Zeit durchaus vorkommen. Lassen Sie sich davon nicht entmutigen, denn sie werden schnell abnehmen. Beschäftigen Sie sich also nicht mit eventuellen Rückschlägen, sondern betreiben Sie die Übungen weiter. Die Suggestion ist leicht und kostet Sie keine Anstrengung und Überwindung. Und schon in drei bis vier Wochen sind Sie ein ganz neuer Mensch.

Gesundes Leben sichert Ihre Erfolgskräfte

Unsere Gedanken, Absichten, Gefühle und Handlungen werden durch komplizierte biologische Funktionen in unserem Körper bedingt. Auch die Kräfte und Möglichkeiten unseres Unterbewußtseins. All diese Abläufe und Prozesse sind Teil unseres Organismus, der sich stark vereinfacht mit einer einzigartigen und unübertroffenen Maschine vergleichen läßt, der Maschine unseres Kör-

pers. Selbst der teuerste und höchstentwickelte Computer reicht bei weitem nicht an ihre Leistung heran.
Eine Maschine arbeitet dann am besten, wenn ihr der richtige Brennstoff zugeführt, sie richtig bedient und ordnungsgemäß gepflegt und gewartet wird. Und natürlich funktioniert sie dann auch am längsten. Sorgen Sie also dafür, daß Ihre Körper-«Maschine» reibungslos ihre Aufgaben erfüllt. Dann wird auch Ihre Erfolgsmaschine zu höchsten Leistungen fähig sein, und außerdem werden Sie erst noch länger leben.
Nun werden geistige Prozesse nicht nur durch körperliche Vorgänge, sondern umgekehrt auch körperliche Prozesse durch geistige Vorgänge ausgelöst. Ein einfaches Beispiel soll das verdeutlichen. Gewiß haben Sie sich schon einmal weidlich geärgert. Negative Gedanken sind Ihnen durch den Kopf gewandert, und nicht nur der Kopf, sondern auch Ihr ganzer Körper hat sich danach elend und unwohl gefühlt. Bei vielen Menschen schlagen sich Aufregung und Ärger sogar in Magen- und Kreislauferkrankungen nieder. Ärger schwächt zudem auch die Widerstandskraft und erhöht die Empfänglichkeit für Infektionskrankheiten aller Art. Mancher schon hat sich darum im Herbst oder im Winter nach einem Ärger mit Grippe krank zu Bett gelegt. Doch genug von diesen Auswirkungen negativer Gedanken auf die Gesundheit.
Heute ist allgemein bekannt, daß die Sache auch in der Gegenrichtung funktioniert und daß körperliche Vorgänge durch den Geist beeinflußt werden, sei es nun willkürlich oder unwillkürlich.
Wahrscheinlich haben Sie schon von Jogis gehört, die durch gedankliche Beeinflussung Blutdruck, Körpertemperatur und Herzschlagfrequenz ganz nach Wunsch erhöhen und erniedrigen können. Ich habe solche Menschen im Fernen Osten oft beobachtet. Jahrelang üben sie, um diese Fähigkeiten vollkommen zu beherrschen.

Sie haben es nicht nötig, solche besonderen Techniken zu erlernen. Sie wollen ja auch nicht als Hungerkünstler oder Fakir in einem Zirkus auftreten. Und im übrigen sind Sie bereits jetzt schon den Jogis weit voraus, da Sie mit einem Zeitaufwand von nur etwa zehn Minuten täglich die Kräfte Ihres Unterbewußtseins zu entfalten vermögen. Und zusätzlich beeinflussen Sie auch Ihren Körper positiv, ohne sich wie die Jogis anzustrengen.
Denken Sie nur an Ihre suggestiven Übungen. Die sind ja schon ein wichtiger Bestandteil Ihres Erfolgsprogramms, und Sie führen sie regelmäßig durch. Gewiß haben Sie dabei auch registriert, daß sich die positive Gedankenbeeinflussung auf das körperliche Wohlbefinden sehr günstig auswirkt.
Oder zweifeln Sie daran? Vermissen Sie noch immer ein neues körperliches Wohlgefühl? Dann beantworten Sie sich bitte folgende Fragen:

- Fühlen Sie sich abends nach der Arbeit und selbst nach einer längeren Erholungspause noch schlapp und abgespannt?
- Finden Sie die nötige Kraft nicht, um mit Freuden aktiv an Ihrer Selbstverwirklichung zu arbeiten?
- Sind Sie vielleicht sogar für Ihre Hobbys zu müde?
- Wachen Sie am Morgen lustlos und mit bleiernen Gliedern auf, so daß Sie nicht mit Freuden Ihrer Arbeit nachgehen können.?

Wenn Sie auch nur eine dieser Fragen mit einem Ja beantworten, heißt dies unmißverständlich: Sie leben nicht gesund. Nur daran liegt es, wenn sich die Kräfte Ihres Unterbewußtseins noch nicht merklich auf Ihre Gesundheit auswirkten. Und es wird höchste Zeit für Sie, den eigenen Körper wieder zu regenerieren, um bessere Voraussetzungen zur Entfaltung Ihrer Kräfte und Fähigkeiten zu schaffen.

Verfahren Sie nach Programm A und B auf den folgenden Seiten. Dann werden sich die vielen Billionen Zellen Ihres Organismus erholen. Und mit der Förderung Ihrer Gesundheit werden auch Ihre Erfolgskräfte wachsen. Je vollständiger und regelmäßiger Sie das Programm zur Ertüchtigung Ihres Körpers verwirklichen, desto größer wird auch Ihre Lebenserwartung.
Wissenschaftler in Los Angeles haben an vielen Menschen die Einflüsse einer gesunden Lebensweise auf das Lebensalter studiert. Um die komplizierten Untersuchungen zu vereinfachen, wurden lediglich die Auswirkungen der Punkte 1 bis 3 von Programm A beachtet. Dabei wurden sehr bedeutsame Erkenntnisse gewonnen. So auch diese: Wenn 55jährige Männer die Regeln 1 bis 3 des Programms A beachten, sind sie körperlich so fit wie 25 bis 30 Jahre jüngere Männer, die nur einen der drei Punkte vernachlässigen. Ihre Lebenserwartung von rund 69 Jahren steigt um weitere elf Jahre. Wer dagegen mit 45 Jahren nur einen der genannten Punkte beachtet, hat im Durchschnitt nur noch 21 Jahre vor sich.
Auf Grund solch wissenschaftlich belegter Ergebnisse moderner Forschung kann kein Zweifel mehr daran bestehen, daß es sich lohnt, auf eine gesunde Lebensweise zu achten. Arbeiten Sie daher an Ihrer Gesundheit und sichern Sie sich ein langes Leben, das Ihnen die Schaffenskraft bis ins hohe Alter erhält.
Viele Leute versuchen allerdings die Konsequenzen solcher Feststellungen zu ignorieren und sich selbst zu betrügen. Ob es um übermäßigen Alkoholkonsum, ungesundes und zu reichliches Essen, Bewegungsarmut, stundenlanges Fernsehen oder sonstwas handelt – stets meinen diese Maßlosen, es würde ihnen an Lebensanreiz und Lebensqualität fehlen, würden sie auf ihre Übertreibungen verzichten. «Es kommt nicht auf die Lebensspanne an, sondern auf die Vergnügen, die man gehabt hat», wird zur eigenen Entschuldigung hoch-

trabend philosophiert und argumentiert. Doch wer seine Lebensweise umstellt, erkennt später oft, daß er lediglich angenommene Gewohnheiten mit Vergnügen verwechselte.
Leben also auch Sie gesund und erhalten Sie sich einen jugendlichen, leistungsfähigen Körper, denn er gehört mit zu den Voraussetzungen Ihres zukünftigen Glücks. Sichern Sie sich Ihre *Gesundheit* mit diesem Programm.

A

1. Ernähren Sie sich regelmäßig und zweckmäßig.
   a) Lassen Sie das Frühstück niemals ausfallen. Nehmen Sie die Mahlzeiten regelmäßig ein und verzichten Sie auf das Naschen dazwischen.
   b) Stellen Sie das Rauchen ein und genießen Sie Alkohol nur in bescheidenen Mengen.
   c) Essen Sie weniger Fleisch und mehr Fisch. Täglich frisches Obst. Der Nobelpreisträger Linus Pauling ist der Ansicht, daß Vitamin C die Anfälligkeit gegen Krebs herabsetzt. Essen Sie immer rohe Salate und täglich Vollkornbrot, doch nur ganz mäßig Kuchen und Torte. Nehmen Sie besonders Milchprodukte wie Joghurt und saure Milch zu sich. So entschlacken Sie den Körper von Stoffwechselprodukten.
   d) Halten Sie Ihr Körpergewicht auf normalem Stand. Die Anzahl der Zentimeter, die Sie über einen Meter groß sind, sollte Ihrem Gewicht in Kilogramm entsprechen.
2. Betreiben Sie Körpertraining!
   Bringen Sie Ihren Kreislauf mindestens einmal am Tag auf volle Belastung. Machen Sie etwa zwanzig Kniebeugen mit ausgestreckten Armen und sofort zwanzig Liegestütz hinterher. Betreiben Sie jeden

Tag insgesamt zehn Minuten Gymnastik. Gehen Sie in der Woche ein- bis zweimal schwimmen oder betreiben Sie einen anderen Sport.
3. Sorgen Sie täglich für etwa acht Stunden erholsamen Schlaf. Können Sie nicht einschlafen, so bedienen Sie sich der im Buch dargelegten Methode der Autosuggestion oder Meditation. Ihr Schlaf ist dann erholsam, wenn Sie am nächsten Morgen frisch und mit neuen Kräften aufwachen.
4. Entspannen Sie Ihren Körper durch Meditation oder Hobbys.
5. Verzichten Sie wenn immer möglich auf Tabletten und bedienen Sie sich natürlicher Heilmittel und Heilmethoden.
6. Bemühen Sie sich um eine aufrechte Haltung.
7. Lächeln Sie am Tage mehrmals.

Sie fragen sich vielleicht, wie Lächeln zur Erhöhung des körperlichen Wohlbefindens beitragen soll. Daß es wirklich hilft, dieses gelegentliche Lächeln, habe ich vor Jahren während einer Reise im Fernen Osten erfahren. Da mich dort fast alle Menschen anlächelten, lächelte ich dann und wann zurück. Und bald entdeckte ich, wie positiv sich das Lächeln auf mein Wohlbefinden und meine innere Harmonie auswirkte. Und vielleicht auch auf die Harmonie der andern. Lächeln auch Sie mehrmals am Tag, und Sie werden diese Erfahrung bestätigt finden.
Die Wissenschaft weiß zwar heute, daß beim Lächeln reflexartig ein Zusammenspiel von fünfzehn Gesichtsmuskeln erfolgt. Doch damit ist das eigentliche Rätsel des Lächelns nicht gelöst. Mit großer Wahrscheinlichkeit verhält es sich so, daß die Betätigung der Gesichtsmuskeln eine Möglichkeit schafft, aufgestaute Spannungen abfließen zu lassen.

Doch zurück zu den anderen Punkten des Gesundheitsprogramms. Setzen Sie keine Schwerpunkte, denn alles ist für Ihre Gesundheit gleichwertig. Aktivieren Sie das vollständige 7-Punkte-Programm, und ein neues Lebensgefühl wird Sie erfassen.
Beschränken Sie sich jedoch nicht nur auf Programm A. Nutzen Sie auch die Möglichkeiten des Unterbewußtseins und beeinflussen Sie damit ebenfalls Ihre Gesundheit. Das folgende Programm B ist für Ihre Gesundheit genau so wichtig. Die *Kräfte Ihres Unterbewußtseins* werden mit Hilfe dieses Verfahrens positiv auf Ihren Körper einwirken.

B

1. Erhöhen Sie die Zahl Ihrer positiven Gedanken, und Sie spüren die Auswirkungen auf Ihr körperliches Wohlbefinden.
2. Bemühen Sie sich, Ihre tiefsten und geheimsten Wünsche zu verwirklichen, und Sie erfahren die heilsamen Auswirkungen einer solchen Tätigkeit auf Ihre Gesundheit.
3. Suchen Sie jeden Tag einen Anlaß zu Freude. Sie können sich zu diesem Zweck auch mit Ihren Hobbys befassen. In jedem Fall aber werden Ihnen die täglichen Fortschritte in der Selbstentfaltung ein ständiger Quell neuer Freude und Genugtuung sein. Vermeiden Sie Psychopharmaka. Denken Sie an die Fortschritte, die Sie gemacht haben, und vergessen Sie das Negative.
4. Arbeiten Sie bei der Verfolgung Ihrer Ziele und im Umgang mit Menschen stets nach den im Buch dargelegten Erfolgsrezepten. So ersparen Sie sich Enttäuschungen auch im Umgang mit Menschen, und Ihre Gesundheit leidet nicht. Ruinieren Sie nicht Ihr

kostbarstes Gut durch die Folgen unüberlegten Handelns.

5. Verfolgen Sie Ihre Ziele mit der notwendigen Konsequenz und ärgern Sie sich nicht über den Kleinkram des Alltags. Denn Ihnen fehlt die Zeit, sich mit solchen Kinkerlitzchen zu befassen.
6. Vermeiden Sie unnütze und destruktive Reden. So sparen Sie wertvolle Energien. Und hören Sie nicht zu, wenn andere aus Langeweile ihre angeblichen Leiden beklagen.
7. Sorgen Sie für den richtigen Ausgleich zwischen Anspannung und Entspannung. Und verzichten Sie nicht auf die wertvolle Hilfe der Meditation.
8. Mit Ihrem Erfolg und der Verwirklichung Ihrer Wünsche verlängern Sie Ihr Leben. Sie werden ruhig und zufriedener, da Sie sich selbst erfüllen. Ständiger Mißerfolg macht bitter und verkürzt das Leben.
9. Regelmäßige Nutzung der Möglichkeiten des Unterbewußtseins sichert Ihnen Spannkraft bis ins hohe Alter. Außerdem vermeiden Sie die Gefahr, den Pensionstod zu sterben, wenn Sie sich rechtzeitig nach schöpferischen Freizeitbeschäftigungen umsehen und sich ihnen mit Freude widmen.
10. Vergleichen Sie sich nicht ständig mit anderen Menschen und orientieren Sie sich nicht an ihnen. Jeder ist auf seinem individuellen Gebiet zu höchsten Leistungen befähigt. Jeder hat sein eigenes Erfolgsfeld. Auch Sie verfügen über ganz besondere Begabungen und Fähigkeiten. Was *Sie* haben, fehlt anderen, und umgekehrt. Sie werden erst dann glücklich sein, wenn Sie Ihre spezifischen Talente einsetzen. Widmen Sie also Programm A und B dieselbe Aufmerksamkeit, und Sie werden bald ein glückliches Leben führen.

Übung 14: Fördern Sie Ihre Gesundheit durch Programm A und B. Nutzen Sie die wechselseitigen Beeinflussungen zwischen Geist und Körper, und es werden ungeahnte Lebenskräfte in Ihnen erwachen.

Ich kann Ihnen nicht sagen, ob Sie so achtzig, neunzig oder noch älter werden. In jedem Fall wird aber die Beachtung und tägliche Ausführung der beiden Programme von Übung 14 Ihr Leben erheblich verlängern. Wer das Leben liebt, verschwendet keine Zeit. Darum sollten Sie jedes Jahr für sich und die Erfüllung Ihrer Wünsche nutzen. Auch im hohen Alter. Und wenn schließlich einmal Ihre Lebensuhr abläuft, liegt ein glückliches und erfülltes Leben hinter Ihnen. Und dies deshalb, weil Sie Ihr Leben nicht mit Jahren, sondern Ihre Jahre mit Leben ausfüllten. Kann es etwas Schöneres geben?

4. Kapitel

Das Tor zu einem neuen Leben oder: Das Wunder der Selbstbefreiung

Sie wissen nun, daß die Ursachen des Erfolges bei Ihnen und in Ihnen selbst liegen. Mit Hilfe des positiven Denkens, der Autosuggestion und der bildhaften Zielvorstellungen vermögen Sie Ihre Kräfte und Fähigkeiten zu sammeln und Mut zu einem erfüllten Leben zu entwickeln. Sie lösen sich derart aus Ihrer passiven Rolle des Gehorchens, Erduldens und Erleidens und nehmen Ihr Leben selbst in die Hand.

Man kann sich nun freilich fragen, ob positives Denken und Autosuggestion die richtigen Mittel dafür seien. Ist es nicht wirklichkeitsfremd, immer alle sogenannt negativen Gedanken von sich fernhalten zu wollen? Jeder weiß doch, daß das Leben uns allen nicht nur Glück, sondern auch Leid beschert. Sich einem autosuggestiven Schema zu überantworten, dürfte das Leid zwar zunächst verdrängen, doch ist nicht zu befürchten, daß es sich danach um so heftiger und fordernder geltend macht?

Solche Befürchtungen sind tatsächlich berechtigt; mit einem bloßen Schema kann sich auf die Dauer niemand den Widrigkeiten des Lebens entziehen. Leben bedeutet nun einmal, mit all seinen Komponenten in Beziehung zu treten, seien sie nun glückbringend oder leidvoll für uns. Nein, Autosuggestion kann wirklich keinen Anspruch darauf erheben, eine alleinseligmachende Methode zu sein. Sie hat ihre Grenzen, ihre Vor- und Nachteile. Sie haben mit ihrer Unterstützung zwar die Kräfte Ihres Unterbewußtseins mobilisiert und positive Zentren in Ihrem Gehirn aufgebaut, doch reicht das allein nicht aus. Noch fehlt die Auseinandersetzung mit dem Teil von Ihnen, der Sie aus der Vergangenheit begleitet. Darum sollte man sich der angegebenen autosuggestiven Techniken nur in den ersten vier Wochen des Entfaltungsprogramms bedienen, um vorerst Verklemmungen, Selbstverleugnung, Autoritätsgläubigkeit, Unentschlossenheit und Verzagtheit abzubauen.

Bedeutet diese Feststellung aber nicht, vor der Vielschichtigkeit und Widersprüchlichkeit des Lebens zu resignieren? Hieße dies nicht, sich einzugestehen, daß das Leben uns beherrscht, daß wir eben doch mehr gelebt werden als selbst zu leben? Und müßte dann nicht auch die Devise «Mensch, werde dich selbst!» als Großsprecherei betrachtet werden? Oder ist es doch möglich, sich trotz ständiger nervenzerrender Konflikte zu einer Klarheit im Leben zu erheben – zu einer Klarheit, die die Konflikte in jedem von uns löst und die so zu einer Quelle ganz neuer Energien wird? Kann ich wirklich zu Glück und innerer Unabhängigkeit gelangen, ohne mich von einem Schema versklaven zu lassen und den Kontakt zur Realität zu beeinträchtigen? Vermag ich kräfteraubende Konflikte aufzulösen und dennoch dem Ruf des Lebens zu folgen?
Kann ich das Tor zu einem neuen, erfüllten Leben aufstoßen? Auf solche im wörtlichen Sinne lebenswichtigen Fragen antworten die folgenden Abschnitte dieses Kapitels.

Problematische Flucht vor der Wirklichkeit

Die meisten Menschen sehen sich in ihrem Leben vor Probleme gestellt, ohne daß es ihnen möglich wäre, sie jemals zu lösen. Sie sind zu kompliziert und zu verworren, und so versucht man eben, sich ihrem quälenden Druck zu entwinden, indem man sich zum Beispiel dem Fernsehen, der Sexualität oder andern rauschhaften Genüssen zuwendet. Meist stehen die Probleme zueinander noch im Widerspruch. Der Wunsch, sich zu erfüllen und etwas Besonderes zu leisten, widersetzt sich dem Wunsch nach innerem Frieden, nach Ruhe und Gelassenheit. Wir müssen uns ferner ständig mit Ungewissem

auseinandersetzen, suchen aber die Gewißheit. Wir möchten ewig leben und altern dennoch. Und so lange wir diese Probleme nicht lösen können, zehren sie an unserer Lebenskraft, lähmen sie unsere Tatkraft.
Nur darüber zu diskutieren, hilft auch nicht, ebenso wenig, nur davon zu lesen oder zu hören. Denn wer widmet schon dem, was alles über Probleme und die Problematik des Lebens gesagt und geschrieben wird, seine volle Aufmerksamkeit? Fast jeder ist mit *seinen* Meinungen, *seinen* Urteilen, Schlüssen und Wertungen so sehr beschäftigt, daß er nur von diesem Hintergrund her überhaupt liest und zuhört. Freilich wird er so am tatsächlichen Lesen und Zuhören gehindert und ist kaum noch imstande, von Dingen und Ansichten Kenntnis zu nehmen, die nicht in seinen Rahmen passen. Und ist dieser Rahmen eng gesteckt, fällt natürlich eine Menge von Einsichten buchstäblich außer Betracht. Nur dann also, wenn Sie beim Lesen dieser Seiten weder sofort zustimmen noch gleich ablehnen, wenn Sie Ihre üblichen Argumente nicht sofort mit dem Text verknüpfen und Ihre Meinung nicht in den Vordergrund stellen – nur dann können Sie überhaupt die Tatsachen sehen. Nur dann sind Sie imstande, unvoreingenommen zu lesen und zu beurteilen, ob etwas richtig oder falsch ist. Es wäre jedoch sehr wichtig, eng mit einem Problem in Kontakt zu treten und dessen ganze Tragweite zu ermessen, was – wie schon erwähnt – nur dann möglich ist, wenn es Ihre uneingeschränkte Aufmerksamkeit findet und Sie wirklich darauf eingehen.
Leider ist vielen Menschen die Fähigkeit, derart offen und ohne Scheuklappen zu leben und zu denken, längst abhanden gekommen. Deshalb schlagen auch alle Probleme in ihrem Geist Wurzeln, wachsen und wuchern wie Unkraut, das nicht gejätet wird. Deshalb geht es oft weniger darum, Probleme zu lösen, als vielmehr sich von ihnen zu lösen, von ihnen Abstand zu gewinnen.

Haben Sie schon einmal an sich oder andern beobachtet, wie sehr das stete Wälzen von Problemen abstumpft, ermattet und gleichgültig macht? Beim einen schafft zum Beispiel die Angst vor einem Versagen Probleme, beim andern die Angst vor dem Tode und beim dritten die Angst davor, sich nicht zu erfüllen oder nichts Besonderes zu leisten. Immer aber verursachen entsprechende Erlebnisse und Fehlschläge Enttäuschungen, welche die allgemeine Lebensangst jeweils noch verstärken. Und es gibt so vieles, vor dem sich der Mensch ängstigt. Wer sich jedoch die ganze Zeit ängstigt oder resignierendem Grübeln verfällt, wird sehr bald verwirrt und unansprechbar und verliert vollends die Orientierung. Mit dem Verstand vermag der Mensch zwar Angst und Furcht in Schranken zu halten oder ihnen auszuweichen; das wirkliche oder vermeintliche Versagen hat dann zur Folge, daß man sich jede weitere Beschäftigung mit dem Problem, ja jeden Umgang mit Problematischem versagt und sich in ein abgeschirmtes Rumpfdasein zurückzieht. Ist dies nicht oder nur teilweise möglich, verschärfen sich die ungelösten Probleme zusehends, und dem Betroffenen gelingt es immer weniger, den Herausforderungen der Umwelt vernünftig und wirklichkeitsgerecht entgegenzutreten.
Doch nicht nur das. Es gibt außerdem viele Wünsche und Herausforderungen, auf die wir unbewußt reagieren. Und zum Unbewußten zählt unsere ganze Vergangenheit mit unserer Kindheit und Jugend, mit unserer Erziehung und sämtlichen Erfahrungen, die wir vergessen haben. Des Bewußten sind wir gewahr, weil wir es für unser Tun und das tägliche Leben brauchen, doch das Übrige und besonders das Unangenehme haben wir verdrängt. Trotzdem gehört es zu uns, ist es ein Teil von uns und gegenwärtig, wenn auch in jener scheinbaren Abwesenheit und Verborgenheit, die von unserem Unterbewußtsein erfüllt wird. Aus diesem Grunde werden

der bewußte Geist und unsere Handlungen durch das Unterbewußtsein bestimmt. Und da es sich desto mehr als Absenz, als stumpfe geistige Verlorenheit geltend macht, je weniger seine Kräfte erkannt und genutzt werden, ist es auch um so schwieriger, seine geheimen Motive und Absichten zu verstehen.

Es stellt sich daher erneut und dringlich die Frage, ob es dem Menschen überhaupt möglich ist, sich von seinen verwirrenden und abstumpfenden Problemen (die ja eigentlich unausgetragenen inneren und äußeren Konflikten entspringen) zu lösen. Wird nicht zwangsläufig jede Art von Konfliktlösung früher oder später wieder zu neuen Problemen führen? Schon allein deshalb, weil die Auflösung des einen Problems gleich wieder ein neues schafft? Kann sich somit das Tor zur Selbstbefreiung jemals öffnen?

Damit sind wir wieder zu der Frage zurückgekehrt, welche dieses Kapitel einleitete. Trotzdem sind wir einige Schritte weitergekommen. Noch haben wir zwar keine Antworten gefunden, aber wir haben wenigstens gesehen, was es mit unseren Problemen auf sich hat. Sie hängen nicht nur von unserem Wissen und Unwissen ab, sondern auch von der Gewissenhaftigkeit, mit der wir uns mit uns selbst und unserer Umwelt beschäftigen. Sich von ihnen zu lösen, heißt jedoch nicht, daß man sich gleichsam gewissenlos verhielte, im Gegenteil. Lassen wir nämlich der Kraft unserer Wünsche freien Raum und lassen wir unser eigentliches Selbst zu Worte kommen, drücken sich ja eben darin, in diesen Wünschen, unsere alten Probleme aus. Sie erscheinen allerdings in gewandelter und zielgerichteter Form, als Energiestrom nämlich aus dem Unterbewußtsein, der uns erfrischend durchflutet und der den Aufbau eines neuen, positiven Lebens ermöglicht. Davon mehr in den nächsten Abschnitten.

Bewußtheit als unmittelbares Gewahrwerden und Achtsamkeit

Will man die vielen Probleme, die jeden bedrängen, auflösen und sich selbst befreien, muß man sich ihnen auf völlig neue Weise nähern. Wir wollen dies an einem einfachen Beispiel verdeutlichen.

Haben Sie jemals versucht, mit einer Gewohnheit zu brechen, mit dem Rauchen etwa? Und sagten Sie sich nicht: «Ich will nicht mehr rauchen» oder «Ich darf nicht mehr rauchen»? Wenn Sie sich anstrengen, um einer Gewohnheit zu widerstehen, wissen Sie aus Erfahrung, was dann geschieht. An einem Tag siegen Sie über die leidige Gewohnheit, an einem andern aber unterliegen Sie wieder. Und dieser dauernde Kampf kann sich über Jahre hinziehen, ganz egal, um welche Gewohnheit es sich immer handelt. Um nun mit diesem Problem fertig zu werden, muß erst die Nutzlosigkeit solcher Bemühungen eingesehen werden.

Sie werden fragen, was denn sonst eigentlich getan werden kann. Dies: Achten Sie einmal auf sich, wenn Sie rauchen. Und bemühen Sie sich, den Vorgang schon dann zu bemerken, wenn Sie gewahren, daß Sie rauchen wollen. Verfolgen Sie den Ritus bis in alle Einzelheiten: Ihre Hand gleitet unbemerkt und fast wie von selbst in die Tasche und holt die Zigarettenpackung hervor. Darauf nehmen Sie so nebenbei und ohne recht hinzusehen eine Zigarette heraus, klopfen sie vielleicht noch auf die Packung oder einen anderen Gegenstand und ... Lassen Sie mich hier abbrechen. Sie sollten nur auf jede Bewegung, auf jede Ihrer üblichen Gesten achten. Und das, ohne sie zu verurteilen oder zu rechtfertigen. Auch ohne zu denken: «Hoffentlich werde ich bald vom Rauchen befreit sein.» Beobachten Sie einzig alle Einzelheiten beim Rauchen. So wird Ihr Kampf gegen die Gewohnheit nicht zu einer anderen Gewohnheit. Versuchen Sie

es, und Sie werden sehen, was sich ereignet. Vorausgesetzt natürlich, Sie wollen die Gewohnheit wirklich ernsthaft aufgeben.
Sich achtsam zuschauen, um zu sehen, wie man ist, trägt zur Bewußtheit bei. Man kann sich seiner aber niemals richtig bewußt werden, wenn man das verurteilt oder rechtfertigt, was man findet. Wenn ich mich selbst verurteile, bin ich mir weder dessen bewußt, was ich sehe, noch der Bedeutung des Gesehenen. Dann überhebe ich mich nämlich, stehe über mir selbst und amtiere als mein eigener Richter. Und ich wende die Strenge von Gesetzen, die nicht meine Gesetze, sondern die von andern sind, gegen mich. Um jedoch wirklich *mich selbst* zu sehen und mich zu verstehen, darf ich mich nicht vom Hintergrund meiner Verurteilungen und Rechtfertigungen her sehen – darf ich mich nicht mit den (scheelen) Blicken anderer sehen.
Beginnt man damit, das zu verurteilen, was man sieht und findet, kann man dem Gefundenen nicht folgen, kann man es gar nicht erst in eigene Worte kleiden, weil man im vornhinein auf die Worte anderer abstellt und sich deren An-Sicht zu eigen macht. Steht man also mit einer Gewohnheit auf Kriegsfuß, ist ein neutraler Befund gar nicht möglich, weil man sein Tun und Lassen mit argwöhnischen oder fast feindseligen Blicken verfolgt: Man sieht nicht sich, sondern sein Zerrbild und vermag sich deshalb auch nicht richtig zu erkennen. Ein Kind können Sie auch nur dann verstehen, wenn Sie seinen Vorlieben und Abneigungen folgen. Wer es stets aus seiner Erwachsenensicht verurteilt, tadelt und sich ihm widersetzt, wird es nie verstehen und wird sich mit ihm nie verstehen.
Ähnlich verhält es sich mit unseren Gedanken, Gefühlen und Handlungen. Wenn man sich selbst verstehen will, braucht man sich weder zu kontrollieren noch zu disziplinieren. Dazu ist nur Beobachtung und passive Wach-

samkeit notwendig. Wird man sich daher durch ein Schema, eine Methode jemals kennenlernen? Nun, welcher Methoden man sich immer bedient, das einzige Resultat ist, daß sie unseren Geist formen. Das Bewegen in solchen Schablonen kann aber niemals zum Verständnis des eigenen Ich führen. Auch wenn Sie in einer Illustrierten eine Fragenreihe beantworten und dabei angeblich erfahren, ob Sie kontaktfreudig oder verklemmt, selbstbewußt oder schüchtern, ängstlich oder forsch sind, ist das kein rechtes Gewahrwerden. Dieses ergibt sich einzig dann, wenn Sie mit Ihren Gefühlen und Ihrem Verhalten direkt und unmittelbar in Berührung kommen. Bei solch direktem Gewahrwerden vollzieht sich dann eine Wandlung.

Eine vierzigjährige Frau hatte schon viele Male einen Psychiater aufgesucht. Es war ihm jedoch nie gelungen, sie von ihren Depressionen, ihren Schuld- und Angstgefühlen zu befreien. Der Psychiater stellte anhand einer Analyse zwar fest, daß sich das Leiden schon in früher Jugend entwickelt hatte und daß die Ursache der Haß war, den die Frau bereits als junges Mädchen ihrer Mutter gegenüber empfand. Doch die von außen an sie herangetragene «Kenntnis ihrer selbst» besserte den Zustand nicht. Bis sich ein Vorfall ereignete. Eines Tages hielt sich die Frau in einem Ladengeschäft auf. Wegen einer geringfügigen Begebenheit geriet sie plötzlich außer sich und rief: «Oh, wie ich meine Mutter hasse!» Natürlich schämte sich die Frau hernach, doch gleichzeitig wunderte sie sich über sich selbst und fühlte sich erleichtert. Denn nun war ihr klar geworden, wie sehr noch die alten Gefühle in ihr lebendig waren und wie stark sie in einer festen Schale angenommener Konvention gesteckt hatte. Als sie bei dem Vorfall für einmal außer sich – also eigentlich ganz bei sich und ihrem Problem – war, war die Schale zerbrochen und ihre wahre Person zum Vorschein gekommen.

Im Moment des Ausrufs war die Frau direkt mit ihrem Haß in Beziehung getreten. Sie verfügte nicht mehr nur über das Wissen, das ihr der Psychiater vermittelt hatte und auf das sie von außen her schaute. Nein, jetzt wurde sie ihres Hasses selbst gewahr und sah sich unvermittelt mit ihrer wahren Identität konfrontiert. Das Ergebnis: Sie fühlte sich völlig verwandelt und war seither von ihrem Leiden befreit.

Da es den meisten Leuten nicht darum geht, ihre bewußten und unbewußten Impulse zu verstehen, klammern Sie sich an Denk- und Gefühlsschemata, die ihnen Sicherheit versprechen. Doch um zum Verständnis der eigenen Person zu gelangen, muß man sich so sehen, wie man wirklich ist, und zwar in allen Beziehungen zu Menschen, Besitz und Ideen.

Was geschieht, wenn man sich all dessen nur als Tatsache oder Tatbestand bewußt ist, also ohne noch zu bejahen oder zu verurteilen? Was geschieht, wenn man an sich selbst ganz direkt erfährt, daß man gierig, ehrgeizig oder neidisch ist? Schaue ich darauf, ohne es zu werten, kann ich dieser Dinge gewahr werden, ohne daß mich etwas von ihnen trennt und ablenkt. Und bleibe ich bei der Wahrnehmung leidenschaftlos, ohne Urteil und Vorurteil, dann schafft diese Tatsache Energie, weil ich sachlich und nüchtern und ganz bei mir bin. Weil ich nicht außer mir gerate und meine Kräfte in einem inneren Konflikt verzehre. Daß jemand auf umgekehrtem Weg einmal zu sich kommen kann, durch das Außersichsein nämlich, hat sich im Falle der depressiven Frau erwiesen. Die harte Schale der Konvention hatte ja ihre unbewältigten und überdimensionierten Haßgefühle im Inneren blockiert, so daß nur ein plötzlicher unkontrollierter Ausbruch helfen konnte. Im allgemeinen aber ist der Mensch doch bei sich und kommt in der Gegenwart des eigenen Geistes zu sich selbst. Dann erfolgt natürlich kein Ausbruch, sondern eher ein Durchbruch nach

innen, so daß sich auf Grund der unbeeinflußten Wahrnehmung eine echte Einsicht ergibt.
Haben Sie sich je schon im Zustand dieser unmittelbaren Bewußtheit befunden, im Zustand direkten Gewahrwerdens? Ohne den Wunsch zu verspüren, sich anderen anzuverwandeln? Ohne das, was Sie feststellten, als angenehm zu verfolgen oder als unangenehm zu tadeln? Haben Sie jemals versucht, kein Ziel zu verfolgen und nur auf das zu achten, was Ihre Sinne im Augenblick registrierten? Dann werden Sie konstatieren: Jedes Gewahrwerden hört auf, sobald Sie zu urteilen beginnen.
Ein Mensch, der sich ständig vervollkommnen will, kommt mit sich selbst nie in Berührung. Denn diese Art von Vervollkommnung bedeutet lediglich zielstrebige Anpassung und zugleich Selbstverleugnung, woraus nie eine wirkliche Selbstbefreiung resultiert.
Bewußtes Beobachten beginnt mit der Wahrnehmung der Dinge der Außenwelt. Zuerst wird man sich der Natur und der Mitmenschen und erst danach seiner selbst bewußt. Haben Sie jemals auf eine Blume geschaut, ohne sie von irgendeinem Hintergrund der Erfahrung und des Wissens her zu betrachten? Ohne die Wahrnehmung mit ästhetischen, botanischen oder andern Gesichtspunkten zu durchsetzen? Je besser Ihnen das gelungen ist, desto vollständiger wurde die Trennung zwischen Ihnen und der Blume aufgehoben. Dasselbe geschieht auch, wenn Sie bei der Betrachtung all der Regungen Ihres Verstandes und Ihres Unterbewußtseins gewahr werden. Läßt man es dabei bewenden, kommen auch keine Widersprüche auf, und das Innere öffnet sich in noch nie erfahrenem Masse zur ausschließlichen Wahrnehmung der Blume. Der trennende Raum verschwindet zugleich mit den Begrenzungen und Einengungen des eigenen Ich, so daß sich das Neue und Unbekannte voll entfalten kann. Versuchen Sie es selbst. Denn nur *Ihre* Erfahrung zählt.

Schauen Sie mit dieser Art des Gewahrwerdens auf sich selbst, auf die Dinge des Lebens und auf andere Menschen, ohne sich an einem Leitbild zu orientieren. Lernen Sie es wieder, zu staunen und sich zu verwundern. Damit befreien Sie sich vom Zwang, Ihre Wahrnehmung zu korrigieren oder etwas zu unterdrücken. Vielleicht stellen Sie fest: Ich ärgere mich. Wenn Sie den Ärger weder unterdrücken noch dagegen ankämpfen, erkennen Sie: Zwischen Ihnen und dem Ärger besteht keine Trennung, *Sie sind sich selbst der Ärger.* Diese erstaunliche oder auch verwunderliche Erfahrung, die noch alles offen läßt, wird in Ihnen eine neue Art von Energie entwickeln, die nicht durch den Willen geschaffen ist. Durch sie wird der geschaute Zustand abgeschwächt und aufgehoben, und hieraus erwächst Ihnen wieder neue Energie.
Praktizieren Sie diese Bewußtheit bei den kleinen Vorfällen des Lebens, indem Sie Ihre Reaktionen registrieren. Sei es, wenn Sie zu Ihrem Chef gehen, einen Spaziergang unternehmen oder wann auch immer. Sind Sie der Dinge derart gewahr, geraten Sie nicht länger dauernd in Konfliktsituationen, hervorgerufen durch Unterdrückung, Nachgeben, vernunftmäßige Interpretation und dergleichen. Ein innerer Widerstreit wird unter solchen Umständen gar nicht mehr erst aufkommen. Doch wenn Sie nun feststellen, daß Sie trotz allem vergleichen und verurteilen – was dann? Dann hilft wohl nur eine vorübergehende entschiedene Abkehr, freilich nicht in dem radikalen Sinne, wie es die Bibel empfiehlt: «Wenn dich aber dein rechtes Auge zur Sünde verführt, so reiß es aus und wirf es von dir . . .» Es reicht durchaus, immer wieder einmal zu einem neuen Versuch anzusetzen und diese neue Bewußtheit zu üben.
Von entscheidender Bedeutung ist dabei, daß Sie dies alles *selbst* herausfinden und sich nicht bloß mit dem Lesen dieser Zeilen begnügen. Sie können nicht immer am

Fuß des Berges sitzen und sich von einem Autor oder sonstwem erzählen lassen, wie es hinter dem Berg aussieht. Sie müssen sich schon selber der Mühe unterziehen, auf den Berg zu steigen, um auf die andere Seite zu gelangen. Geben Sie sich nicht mit Ideen, Schemata oder irgendwelchen Erklärungen zufrieden, wer immer sie Ihnen auch anbietet. Denn sonst werden Sie das Wunder der Selbstbefreiung nie vollziehen.

Bewußtheit und Gewahrsamkeit bedeuten indessen nicht, daß man bloß die selbst anerzogenen Verhaltensweisen bemerkt. Man sollte zudem auch seine unbewußten Triebe und Motive erkennen. Dies verlangt jedoch eine Achtsamkeit, hinter der kein Zwang steht. Denn wenn Sie sich befehlen: «Nun muß ich mich aber auf mich konzentrieren!», erzeugen Sie bereits wieder einen Konflikt, weil Ihre Gedanken vielleicht abschweifen wollen und sich nur unter Anstrengung zurückholen lassen. Wenn Sie sich folglich den Dingen und sich selbst nicht mit diesem Gewahrsein nähern, bei welchem es kein Urteilen und Bewerten gibt, weder ein Zustimmen noch Verneinen und auch kein Streben nach einem Ergebnis, werden Sie nie zu einer unbefleckten Wahrnehmung gelangen.

An solcher Gewahrsamkeit mangelt es uns allen. Wie leicht sagt man doch zu jemandem, sei es zu der Frau, mit der man verheiratet ist, oder zu einem Freund: «Ich kenne dich, ich kenne dich genau.» Dabei ist das ein großer und oft sogar verhängnisvoller Irrtum. Denn zumeist erscheinen uns die Menschen, mit denen wir leben oder denen wir begegnen, nur im Licht des Wissens, das wir uns von ihnen, meist in der Vergangenheit, geschaffen haben. Doch solches Wissen verhindert nur, das wahrzunehmen, was im Augenblick ist. Und so wird es uns wegen dieses Vorwissens unmöglich, eine Beziehung jedesmal neu zu erleben und zu gestalten oder überhaupt in echte Beziehungen zu treten. Wer bewußt

sehen und erleben möchte – und das ist wirkliches Leben –, muß dies ohne Voreingenommenheit tun.
Ist dieses Ziel denn wirklich erreichbar? Werden nicht all meine Enttäuschungen, Erinnerungen und Erfahrungen ein bewußtes Schauen verunmöglichen? Kann ich mich vom trüben Schleier meiner Voreingenommenheit jemals lösen, um mit der Klarheit zu sehen, die ich mir wünsche? Gewiß, sofern Sie Geduld haben und Verständnis für sich selbst.
Gewahrsamkeit soll aber keineswegs auf den Sockel eines verklärten Mystizismus erhoben werden. Bewußt können Sie auch irgendeine Arbeit verrichten. Und es ist vollkommen nebensächlich, ob es sich dabei um eine Büroarbeit, eine wissenschaftliche Tätigkeit oder eine handwerkliche Verrichtung handelt. Besorgen Sie diese Arbeit bewußt, dann werden Sie dies erstens wirkungsvoller tun und zweitens gleichzeitig erfahren, weshalb Sie diese Arbeit tun und welche Motive sich dahinter verbergen. Sie werden herausbekommen, ob Sie vor Ihrem Vorgesetzten im Grunde Angst haben. Sie werden Ihre Beziehungen zu anderen Leuten neu entdecken, ganz gleich, wo dies auch sein mag, und es wird Ihnen klar werden, ob Sie bei Ihren Mitmenschen Zuneigung oder Ablehnung, Feindschaft oder Liebe erwecken.
Wer diese Achtsamkeit übt, kann dahin kommen, daß er etwas aufgibt, mit dem er sich bisher identifizierte. Und darunter kann sein Hobby oder sogar seine Arbeit begriffen sein. Die meisten Leute vermeiden es deshalb, derart bewußt zu leben. Sie wollen es gar nicht so genau wissen und ärgern sich, wenn sie es doch genau zu wissen bekommen. Es beruhigt ja immerhin und ist außerdem bequemer, das gewohnte Tun fortzusetzen und im alten Trab weiterzufahren. So gibt man eine unbefriedigende Tätigkeit höchstens dann auf, wenn man dazu genötigt ist, und pflegt sie gegen eine andere einzutauschen, die genau so wenig befriedigt.

Sich einer Gewohnheit bewußt zu werden, ist unter Umständen lästig und unwillkommen. Man könnte sie zwar aufgeben. Aber was dann? Vor dieser Ungewißheit fürchtet man sich, und so tauscht man lediglich eine Gewohnheit gegen eine andere aus. Anderseits aber wird das eigene Leben oft nur deshalb als bedeutungslos empfunden, weil man nicht achtsam genug ist. Wenn Sie also einen Spaziergang machen, dann gehen Sie nur spazieren. Wenn Sie trinken oder essen, dann trinken oder essen Sie. Wenn Sie zuhören, dann hören Sie auch bitte zu und tun Sie nicht bloß dergleichen. Nehmen Sie sich auch gelegentlich die Zeit, Ihren inneren Regungen, Gedanken und Gefühlen zu lauschen. Tun Sie das, so werden Sie auch bald begreifen: Der Dinge gewahr zu werden, ist auch so etwas wie ein Tun. Und ist Ihre Achtsamkeit ausgeprägt genug, werden Sie auch gar nicht den Wunsch verspüren, etwas anderes zu tun. Sich um solche Achtsamkeit zu bemühen, ist nicht ganz einfach. Wollen Sie aber am Leben – auch an Ihrem Leben – teilhaben, müssen Sie diese Achtsamkeit aufbringen und dürfen der Versuchung, dem Leben und sich selbst in die Unachtsamkeit und Zerstreuung zu entfliehen, nicht erliegen. Gewiß, niemand vermag stets und immer in diesem Gewahrsam zu leben. Aber darum braucht man auch nicht gleich zu resignieren.
Oder wissen Sie noch immer nicht, wie man achtsam wird? Dann seien Sie vor der Unachtsamkeit auf der Hut. Wenn Sie erkennen, daß Sie unachtsam sind – dann sind Sie achtsam!

Rechte Selbsterkenntnis durch eigene Leitbilder

Selbsterkenntnis ist notwendig, damit der Mensch sich wandeln kann. Doch viele wollen sich leider nicht selber erkennen und verstehen. Wer nicht zur rechten Selbsterkenntnis gelangt, wird aber das Wunder der Selbstbefreiung an sich nie erleben. Ihre Selbsterkenntnis können Sie auch aus diesem Buch nicht beziehen. Immerhin hilft es Ihnen, selber dazu zu gelangen. Die Mühe der Aneignung müssen Sie allein übernehmen. Um einen Vergleich zu ziehen: Auch das beste Kochbuch ist kein Ersatz für noch so schlechtes Essen. Nach Selbsterkenntnis sollten Sie also nicht nur ernsthaft trachten, sondern Sie sollten sie auch zu verwirklichen suchen.
Jeder weiß, daß es zur Erreichung von Zielen Zeit braucht. Erst die Tat verwandelt das, was ist, in das, was sein soll, und dazu bedarf es der Zeit. Allerdings ist auch das, was sein soll, nicht statisch, weil es dem Einfluß vieler Faktoren unterliegt und sich fortwährend ändert. Ebenso ist das, was ist, Veränderungen unterworfen. Jemand fürchtet sich vielleicht gerade jetzt, hat vor etwas Angst oder leidet. Zum Verständnis solcher Zustände kann aber die Zeit nichts beitragen; es würde nur auf später verschoben, was eine Flucht vor der Realität bedeutete. Daher ist es notwendig, sich sofort dem zuzuwenden, was ist.
Seien wir ehrlich: Wer tut das schon? Und so fürchten wir uns eben weiter, fühlen uns weiterhin elend und bleiben viele auch künftig unglücklich. Wir sagen: Morgen oder übermorgen oder später einmal werden wir uns von unserem Leid befreien, heute ist es aus diesem oder jenem Grund noch nicht möglich. Das heißt, daß wir die Zeit zum Vorwand nehmen, um unsere Flucht vor uns selbst und der Wirklichkeit zu decken. Wenn Ihnen dies klar ist, dann haben Sie den ersten Schritt zur Selbsterkenntnis getan.

Nehmen wir einmal an, Sie fürchteten sich, Sie wären krank und enttäuscht. Um diesem Zustand zu entkommen, denken Sie an die Zukunft, in der Sie angstfrei, gesund und glücklich sein werden. Oder Sie erinnern sich an die Vergangenheit, in der Sie glücklich und zufrieden waren. Und Sie sagen sich, wie schön es doch wäre, würden Sie nur wieder gesund, furchtlos und glücklich sein. Aus dieser Hoffnung auf die Zukunft oder aus der Erinnerung an die Vergangenheit ergibt sich jedoch unweigerlich ein innerer Konflikt, weil sie die Gegenwart nicht akzeptieren. Finden Sie sich aber mit der Tatsache ab, daß Sie zur Zeit krank sind, und geben Sie alle Gedanken an die Vergangenheit oder Zukunft auf, wird der Körper durch den Konflikt nicht negativ beeinflußt und kann seine heilenden Kräfte leichter und schneller entfalten.

Das heißt selbstverständlich nicht, daß man sich jede Hoffnung versagen sollte. Man darf sie aber auch nicht dazu benutzen, ständig die Wirklichkeit zu verdrängen. Rechte Selbsterkenntnis ist keine Angelegenheit der Zeit und stellt sich nicht «mit der Zeit» von selbst ein. Man muß sich vielmehr so sehen, wie man im gegenwärtigen Augenblick ist, gegebenenfalls also auch in seiner ganzen Angst und Misere. Es bedarf dazu all der Achtsamkeit, die Sie aufbringen können. Mit dem Gewahrsam dessen, was ist, mit dem Verzicht darauf, es zu verdrängen oder ihm zu entfliehen, ist dann auch die Voraussetzung gegeben, sich davon zu befreien und sich zu wandeln. Es hilft wenig, wenn Sie etwa feststellen: «Ich bin gierig und neidisch», sich dann sogleich ins Gegenteil retten und an das Ideal der Begierde- und Selbstlosigkeit klammern. Dermaßen würde wiederum ein Konflikt entstehen, der just das noch verstärkte, was Sie aufzulösen gedachten. Denn im Kampf verbraucht man Energien und schafft zugleich neue Widerstände.

Erinnern Sie sich an den Bibelspruch: «Richtet nicht,

auf daß ihr nicht gerichtet werdet»? Dieser Spruch gilt nicht nur für den Umgang mit anderen, sondern auch für den Umgang mit sich selbst. Unterlassen Sie also sofortiges Verurteilen, Vergleichen, Bejahen oder Verneinen. Und wenn Sie es dennoch tun, seien Sie sich dessen wenigstens bewußt. Merken Sie sich dies: Rechte Selbsterkenntnis ist nie eine Selbstprüfung im Rahmen verbindlicher Normen und hat mit zurzeit üblichen Maßstäben nichts zu tun. Nur gelassenes Gewahrwerden kann uns befreien und jene Wandlung bewirken, deren wir dringend bedürfen. Jede Prüfung vom Gesichtspunkt einer Schablone aus entzieht uns der Spontaneität des Lebens und entfremdet uns der eigenen Person. Wer sich ununterbrochen damit befaßt, wie er einmal sein möchte, verschleiert nur den Zustand, in dem er sich jetzt eben befindet – eine Selbstbefreiung wird auf diese Weise nie zu erreichen sein. Falsch wäre es auch, von einem Meditationslehrer, Guru, Jogi oder wem auch immer jene innere Sicherheit zu erwarten, die er Ihnen doch nicht geben kann und die Sie nur bei sich selbst finden.

An dieser Stelle seien auch schon einige Worte zu der in Kapitel 5 angegebenen Technik der Achtsamkeits-Meditation erlaubt. Diese Technik ermöglicht es, mit den Produkten unterbewußter Geistestätigkeit – Gedanken und Ideen – eine noch bessere Beziehung herzustellen. Das Abwenden der Gedanken von der Außenwelt durch die Achtsamkeits-Meditation erleichtert das Auftauchen unterbewußter Gedanken und Ideen an die Oberfläche Ihres Bewußtseins. Dieser Prozeß der Bewußtmachung unterbewußter Geistestätigkeit geht desto leichter vonstatten, je vollständiger die Aufmerksamkeit von der Außenwelt abgezogen wird. Zum vollkommenen Selbstverständnis indessen ist es, wie schon erwähnt, unerläßlich, sich mit all seinen Beziehungen zur Umwelt zu erleben. Es gilt darum, auch im Alltag achtsam zu sein; nur dann werden Sie rechte Selbsterkenntnis erringen.

Wer sich genau kennenlernt, befreit sich vom Ballast widerstrebender Gedanken und Gefühle und vermag ganz in sich zu ruhen.
Selbsterkenntnis hängt auch stark davon ab, wie man sich selber sieht. Jeder macht sich ein Bild davon, wie er sein sollte oder müßte. Und vom Hintergrund dieses Bildes schaut er auf die Tatsachen des Lebens, die dann zu seinen «Problemen» werden, weil Sie mit dem in die Zukunft projektierten Leitbild nicht in Einklang zu bringen sind. Meist wird in der Folge versucht, die Probleme in Richtung auf das Leitbild hin zu verändern, was aber nur zu noch größeren Unstimmigkeiten führt. Eine große Zahl von Leuten ist sich des Bildes, das sie von sich entwarfen, gar nicht mehr gewahr. Für sie gibt es nur noch das Problem, während die Beziehung zum Leitbild längst verloren gegangen ist. Wiederum ergibt sich somit die merkwürdige Konstellation, daß etwas Abwesendes und scheinbar gar nicht Existentes – eben das Leitbild – es verhindert, das Problem so zu betrachten, wie es wirklich ist und wie es sich im Grunde darstellt.
Daß man auch dies an sich selbst erfährt, ist für die persönliche Entwicklung entscheidend. Wenn Sie nämlich mit den sogenannten Tatsachen des Lebens in enge Berührung kommen, verliert das Bild seinen Einfluß auf Sie. Selbstbefreiung findet also dann statt, wenn Sie sich über die Struktur Ihres Leitbildes klar werden und wenn Sie begreifen, wie es zustande gekommen ist.
Die vielen vermeintlichen Vorbilder und Traumberufe der Welt haben vielleicht einmal den Wunsch in uns erweckt: «So möchte ich auch sein!» Ein derartiges Vor- und Leitbild schenkte zwar nicht tatsächliche, aber doch scheinbare Sicherheit, verhinderte indes die Herstellung eines Bezuges zu den eigenen Wünschen und Neigungen. Darum ist es äußerst wichtig, daß Sie sich des Bildes selber bewußt sind und nicht bloß dessen, was an-

dere darüber sagen. Wenn Sie nicht die eigentliche, persönliche Bedeutung Ihres Leitbildes entdecken wollen, weil es Ihnen ein trügerisches Gefühl der Sicherheit verschafft, werden Sie auch sich selbst nie entdecken. Die fortgesetzte Anpassung an Leitbilder hat ohnehin dazu geführt, daß manche Leute gar nicht mehr imstande sind, ihre eigentlichen und besonderen Fähigkeiten zu erkennen. Häufig streben sie einen akademischen Grad oder einen so entlegenen Beruf an, daß Ihre Aussichten von Anfang an äußerst gering sind. Doch vermag sich jemand selbst zu beurteilen, wenn er nur davon ausgeht, was ihm seine Stellung an Respekt und Ansehen bei andern einbringt? Können solche Menschen je erkennen, wozu sie wirklich berufen, fähig und imstande sind?

Sehr viele Handlungen werden vom Willen bewirkt, hinter dem das Leitbild steht. Und so diktiert im Grunde genommen das Leitbild die Handlungen. Leben heißt aber, mit Dingen, Menschen, Wünschen usw. in ständiger Verbindung zu sein und zu ihnen Beziehungen zu schaffen. Und da diese Beziehungen sich dauernd wandeln und ändern, weil das Leben vielfältig und dynamisch ist, wird ein starres Leitbild Ihnen immer im Weg sein und Ihnen keinen Raum gewähren, zu dem zu werden, der Sie tatsächlich sind.

Nur wenn Sie den Mut haben, auf Ihr eigenes, autonomes Leitbild zu schauen, haben Sie den Mut zu sich selber. Erst dann nehmen Sie sich ernst und verleugnen sich nicht. Denn Sie sind sich selbst die erste und vordringlichste Aufgabe. Sie müssen ja *Ihr* Leben leben, und nicht das der anderen. Solange Sie jedoch noch unschlüssig sind, ob Sie sich – und das heißt, Ihr Leitbild – oder Ihre Wünsche durchsetzen wollen, kann die Aufgabe der Selbstwerdung nicht angepackt werden. Sie müssen in diesem Falle zuerst herauskriegen, wie weit beide identisch sind und miteinander übereinstimmen.

Sie müssen also zunächst einmal Ihre Identität erfahren, bevor Sie als Individualität, als unverwechselbares Einzelwesen, bestehen können.
Anders ausgedrückt: Es muß zuvor die Grenze zwischen Übereinstimmung und Unterschiedlichkeit zu andern abgeschritten und das eigene Ich erkannt sein, ehe daran zu denken ist, wie sich wohl der Wesenskern, das Selbst, begreifen läßt. Danach erst, wenn Sie unabhängig von allen Einflüssen und Vergleichen Ihr Leitbild klar vor Augen sehen, werden Sie Ihre geheimen Wünsche, Ihre Gedanken, Sehnsüchte und Hoffnungen, Ihre Stärken und Schwächen besser kennenlernen und ein neues Verhältnis zu Ihrer Umgebung entwickeln. Dann wird sich Ihre Lage in der Welt ändern. Und auch hier sei noch einmal betont: Mit bloßem Ehrgeiz, verbissenem Strebertum und rein materieller Zielsetzung können Sie diese Aufgaben nicht erfüllen; es ist dazu auch ein gewisser Idealismus erforderlich. Dieser spielt bereits mit, wenn sich Wünsche bei Ihnen melden, denn Wünsche und Ideen sind miteinander verwandt. Freilich: Wünsche gründen viel tiefer. Deshalb sollte niemand resignieren und verzagen, niemand sich in den Pseudo-Schutz und die Schein-Sicherheit seines bloß übernommenen Leitbildes zurückziehen.
Fassen Sie den Mut, dieses Bild unvoreingenommen zu betrachten, und Sie werden deutlich fühlen, daß noch etwas anderes, noch mehr in Ihnen steckt. Ich bin nicht der, der ich bin! Um so stärker wird dann auch Ihr Wunsch sein, der zu werden, der Sie tatsächlich sind. Und dann entwickeln Sie auch Initiative, tatkräftige Unternehmungslust. Denn Sie haben Besseres, Gescheiteres, Sinnvolleres zu tun als nur gerade das, was auch alle anderen tun.

Konzept, Schema und Methode

Vorliegendes Buch enthält neben anderem eine Reihe von Konzepten für Verhaltensweisen und Regeln zum Handeln. Einige haben Sie schon kennengelernt. Der Vorteil eines Konzeptes liegt auf der Hand; Sie haben ja schon häufig genug erfahren, daß die Ereignisse des Tages einen geradezu überfallen. Wer sich restlos in das Tagesgeschehen verstricken läßt, gerät schnell in Schwierigkeiten, so daß sich eigene Wünsche und Ziele nicht länger verfolgen lassen. Wenn Sie kein Konzept benützen, werden Sie immer nur von den Einflüssen und Einwirkungen des Augenblicks bestimmt und können sich nie befreien und in sich selbst ruhen. Nur ein langfristiges Konzept, das auf ein klares Ziel ausgerichtet ist, gibt Ihnen die Möglichkeit, die Ereignisse des Tages nach Ihrem Maßstab zu sortieren.

Dieser Sachverhalt läßt sich an folgendem Fall demonstrieren. Als Monika H. und Andreas S. heirateten, waren sie noch jung. Monika war gerade erst 18 Jahre alt geworden, und Andreas hatte soeben sein Psychologiestudium abgeschlossen. Monika bewunderte Andreas sehr, da er mehr wußte als sie, und paßte sich seinen Neigungen und Interessen an. Doch nach einigen Jahren, als Monika nun 26 Jahre zählte, änderte sich dieses Verhältnis, denn inzwischen hatte sie ihre eigenen Neigungen entdeckt und wollte sich mit jenen ihres Mannes nicht mehr so eingehend wie bisher befassen. Zunächst lächelte Andreas nur darüber, doch dann beunruhigte ihn dies immer mehr. Sein Stolz und sein eigenes Verständnis als Autorität wurden tief verletzt, als seine Frau nun auch darauf bestand, er solle auf ihre Interessen eingehen und sich gemeinsam mit ihr mit ihnen beschäftigen. Andreas versuchte, dem Konflikt dadurch zu entgehen, daß er Unpäßlichkeit und berufliche Überlastung vorschützte, doch wurde so das Problem nicht gelöst.

Da ich Andreas S. von meinem Studium her kannte, schilderte er mir seine Lage, als wir uns einmal während eines Skiurlaubs in den herrlichen Schweizer Bergen trafen. «Mein ganzes Selbstverständnis ist zusammengestürzt», bedauerte er sich. Doch wie war das möglich? Nun, Andreas hatte vor Jahren eine Art Verhaltenskonzept für das Zusammenleben mit seiner Frau entwickelt und sich darauf verlassen, stets unangefochten die Führungsrolle spielen zu können. Sein Selbstverständnis als dominierender Partner war zusammengebrochen, nur weil ihm die Frau nicht mehr die gewohnte Unterordnung entgegenbrachte. Und je hartnäckiger er daran festzuhalten versuchte, desto mehr spitzte sich der Konflikt zu. Da ihm der Gedanke einer gleichberechtigten Partnerschaft noch ferne stand, wußte er bald überhaupt nicht mehr, wie er sich mit der neuen Wirklichkeit seiner Ehe auseinandersetzen sollte.

Wollte Andreas S. der veränderten Situation Rechnung tragen, mußte er ein neues Konzept ausarbeiten. Er nahm sich folgendes vor. Wenn meine Frau keine Lust hat, mit mir meinen Interessen nachzugehen, verzichte ich auf autoritäre Argumente. Ich sage ihr vielmehr, daß ich auch für ihre Interessen Verständnis habe, und bemühe mich, Anteil zu nehmen. Meine Frau fühlt sich dann respektiert. Und wenn sie zum Beispiel einmal einen Sonntag nach ihrem Geschmack gestalten möchte, achte ich diese Absicht und willige ein. Und so gelang es Andreas S., dank des neuen Konzepts die Harmonie seiner Ehe mit Monika wiederherzustellen.

Soweit diese Ehegeschichte. Halten wir noch einmal die *Vorzüge eines Konzepts* fest.

- Stellen Sie ein Konzept mit Regeln zum Handeln auf, werden Sie sich um so besser unter dem Druck des Tagesgeschehens verhalten.

- Sich für ein Konzept entscheiden, heißt den Bereich seiner Fähigkeiten und Möglichkeiten abstecken, um darin seine Wünsche zu erfüllen. Denn Wünsche müssen ja auch auf die Realität abgestimmt werden.

Häufig ist es allerdings so, daß viele Menschen unbedingt das haben wollen, was ihre Freunde und Nachbarn schon besitzen. Die Art des Besitzes wird unter diesen Umständen aber von dem bestimmt, was die anderen auch haben, und nicht von den eigenen Möglichkeiten und Bedürfnissen. Dabei gerät man natürlich in immer stärkere Abhängigkeit und löst sich von der Realität. Dies hat auch oft zur Folge, daß man in einem ungeliebten Beruf, der viel Geld einbringt, die Ersatzbefriedigung für das sucht, was man gerne gemacht hätte, wenn man nicht so kurzsichtig und leicht beeinflußbar gewesen wäre.
Es ist schon an anderer Stelle gesagt worden: Je mehr wir uns nach den Vorbildern unserer Zeit richten, desto weniger vermögen wir der eigenen Realität gewahr zu werden und diese zu bewältigen. Mit anderen Worten: Wichtig ist, was wir jetzt und heute erreichen und schaffen können. Konzepte haben folglich noch einen weiteren Vorteil.

- Wenn Sie ein Konzept aufstellen, können Sie sich darauf verlassen, im richtigen Moment das Richtige zu tun. Dann überlegen Sie schon heute, was Sie morgen tun werden, und überlassen nicht alles dem Zufall, der ein schlechter Ratgeber ist. Mit einem Konzept nehmen Sie Ihr Leben entschieden in die Hand und tun das, was Sie Ihrem Ziel näherbringt.

Konzepte bringen indes nicht nur Vorteile, sondern bergen auch Gefahren. Dazu ein Exempel aus dem wichtigen Feld des Umgangs mit Menschen. Bei der ersten

Begegnung mit Unbekannten ist eine gewisse Distanziertheit nicht unangebracht. Beweist man jedoch allen Leuten gegenüber, die – scheinbar – nicht in ein bestimmtes Konzept passen, zu deutliche Reserve oder gar Mißtrauen, wird dies schiefgehen. Da wäre es dann geraten, sein Konzept schleunigst zu überprüfen, und zwar noch bevor alle zwischenmenschlichen Beziehungen zusammenbrechen.

Oft schlägt die Tragik von Menschen, die sich völlig von Konzepten oder, schlimmer noch, von Schemata verschiedenster Art beherrschen lassen, in Komik um, zumindest vom Standpunkt des Unbeteiligten aus betrachtet. Während einer Pause beim Schreiben dieses Kapitels las ich in einer Zeitung diesen Passus:

«Immer wenn Stabsfeldwebel Erwin G. von seinem Dienst nach Hause kam und vor der Haustür pfiff, mußte seine Frau wie ein Rekrut antreten und vor ihm strammstehen . . .»

Ersparen wir uns eine weitere Schilderung. Wir sind uns wohl einig, daß Konzepte gerne dazu verführen, sie auch dort anzuwenden, wo sie gar nicht angebracht sind. Folgt man ihnen auch unter völlig unpassenden Umständen, wird nicht nur die eigene Freiheit eingeschränkt, sondern vor allem auch wirklichkeitsgerechtes Handeln unterdrückt. Eben daraus, aus der Beeinträchtigung der Bewußtheit und Gewahrsamkeit, welche wir bei Berufsleuten als *déformation professionelle* bezeichnen, ergibt sich ja auch das Ärgerliche und zugleich Lächerliche im privaten Verhalten des Feldwebels. Da das Leben ständig in Fluß ist, kann und muß eigentlich die dogmatische und starre Praxis eines fixierten Vorhabens, die im Grunde schon Gewohnheit oder Manie und Laster ist, zu verhängnisvoller Isolierung und letzten Endes zu tragischem Scheitern führen.

Es geht hier aber keineswegs nur um eine Sammlung von hilfreichen Konzepten, die mehr oder minder zufällig aneinandergereiht sind. Es wird vielmehr ein komplettes Verfahren dargelegt, sich der eigenen, persönlichen Wünsche bewußt zu werden, die Erfolgsaussichten richtig zu ermitteln, um seine Kräfte sinnvoll auszuschöpfen, die Vorhaben richtig anzustreben und sie auch zu verwirklichen. Die einzelnen Übungen stehen in straffer Beziehung zueinander und sind in einen methodischen Rahmen hineingebaut. Daher gelten die Vor- und Nachteile von Konzepten auch für das hier beschriebene Verfahren.

Will man seine Ziele erreichen, läßt es sich nicht vermeiden, irgendwelche Hilfsmittel einzusetzen und sich an der naturgesetzlichen Wirklichkeit zu orientieren. Alle vom Menschen geschaffenen Hilfsmittel haben jedoch ihre Grenzen. Um sich mitzuteilen, muß man sich der Laute der Sprache oder der Lautsymbole bedienen. Doch das Mittel der Sprache ist nur begrenzt geeignet, damit die Wirklichkeit zu erfassen und zu begreifen. Das ist ebenso bei der Verwendung mathematischer, bildlicher oder anderer Zeichen und Symbole der Fall.

So stellt sich schließlich die Frage, wo die Grenzen des hier entwickelten Programms zur Bewältigung und Meisterung des Lebens verlaufen. Die nachfolgenden Abschnitte geben Ihnen darauf eine Antwort.

Der Teil des Buches, der das methodische Lernprogramm enthält, vermag Sie zu einer erfolgsgerechten Handlungsweise zu bringen, um den Raum Ihrer Freiheit und Erfüllung zu erweitern. Gleichzeitig stellt aber ein methodisches Schema auch eine Versuchung dar. Denn haben Sie einmal das Tor zur Selbstbefreiung aufgestoßen, könnten Sie sich versucht fühlen, sich immer und für alle Zeit an diese Schematik zu halten. Dadurch würde aber die gewonnene Freiheit wieder eingeengt werden. Im übertragenen Sinne träfe dann die Feststellung des Paulus zu: «Der Geist schafft Leben, der Buchstabe tötet.» Reagierten Sie auf die Herausforderungen des Lebens immer nach demselben Schema, müßte das zu Fehlreaktionen und nach langen Konflikten zur Abstumpfung führen, und damit wäre Ihnen die Möglichkeit zu weiterer Erneuerung und Wandlung genommen. Betrachten Sie deshalb die hier beschriebene Methode lediglich als zeitweiliges Hilfsmittel, jedoch niemals als starres, unveränderliches Schema.

Trennen Sie klar zwischen den beiden Begriffen, die leicht verwechselt werden. Bei der *Methode* handelt es sich um eine zeitliche Abfolge von Anweisungen nach bestimmten Gesichtspunkten. Sie trägt notgedrungen gewisse schematische Züge, ist aber mit einem Schema nicht zu verwechseln. Denn das *Schema* steht gleichsam außerhalb der Zeit, steht unverrückbar fest und kennt keinerlei Abweichungen.

Was hier also vermittelt werden soll, ist nicht schematisches Reagieren, sondern hilfreiches Befolgen einer Methode. Und das heißt weiter, daß die methodischen Ausführungen und die entsprechenden Beispiele keinerlei Zwang ausüben und keinerlei Anspruch auf absolute Geltung erheben wollen. Es steht Ihnen immer und jederzeit frei, dem auszuweichen, was Sie schematisch und somit unzulänglich dünkt, indem Sie ihm Eigenes entgegensetzen, Gemäßeres vielleicht. Nur sollten Sie wenn möglich im großen und durchaus flexiblen Rahmen unserer Methode bleiben, damit Sie vom Weg zur Selbstverwirklichung nicht gänzlich abkommen.

Diese Grenzen und Einschränkungen gelten für jedes psychologische Verfahren. Selbst wenn Wissenschaftler einen naturgegebenen Sachverhalt durch neue Formeln und Zeichen beschreiben, denen zurzeit wenigstens nichts entgegenzuhalten ist, würde die ständige und alleinige Interpretation der Wirklichkeit ausschließlich nach diesen Formeln das Blickfeld auf die Realität einengen und diese Realität als immer unwirklicher erscheinen lassen. Dabei versteht sich, daß nicht die

Wirklichkeit unwirklich werden, wohl aber eine Formel ihre Wirksamkeit und Geltung einbüßen kann, zumindest in relativer Hinsicht. Trotzdem war das Ergebnis dem Fortschritt förderlich. Durch die Aktivierung Ihrer unbewußten Geisteskräfte wird freilich einer Vereinseitigung des Verständnisses methodischer Anweisungen wie auch Ihrer Erkenntnisse entgegengewirkt. Überdies ist die Gefahr, daß die Erfolgsvoraussetzungen nicht beachtet werden, viel ausgeprägter als jene, zum Opfer eines nicht flexibel praktizierten Verhaltens zu werden. Sollten Sie irgendwann einmal feststellen, daß Ihnen das Buch nicht mehr hilft oder daß ein Stillstand in Ihrer Entwicklung eingetreten ist, so legen Sie es beiseite. Dann hat es zunächst seine Aufgabe erfüllt. Nehmen Sie es später wieder zur Hand, wenn dazu erneute Notwendigkeit besteht.

Die Einschränkungen sollen Sie jedoch nicht dazu verleiten, mit dem Lernprogramm überhaupt nicht zu beginnen oder zu meinen, es lasse sich überspringen. Flüchten Sie nicht theoretisierend in tausend Wenn und Aber, um dem Aufwand an Zeit und persönlichem Einsatz zu entgehen. Denn noch so vieles Theoretisieren ersetzt die eigene Erfahrung niemals. Es ist völlig ausgeschlossen, Aktion durch Reflektion zu ersetzen, denn das Reflektieren setzt unabdingbar ein Agieren voraus. Lassen Sie sich auch nicht von ersten und anfänglichen Bedenken abhalten, die Methode zu praktizieren. Ich arbeite übrigens selbst danach. Außerdem baut das Buch ganz einfach auf Erfahrungen auf, die jeder im Leben machen kann.

In diesem Zusammenhang noch eine Bemerkung zum Begriff der negativen Gedanken und zu Zweifeln und Bedenken. Wer Zweifel und Bedenken an der Erreichbarkeit eines weitgesteckten Ziels hegt, praktiziert damit selbstverständlich kein negatives Denken. Wenn er sich in der Folge zunächst einem näherliegenden Projekt zuwendet und im Bereich seiner derzeitigen Möglichkeiten bleibt, beweist er vielmehr einen erfreulichen Sinn für Realität und vermag längerfristig noch beachtlich über sich hinauszuwachsen.

Haben Sie das Verlangen nach weiterer Auskunft und Hilfe in Ergänzung zu diesem Buch, können Sie sich gerne an mich wenden:

Prof. Dr. Heinz Ryborz
Am Rennerpark 5
D-5270 Gummersbach 21

Zur dargelegten Methode finden auch Wochenendseminare statt.

Noch ein Hinweis. Wer der Methode nicht zu folgen vermag, hat deswegen nicht versagt. Leicht zielt man nämlich mit seinen Wünschen zu hoch. Oder man braucht mehr Zeit, als man es sich vorgestellt hat. Auch das gehört zum Prozeß der Selbstfindung. In ihr vollzieht sich, wie Sie wissen, die Selbstbefreiung. Akzeptiert man die augenblicklichen Grenzen und läßt sich etwas mehr Zeit, kann die Methode dennoch zum eigenen Vorteil angewandt werden.

Meinen Sie wirklich, das sei zu wenig und so könnten Sie sich nicht verwirklichen? Dann denken Sie bitte an den zitierten Leitspruch von Laotse. Erinnern Sie sich? «Alles Große auf Erden beginnt stets als Kleines.» Versuchen Sie darum trotzdem, aus der Wirklichkeit Ihres Lebens das Optimale zu machen. Sie werden erstaunt feststellen, wie Sie sich erfüllen und zu welcher Zufriedenheit Sie gelangen. Vergeuden Sie keine Zeit mehr, anderen die Schuld für Ihre Unzufriedenheit zuzuschieben. Wenn Sie nicht schon begonnen haben – beginnen Sie jetzt mit dem Entfaltungsprogramm. Denn das Wunder der Selbstbefreiung kann sich auch an Ihnen vollziehen!

5. Kapitel

So nutzen Sie die kreativen Möglichkeiten Ihres Unterbewußtseins

Auch Sie werden eigene Ideen entwickeln. Und Sie werden schöpferisch tätig sein. Denn auch Sie verfügen über ein Unterbewußtsein mit all seinen verblüffenden Möglichkeiten. Und indem Sie Ihre kreativen Möglichkeiten nutzen, verwirklichen Sie Ihre Wünsche. Mit den intuitiven Kräften des Unterbewußtseins werden Sie den richtigen Weg zum Ziel sehr schnell entdecken.

Nicht erst die Wunschverwirklichung wird Sie glücklich machen. Schon die Entfaltung kreativer Kräfte wird sich für Sie zu einem faszinierenden Abenteuer gestalten. Denn gewinnen Sie für sich ständig neue Erkenntnisse und entdecken Sie neue Sachverhalte, offenbaren sich Ihnen immer weitere Realitäten in der Schöpfung und in Ihrer Existenz. Ihr Bewußtsein erweitert sich. Und Sie erleben Glücksgefühle, die Sie weit über die Routine der gewohnten Alltagserfahrung hinaustragen.

Bereits detaillierte Wünsche veranlassen Ihr Unterbewußtsein, nützliche Ideen zu produzieren. Sie dürfen Ihre Einfälle nur nicht unterdrücken. Natürlich wird auch vorausgesetzt, daß Sie die Wirklichkeit genau genug beobachtet und die notwendigen Informationen in Ihrem Unterbewußtsein gespeichert haben. Dann brauchen Sie sich nur noch zu entspannen. Die Blockade Ihres Unterbewußtseins ist aufgehoben. Es arbeitet nun für Sie, ohne daß Sie sich anstrengen.

Die Produkte solch unterbewußter Tätigkeit gelangen desto vollständiger und schneller ins Oberbewußtsein, je regelmäßiger Sie durch meditative Übung diese unterbewußten Prozesse erhellen. Bedienen Sie sich aber auch Ihrer Träume, und arbeiten Sie mit diesen, denn in ihnen wird das Unterbewußtsein in ganz besonderem Maße kreativ. Die Gesetze des Routinedenkens sind im Traum weitgehend ausgeschaltet, und so wird die große Zahl produktiver Gedankenkombinationen nicht durch waches Denken verdrängt. Es ist dann nur noch erforderlich, sich solcher Träume zu erinnern.

Erstaunliche Kombinationsspiele Ihres Unterbewußtseins verschaffen Ihnen neue Erkenntnisse

Um Erfolg zu haben, müssen Sie nach Wegen suchen, Ihre Ziele zu verwirklichen. In vielen Fällen werden Sie solche Wege durch einfache und logische Überlegung finden. Doch keineswegs immer. Die Biographien vieler außerordentlicher Entdecker und Wissenschaftler beweisen, daß bedeutende Ideen oft nicht durch logische Schlußfolgerungen entstehen, sondern Produkte einer unterbewußten Phantasie sind und an die Arbeitsweise von Künstlern erinnern.

Warum ist das eigentlich so? Weshalb sind die besten Ideen nur in den wenigsten Fällen eine Frucht rationaler Überlegungen? Weil Sie immer dann, wenn Sie vor einer Aufgabe stehen, nach der gewohnheitsmäßigen Praxis des bewußten Denkens zunächst jene Regeln anwenden, die Ihnen in der Vergangenheit geholfen haben, ein ähnliches Problem zu bewältigen. Natürlich wird Ihnen ein solches Routineverhalten das Leben sehr erleichtern. Ein großer Teil Ihrer Erfolge wird jedoch erst durch die konsequente Anwendung der Erfolgsgesetze ermöglicht.

Zu diesen Erfolgsgesetzen gehören die Gesetze des erfolgreichen Umgangs mit Menschen ebenso wie all jene Verhaltensregeln, mit denen Sie die Tätigkeit Ihres Unterbewußtseins fördern.

Bei ständiger Wiederholung von Verhaltens- und Denkschablonen besteht allerdings die Gefahr, daß sich der Mensch zu einem Automaten entwickelt, dessen Denken und Handeln sich nur noch in ausgefahrenen Gleisen bewegt.

Die Gefahren einer nichtflexiblen Verhaltensweise treten besonders dann auf, wenn der Mensch vor Situationen steht, die früheren nicht ähneln. Und nur zu oft wird Sie gerade die Suche nach Möglichkeiten zur Verwirklichung tiefster Wünsche in eine solche Lage bringen. Nicht wenige geben es dann auf, Ihre Wünsche verwirklichen zu wollen, weil sie es nicht schaffen, jene ausgefahrenen Gleise der gewohnten Gedanken und Handlungen zu verlassen. Die Notwendigkeit, *selbst* neue Ideen zur Verwirklichung der Wünsche zu entwickeln, wird damit klar ersichtlich. So werden Sie die durch Routinegedanken blockierte Situation am schnellsten überwinden. Das gilt ganz allgemein für jede Suche nach Wegen zum Ziel; es spielt keine Rolle, worum es sich hierbei handelt.

Die Entwicklung eigener Ideen ist gewiß nicht schwer. Auch Ihr Gehirn wird Sie mit neuen Ideen beliefern, die es ermöglichen, aus dem Teufelskreis fortwährender Mißerfolge auszubrechen. Sie müssen dem Unterbewußtsein nur eine Chance einräumen und seine Anregungen auch aufnehmen.

Gehen wir zur Verdeutlichung dieser Sachverhalte wiederum schrittweise voran. Leiten wir unsere Betrachtungen mit einem einfachen Beispiel ein. Einst schickte Hieron, der Tyrann von Syrakus, einem Goldschmied Gold, um daraus eine große Krone anzufertigen. Als der Schmied die Krone nach ihrer Fertigstellung dem Herrscher überreichte, zweifelte der König jedoch an der Ehrlichkeit des Mannes und fragte sich, ob er wohl alles Gold in die Krone verarbeitet habe. Oder hatte der Goldschmied etwa einen Teil des kostbaren Metalls für sich behalten und weniger kostbare Metalle mit dem Gold vermengt? Diese Frage sollte Archimedes klären. Nun kannte jener griechische Weise des Altertums zwar das spezifische Gewicht des Goldes. Und auch die Gewichtsbestimmung der Krone war für ihn kein Problem. Doch um zu entscheiden, ob die Krone aus reinem Gold bestand, hätte er auch ihr Volumen ermitteln müssen. Und hierin lag das eigentliche Problem. Denn wie sollte er das Volumen der Krone bestimmen? Sie zu einem

Quader zusammenschmelzen und das Volumen einfach durch Multiplikation von Länge, Breite und Höhe zu bestimmen, war nicht möglich, denn natürlich durfte er das kostbare Ding nicht zerstören.
Archimedes bemühte sich erst vergeblich, das Problem zu lösen. Als er einige Tage später in seine Badewanne stieg, bemerkte er fast geistesabwesend, wie sein eintauchender Körper den Wasserspiegel immer höher steigen ließ. Und blitzschnell kam ihm die Erkenntnis, daß ja das Volumen des verdrängten Wassers seinem Körpervolumen entsprach.
«Heureka!» rief Archimedes. Das heißt: «Ich habe es gefunden.» Denn ihm war klar geworden, daß er die Krone zur Bestimmung des Volumens nur in einen mit Wasser gefüllten Eimer eintauchen mußte. Das verdrängte Wasser brauchte nur gemessen zu werden, und das Volumen der Krone war bekannt.

Bemühen wir uns, das «Heureka-Erlebnis» des Archimedes genauer zu analysieren. Und versuchen Sie, sich einmal in die Lage des Archimedes zu versetzen.
Gewiß war es nicht das erste Bad, das Archimedes nahm. Oft genug dürfte er schon früher beobachtet haben, wie beim Eintauchen seines Körpers ins Wasser der Spiegel der Wasseroberfläche stieg. Außerdem ist anzunehmen, daß Archimedes die Wanne nicht ganz vollaufen ließ, um ein Überschwappen des Wassers, wenn er sich hineinsetzte, zu vermeiden. Jeder verfährt schließlich so. Damit handelte er aber bereits nach dieser Erkenntnis, ohne sich ihrer bewußt zu sein.
Versuchen wir, diesen Sachverhalt anhand einer schematischen Darstellung näher zu erläutern.
Abbildung 1a zeigt die Situation, in der sich Archimedes befand, als er noch nicht die richtige Erkenntnis hatte. Das Ziel Z (Volumenbestimmung der Krone) kann deshalb nicht erreicht werden, weil dem Erfahrungsschatz

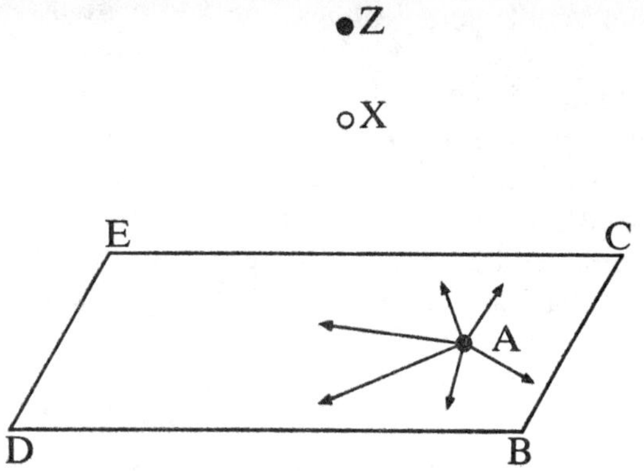

Abb. 1a:
A: Denken mit dem bewußten Erfahrungsschatz, Routinekombinationen
X: Vom Bewußtsein nicht erfaßter Tatbestand außerhalb der Ebene des Oberbewußtseins
Z: Ziel

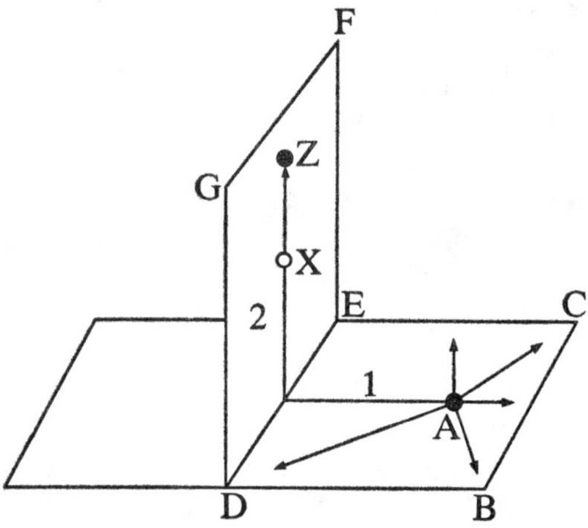

Abb. 1b: Das Ziel wird erreicht, indem logisches Denken auf einem bisher unbeachteten Aspekt der Erfahrung aufbaut. Dazu wird die Bewußtseinsebene BCED für einen Moment nach DEFG verlagert und der neue Teilaspekt X einer Erfahrung bewußt.

des Oberbewußtseins (Alltagsbewußtsein Ebene BCED) die zur Zielverwirklichung notwendige Information X nicht zugänglich ist. Welche Gedanken auch immer entwickelt werden (Pfeile), sie führen zu keiner Lösung.
Die Schlüsselinformation X gelangte auf folgende Weise ins Bewußtsein des Weisen. Er hielt nämlich das ungelöste Problem ständig auf der Tagesordnung. Selbst als er sich nicht bewußt damit beschäftigte, beobachtete er die Wirklichkeit vom Aspekt seines Zieles her. Und so war es schließlich möglich, daß etwas Vertrautes wie das Ansteigen des Wasserspiegels nun aus einer ganz anderen Perspektive wahrgenommen wurde.
Mit anderen Worten: Die Zielverwirklichung gelang, weil die Einsicht in den wahren Sachverhalt, die bisher durch die Scheuklappen der Gewohnheit verhindert worden war, sozusagen vorprogrammiert wurde. Weil die erhöhte unterschwellige Achtsamkeit ein verändertes Gewahrwerden zur Folge hatte und daraus eine neue Art von Bewußtheit resultierte, die wiederum in der plötzlichen Erkenntnis gipfelte.
Abbildung 1b stellt diesen Sachverhalt dar. Die Information wird mit dem Bewußtsein erfaßt und in Kombination mit dem Gedanken 1 kann nun der Weg zum Ziel (Pfeil nach Z) erkannt werden.
Archimedes konnte sein Ziel verwirklichen, indem er auf die Wirklichkeit vom Hintergrund seines Wunsches her sah. Auch Sie werden sehr bald neue Aspekte in der vertrauten Wirklichkeit entdecken, wenn Sie auf diese mit den Augen Ihres Wunsches schauen! Und mit den so gewonnenen neuen Erfahrungen erreichen Sie Ihr Ziel rasch. Sie müssen Ihre Wünsche nur lebendig genug erhalten. Und das tun Sie ja mit Übung 7 und 9.
Auf welchem Gebiet Sie auch immer tätig sein wollen, das Geheimnis selbständiger und schöpferischer Leistungen bleibt immer gleich. Aus dem Nichts entsteht nie etwas. Neues entdecken Sie einzig in der Realität

und anhand der Realität. Und das, indem Sie die Aufmerksamkeit auf etwas richten, das bisher unbeachtet und Ihnen unbewußt blieb, aber für Ihre individuellen Ziele von entscheidender Bedeutung werden kann.
In vielen Fällen ist es gar nicht notwendig, sich die Erkenntnis eines Sachverhaltes bewußt zu machen und durch das oberbewußte Denken Synthesen und Kombinationen vorzunehmen. Das alles kann schon das Unterbewußtsein vollziehen. Nur das Produkt seiner fabelhaften Tätigkeit muß dann noch bewußt gemacht werden.

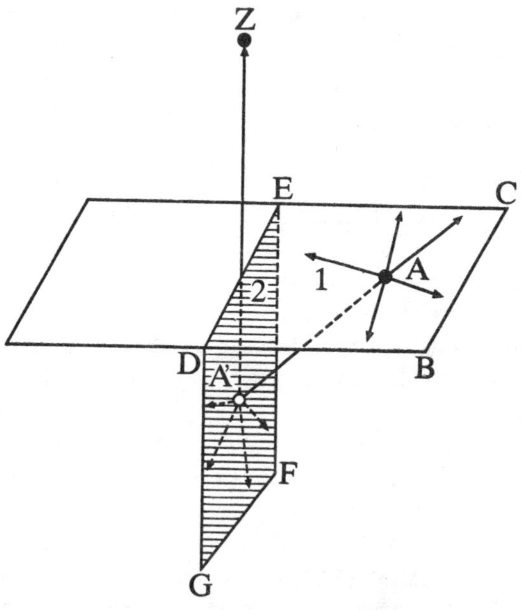

Abb. 1c: Unterbewußte Verknüpfung eines Gedanken (1) mit einem Teilaspekt (2) unterbewußter Erfahrung. Das Ergebnis muß zur Zielverwirklichung erst bewußt gemacht werden. Dazu ist eine Verlagerung der Bewußtseinsebene notwendig.

Wie in Abbildung 1c skizziert, dürfte sich dabei folgendes vollziehen. Der bewußte Gedanke A strahlt bis ins Unterbewußtsein A' aus. Während sich beim bewußten Überlegen die Gedanken gemäß den Spielregeln disziplinierten Denkens nur auf ein und derselben Gedankenebene (im Bild BCED) bewegen, fallen solche Begrenzungen bei der Tätigkeit des Unterbewußtseins fort. Und eben hierin liegt der ganz besondere Vorteil. Denn der bewußte Gedanke setzt nun im Unterbewußtsein Prozesse in Bewegung, die weniger in vordergründig logischer als vielmehr in gefühlsmäßiger Beziehung und Assoziation zum Ausgangsgedanken stehen. Damit wird die Anzahl der Gedanken und Assoziationen viel größer als es sonst der enge Rahmen gewohnheitsmäßiger Routinelogik erlaubt. Doch noch eine andere Tatsache schafft die Voraussetzungen für die unvorstellbaren Möglichkeiten des Unterbewußtseins. Es hält nämlich auch alles fest, was wir je erlebt haben. Und so liegt es auf der Hand, welch großer Erfahrungsschatz dort verborgen ist und wie unendlich vielfältig die Zahl der Gedankensynthesen und Kombinationen sein kann, die sich dort im Dunkeln abspielen.

Bei solchem Umhertanzen der Gedanken wird im Unterbewußtsein aus dem Bündel der Erfahrungen (Pfeile) jenes Detail (Pfeil 2) herausgesucht, das die Lösung des Problems (Pfeil nach Z) ermöglicht. Dann bleibt nur noch eine Schwierigkeit: Die Resultate solcher Aktivitäten des Unterbewußtseins auch bewußt zu machen. Doch darauf werden wir später noch ausführlich eingehen.

Im Zusammenhang mit der Betrachtung der Wirkungsweise des Unterbewußtseins ist indes darauf hinzuweisen, daß es sich bei den schematischen Darstellungen 1a–1c um sehr vereinfachte Modelle handelt, die keineswegs alle Aspekte der Wirklichkeit berücksichtigen. Diese sind auch nicht alle ausreichend bekannt. Denn die Spielarten des Denkens und Assoziierens sind so vielfältig und geistreich, daß sie unmöglich in ein einfaches Modell gepreßt werden können. Aber Sie wissen ja nun selbst, wie wenig die Wirklichkeit in den engen Rahmen unserer gewohnten Logik paßt.

Verweilen wir noch etwas bei den *Aktivitäten des Unterbewußtseins*, bevor wir uns dem Problem der Bewußtmachung zuwenden.

Nicht nur Kunstwerke werden durch schöpferische Prozesse geschaffen, auch die meisten Entdeckungen und Erfindungen beruhen auf dem Spiel des Unterbewußtseins. Selbst bei mathematischen Erfindungen spielt die unbewußte Arbeit eine große Rolle. Das geht sogar soweit, daß viele Mathematiker die Lösung schwieriger Probleme gefunden hatten, noch ehe ihnen der Weg zu dieser Lösung bekannt war.

Auch Ihr Unterbewußtsein wird Ihnen unter Zuhilfenahme seines Erfahrungsschatzes Wege zeigen, die Sie zu Ihrem Ziel führen. Und so werden Sie Ihre größten Erfolge begründen. Natürlich können Sie die Produkte Ihres Unterbewußtseins nicht kritiklos übernehmen. Sie müssen mit disziplinierter Logik überprüfen, ob die entwickelte Idee auch wirklich gut ist. Doch beginnen Sie mit der Überprüfung erst dann, wenn der Schöpfungsprozeß des Unterbewußtseins beendet ist.

Welche Bedingungen sind nun eigentlich zu erfüllen, um dem Unterbewußtsein beste Voraussetzungen zu kreativen Leistungen zu ermöglichen? Berichte von Künstlern, Entdeckern und Wissenschaftlern enthalten alle denselben Widerspruch, den man schon im Ratschlag eines Alchimisten fand, der den Stein der Weisen suchte:

«Den Stein kann nur finden, wer von der Suche ganz erfüllt ist. Du suchst angestrengt und findest nicht. Suche nicht, und du wirst finden.»

Der Widerspruch ist nur scheinbar und läßt sich mit Hilfe des Modells schnell auflösen. Selbst wenn sich jemand noch so angestrengt in den Routineüberlegungen des Alltagsbewußtseins (Ebene BCED) bewegt, wird er keine Lösung finden, wenn ein notwendiges Detail zur Problemlösung außerhalb der Bewußtseinsebene liegt. Wird aber die Ebene des Bewußtseins verlagert, gelangt so jener Punkt X oder bereits schon die Gedankenkombination A–X ins Bewußtseinsfeld und läßt den Weg zur Zielverwirklichung erkennen (Abb. 1c).

Es bleibt uns tatsächlich nichts anderes übrig, als die Bewußtseinsebene gelegentlich zu verlagern. Denn das völlige Bewußtsein, als die völlige Bewußtheit aller Gehirnprozesse, ist genau so wenig realisierbar wie völlige Unbewußtheit. Immerhin lassen sich durch die erwähnte Bewußtseinsverschiebung tieferliegende Gehirnprozesse erfassen, wobei dann natürlich das Bewußtsein von der Außenwelt nicht mehr wie üblich funktioniert.

Glauben Sie bloß nicht, daß das nur ein hypothetischer Vorgang sei. Auch Sie haben Ihre Bewußtseinsebene schon gelegentlich verlagert. Sie erinnern sich: Wenn Sie gelegentlich fast träumend (man spricht vom Tagtraum) Ihren Gedanken nachhängen, vergessen Sie all das, was um Sie herum geschieht, und nehmen es auch kaum wahr. Gleichzeitig lösen Sie sich von Ihren Routinegedanken und verfremden sie. Daher sind Bewußtseinsveränderungen eine besonders effektive Art, hinderliche Denkschemata «wegzudenken».

Als Ergebnis der bisherigen Ausführungen sei noch einmal festgehalten, daß die Voraussetzung für jede kreative Tätigkeit in der Kunst zu erblicken ist, im richtigen Augenblick Bekanntes zu vergessen und die geistigen

Routinereaktionen aufzugeben. Die Gedankenspiele auf anderen Ebenen des Gehirns müssen nicht nur angeregt, sondern auch mit dem Bewußtsein erfaßt werden. Nur so können Sie mit neuen Augen sehen und erkennen. Und diese andere Art des Sehens praktizieren Sie nur dann, wenn Sie für kurze Zeit die Ebene des Alltagsbewußtseins verlassen und sich in einen anderen Bewußtseinszustand begeben.

Setzen wir nun unsere Betrachtungen fort und kommen wir auf die *Bewußtmachung unbewußter Aktivitäten durch Bewußtseinsveränderung* zu sprechen. Schlaf und Traum sind ebenso Beispiel für einen veränderten Zustand des Bewußtseins wie Meditation, Hypnose, Tagtraum, mystische Ekstase, Psychose oder durch Alkohol, Rauschgift usw. verursachte Räusche. Bewußtseinsveränderungen kommt nicht nur für die Entwicklung des einzelnen, sondern auch für den Fortschritt und die Evolution der ganzen Menschheit entscheidende Bedeutung zu. Denn die bedeutendsten Erkenntnisse auf dem Gebiet von Religion, Kunst und Wissenschaft sind in jenen Momenten gewonnen worden, da sich ihre Urheber in einem veränderten Zustand des Bewußtseins befanden oder nachdem sie diesen kurz vorher verlassen hatten.

Christus strebte veränderte Bewußtseinszustände an, indem er als Einsiedler in die Wüste ging und fastete. Mohammed schlug einen anderen Weg ein, um die Ebene der Alltagserfahrung zu verlassen. Er pflegte mit suggestiven Kräften bei sich eine Art von Psychose auszulösen. Paulus wiederum war eher das Opfer an sich ungewollter Bewußtseinsveränderungen. Buddha entwickelte auf der Suche nach Erkenntnis eine meditative Technik, die auf Grund langer Übung erlaubte, sich mühelos auf verschiedenen Ebenen des Bewußtseins zu bewegen. Wie unterschiedlich die geistigen Leistungen dieser Religionsstifter und Künder auch sein mögen, so

haben sie doch das geistige Leben im Osten wie im Westen für Hunderte und Tausende Jahre geformt und bestimmt, und sie tun es noch immer.
Auch die großen Kunstwerke der Menschheitsgeschichte sind ihrer Idee nach in Tagträumen geschaffen worden, als der Künstler in einer Vision oder Inspiration sein Werk bereits vollkommen ausgebildet vor Augen sah. Und eine große Anzahl der bedeutendsten wissenschaftlichen Entdeckungen und Erfindungen ist von den Großen der Menschheit im Traum gemacht worden.
Uns bieten aus der Fülle der Bewußtseinsveränderungen die Meditation und der Traum besonders interessante Möglichkeiten. Die Meditation ist deshalb so wichtig, weil die bewährten meditativen Techniken meist einfach zu praktizieren sind. Hierauf wollen wir im vorletzten Abschnitt dieses Kapitels näher eingehen. Die Bedeutung des Traums liegt ganz einfach darin, daß wir alle regelmäßig jeden Abend die Ebene des Alltagsbewußtseins verlassen und im Schlaf und Traumbewußtsein etwa ein Drittel unserer Tage verbringen. Verweilen wir daher noch etwas beim Traum.
Im Traum sind die einengenden Spielregeln schematisch-logischen Denkens weitgehend ausgeschaltet, wobei die Assoziationen fast unkontrolliert von einer Gedankenebene zur anderen tanzen. Mit anderen Worten: Im Traum assoziieren wir in einer Weise, die mit dem Wachzustand nicht vergleichbar ist. Die Aufmerksamkeit verlagert sich auch hier auf bisher verborgene Aspekte der Realität. Doch nicht nur das. Der Traum übersetzt zudem Vorstellungen in konkrete Bilder und verwandelt Gedanken in Symbole. Mehrere Gedanken oder Assoziationen werden als Bildablauf in die gleiche Szene eingeblendet, so daß sich bei diesen Bilderspielen leicht verborgene Analogien aufdecken lassen. Auch hier erweisen sich visuelle Assoziationen gegenüber dem «normalen Verstand» als unerwartet produktiv, da sie

neue Kombinationen anregen, die vorher als miteinander unvereinbar angesehen wurden.
Natürlich kommen solche Träume meist nicht von ungefähr. Zuerst muß man sich jedoch mit einem Problem sehr intensiv beschäftigen, bevor man im Traum über sich hinauswachsen kann. Nutzen daher auch Sie Ihre Träume. Wir werden uns mit ihnen noch genauer beschäftigen. Erwarten Sie indes nicht, es werde Ihnen jeder Traum glänzende Ideen zur Verwirklichung Ihrer Wünsche liefern. Denn Träume haben auch noch andere Bedeutungen, weshalb sie sehr trügerisch sein können. Sie wissen ja: Selbst bei der Inspiration ist es so. Und es kommt auch beim Traum darauf an, das Ergebnis auf seine Richtigkeit zu überprüfen.
«Was weiß die Welt schon davon», beklagte sich der Naturforscher Faraday einmal, «wie viele von den Gedanken und Theorien, die einem Wissenschaftler durch den Kopf gehen, stillschweigend verworfen werden, daß im besten Fall kaum der zehnte Teil aller Vermutungen, Hoffnungen und Wünsche sich erfüllt.»
Auch Sie werden die Feststellung treffen, daß Ihnen in den meisten Fällen nicht mehr als zehn Prozent der Signale Ihres Unterbewußtseins oder der Botschaften Ihrer Träume erfolgreiche Anregungen und Ideen zur Erreichung Ihrer Ziele bescheren. Doch das reicht meistens aus.
Verzichten Sie also nicht darauf, Ihre potentiellen Möglichkeiten des Unterbewußtseins im Traum und in der Meditation zu nutzen. Sie werden auf diese Weise der eigenen Identität gewahr, und Ihr Selbstvertrauen wird wachsen und erstarken. Zugleich begründen Sie so nicht nur Ihr materielles, sondern auch Ihr inneres Glück.

Präzise Wünsche produzieren nützliche Ideen

Sie erinnern sich an Übung 7? Damals hatten Sie jeden Ihrer Wünsche in mindestens zehn Punkten ausführlich beschrieben. Zweck der Übung war es, eine genaue und bildhafte Vorstellung von Ihren sieben Zielen zu erhalten.
Bauen wir nun auf dieser Übung auf. Nehmen Sie sich dazu die Wunschliste jeden Tag vor, und denken Sie für einige Minuten an Ihre Wünsche und Ziele. Vielleicht erkennen Sie Ihre Wünsche dabei noch präziser. Das wäre nur von Gutem. Denn natürlich erleichtert eine noch wachsende Detailklarkeit Ihrer Wünsche deren Verwirklichung. Sollten Ihnen also neue Attribute zu Ihren Wünschen einfallen, dann schreiben Sie diese wieder auf. Und machen Sie sich bitte auch die Mühe, die Wunschliste dann wieder neu und sauber abzuschreiben.

Übung 15: Nehmen Sie sich die Wunschliste mit den Detailbeschreibungen jeden Tag für einige Minuten vor und denken Sie an Ihre Wünsche und Ziele. Ergeben sich hierbei neue Einzelheiten, dann nehmen Sie diese in die Wunschliste auf und schreiben die Liste neu.

Wie schon gesagt ist es zu begrüßen, wenn sich durch Übung 15 eine wachsende Detailklarheit ergibt. Doch eigentlich geht es um etwas anderes. Wenn Sie nämlich Übung 15 durchführen, werden sich zum ersten Mal auch nützliche Ideen einstellen, die Sie darauf hinweisen, wie Sie Ihre Ziele erreichen können. Denn alles was Sie sich intensiv wünschen, veranlaßt Ihr Unterbewußtsein, für Sie zu arbeiten. Und Ihre Wünsche sind die Anstöße, die den «Mechanismus» Ihres Unterbewußtseins in Gang setzen. Die Gedanken und Einfälle pfle-

gen aber nicht unbedingt sofort oder schon nach einigen Minuten aufzutauchen. Es kann durchaus einen Tag oder sogar mehrere dauern, bis sich etwas tut. Möglich ist auch, daß sich die Ideen schon viel früher gemeldet haben, zum Beispiel, als Sie sich mit Übung 7 beschäftigten.
Ich kann Ihnen nicht sagen, wann die ersten Ideen erscheinen werden. Ich kann Ihnen jedoch sagen, *daß* diese Ideen erscheinen werden, und zwar mit Sicherheit. Auch Sie werden erfahren, daß Ihr Unterbewußtsein einen ungeahnten Einfallsreichtum in sich birgt und daß man ihn im Grunde nur auszuschöpfen braucht. Nicht nur Genies, sondern auch sogenannte gewöhnliche Leute haben nämlich Einfälle oder sogar Eingebungen. Das Problem ist nur, sie wahrzunehmen. Denn befaßt man sich nicht sofort mit seinen Ideen, verschwinden sie gleich wieder. Und in den meisten Fällen vermag man sich ihrer auch unter großer Anstrengung nicht mehr erinnern. Halten Sie daher Ideen gleich fest, indem Sie sie aufschreiben. Nur so können sie Ihnen nicht plötzlich wieder abhanden kommen.
Während ich gerade an diesem Kapitel schrieb, kamen mir Ideen für die folgenden Kapitel dieses Buches. Ein Gedanke zieht nun einmal oft eine ganze Reihe anderer nach sich. Ich schrieb diese Einfälle sogleich auf und führte das auch konsequent durch, denn oft schon hatte ich erfahren, daß ich mich ihrer später beim besten Willen nicht mehr entsinnen konnte. Hatte ich den Gedanken jedoch notiert, konnte ich mit Leichtigkeit wieder auf ihn zurückkommen und inzwischen beruhigt meine Tätigkeit fortsetzen.
Nützliche Ideen können sich bei den verschiedensten Gelegenheiten einstellen. Sie überfallen einen manchmal, wenn man sich rasiert oder im Kino oder in der Oper sitzt. Auch während eines Spaziergangs pflegen sie gerne von einem Besitz zu ergreifen. Ich persönlich

werde immer dann von sehr guten Ideen überrascht, wenn ich vom Schwimmen nach Hause komme.

Doch wann und wo Sie auch von Einfällen «heimgesucht» werden: Vergessen Sie nie, sofort nach Ihrem Notizbuch zu greifen und die Idee zu notieren. Verschieben Sie es nicht auf später. Die Idee könnte von Ihrem wenig ermunternden Empfang so enttäuscht sein, daß sie sich nie wieder bei Ihnen meldet. Machen Sie sich also die kleine Mühe und nehmen Sie von Ihren Ideen wenigstens Notiz.

Lassen Sie eine Idee nie deshalb untergehen, weil Sie sich voreilig sagen: Wahrscheinlich wird mir der Gedanke doch nicht weiterhelfen. Meistens läßt sich die Erfolgsaussicht einer Idee nicht sofort beurteilen. Häufig ist es so, daß erst die Kombination zweier Ideen zur gesuchten Lösung führt. Hätten Sie nun von der ersten Idee nicht Kenntnis genommen, wäre sie Ihnen mit großer Sicherheit entfallen, und auch die zweite wäre für Sie dann nutzlos gewesen.

Denken Sie noch einmal an das Heureka-Erlebnis des Archimedes zurück. Seine erste Idee, das spezifische Gewicht der Krone mittels Division ihres Gewichtes durch das Volumen zu bestimmen, führte nicht zum Erfolg, da Archimedes das Volumen der Krone unbekannt war. Erst als ihm dazu noch einfiel, den Rauminhalt der Krone durch deren Eintauchen in ein Gefäß voller Wasser zu ermitteln, konnte er unter Zuhilfenahme seines ersten Gedankens endlich die Frage klären, die den Tyrannen so sehr beschäftigte.

Hoffentlich überzeugt Sie dies von der Notwendigkeit eines Ideenbüchleins, damit Sie keine Ihrer Ideen vergessen. Die Technik, mit einem solchen Büchlein zu arbeiten, wird auch noch aus einem anderen wichtigen Grund Ihre schöpferischen Möglichkeiten vervielfachen. Es ist uns schon bekannt, daß kreatives Denken sich nicht entfalten kann, wenn man sich nur in ausgefahre-

nen Denkschablonen bewegt. Nun wird allerdings auch bei schöpferischer Tätigkeit nicht einfach Neues aus dem Nichts geschaffen. Es werden vielmehr anhand der Ideen neue Beziehungen zwischen einem Sachverhalt und einem Problem assoziiert, die bisher nicht im Blickpunkt des Interesses standen. Sie erinnern sich: Archimedes hatte zunächst die Bedeutung des Anstiegs des Wasserspiegels in der Badewanne nicht erkannt. Erst beim Heureka-Erlebnis gewahrte er dank einer blitzartigen Idee eine Verbindung dieses Sachverhalts mit seinem Problem, so daß er den selben Sachverhalt nun in ganz neuem Licht sah und eine Lösung fand. Eine derartige Verknüpfung oder Verbindung eines gegebenen Sachverhalts mit einer Idee, die aus einem im Unterbewußtsein fortwirkenden Problem hervorgeht, nennen wir Assoziation, während die Tätigkeit des Verknüpfens als Assoziieren bezeichnet wird.
Nicht nur Wissenschaftler, Künstler oder Entdecker entfalten so ihre Kreativität. Auch Geschäftsleute werden auf diese Weise oft zu neuen Unternehmen inspiriert. Sie entdecken Mittel und Wege, Gewinne zu erzielen, die sonst niemand sieht. «Das Geld liegt auf der Straße, man muß es nur aufheben», sagt der Volksmund und hat damit nicht unrecht.
Lassen Sie also Ihre Einsichten und Ideen nicht kläglich untergehen! Schreiben Sie diese auf und beschäftigen Sie sich mit Ihren Aufzeichnungen. Kombinieren Sie Ihre Ideen miteinander und entdecken Sie dadurch Sachverhalte, die Sie bis anhin zu kennen glaubten und daher erfolgreich übersahen, aus völlig neuen Gesichtswinkeln. Gewahren Sie die Wirklichkeit nun auf Grund Ihrer Ideen, und sie wird sich Ihnen in ganz anderer Art darbieten, als dies bisher mit den blinden «Augen der Gewohnheit» der Fall war. Arbeiten und sehen Sie mit Ihren Ideen – dann werden Ihnen die Augen zum ersten Mal so recht aufgehen.

Damit Sie neue Beziehungen entdecken, müssen Sie aber auch richtig beobachten. Im nächsten Unterkapitel wollen wir uns mit dieser Frage noch näher beschäftigen. Und Kapitel 6 wird Sie mit einer Technik vertraut machen, mit der Sie Ihr Unterbewußtsein spielend in die Lage versetzen, neue Assoziationen zu entwickeln.
Erkennen Sie nun ganz deutlich die Notwendigkeit, sich der eigenen Ideen anzunehmen und sie nicht unachtsam wieder wegtauchen zu lassen oder gar wegzuscheuchen? Freilich handelt es sich nicht immer um Unachtsamkeit, wenn wir Ideen keine Aufmerksamkeit schenken. Erfolgversprechende Gedanken können auch durch *Killerphrasen* abgewürgt werden.

Wenn sich dies wirklich so machen ließe, wären schon längst andere daraufgekommen.
Die Verwirklichung dieser Idee würde bestimmt viel zu hohe Kosten verursachen.
Daran haben bis jetzt selbst die klügsten Köpfe noch nicht gedacht, und ausgerechnet ich . . .
Das würde ja alle bisherigen Erkenntnisse und Erfahrungen auf den Kopf stellen.
In der Praxis wäre dies sicher ganz anders als in der Theorie.

Killerphrasen, welche die freie Initiative oder den guten Willen zu Neuerungen und Verbesserungen schlechthin abtöten, sind auch die spaßhaft berüchtigten drei Betriebsregeln, die da – in beliebiger Reihenfolge – etwa so lauten: 1. «Da könnte ja jeder kommen». 2. «Das haben wir immer so gemacht.» 3. «Das haben wir noch nie so gemacht.»
Nun sind, zugegeben, Erfindungen, die fundamentale Naturgesetze außer Kraft setzen würden, unmöglich. Doch es gibt eine Reihe von Erfindungen und Entdeckungen, die man ebenfalls, weil sie gegen Natur-

gesetze zu verstoßen schienen, für unmöglich gehalten hatte. Dennoch wurden sie Wirklichkeit.
So gelang auch das Fliegen mit Maschinen, die schwerer als Luft sind, obwohl man dies für völlig undenkbar gehalten hatte. Die als unteilbar angesehenen Atome konnten doch geteilt werden. Wagen ließen sich wunderbarerweise auch ohne Pferde bewegen. Beim Flug zum Mond wurde sogar die Erdanziehungskraft überwunden. Und so weiter.
Zurück zu Ihren eigenen Ideen. Denn auch Sie haben welche. Meiden Sie Killerphrasen. Schreiben Sie die Ideen sofort auf. Selbst wenn Sie das Notiznehmen nur für kurze Zeit aufschieben, kann der wertvolle Einfall für immer enteilt sein.
Schreiben Sie alle Ideen, die im Zusammenhang mit unseren Plänen entstehen, sofort auf, ermuntern Sie so Ihr Unterbewußtsein, Ihnen auch in Zukunft hilfreiche Gedanken zu liefern. Machen Sie daher Übung 16 zur ständigen Gewohnheit.

Übung 16: Schreiben Sie alle Ideen und Gedanken sofort auf. Ordnen und sortieren sie diese später, wenn Sie gerade keine Einfälle haben. Legen Sie auch ein Ideenbuch an, in das Sie Ihre Ideen und Gedanken eintragen, die zur Erreichung Ihrer Ziele geeignet sein könnten.

Fassen wir kurz zusammen. Lassen Sie Ihr Unterbewußtsein so schaffen, wie es will. Es produziert dann die besten Gedanken, wenn Sie es nicht durch sofortige Kritik behindern. Ist der schöpferische Prozeß beendet, haben Sie genügend Zeit, Ihre Ideen kritisch zu sichten. Sie werden überrascht sein, welche Leistungen und Erfolge Sie später einmal anhand dieses Materials erzielen können. Goethes «Faust», eines der größten und umfangreichsten Werke der Weltliteratur, ist nicht zuletzt

durch das Ordnen und Sortieren gesammelter Notizen möglich geworden.
Verfahren auch Sie nach dieser Technik. Und Sie finden Wege zur Verwirklichung Ihrer Ziele.

Beobachtung und Konzentration vermehren Ihren Einfallsreichtum

Glauben Sie ja nicht, es müsse jemand notwendig über eine wissenschaftliche Ausbildung verfügen, ehe es gelingen könne, Ideen zu entwickeln, die viel Geld einbringen.
Kennen Sie Walter Thiele? Wahrscheinlich nicht. Doch bestimmt werden Ihnen eine oder mehrere seiner Erfindungen nicht unbekannt sein. Denn dazu gehören die Arztplakette, der Lachsack und das Babyflaschenthermometer. Thiele hat weder studiert noch besitzt er ein Wunderhirn. Dennoch haben ihm seine Erfindungen in den letzten Jahren vier Millionen Mark eingebracht. Diese Erfindungen hätten auch Sie machen können. Sein Rezept ist ganz einfach. Er sagt, er überlege bloß von früh bis nachmittags, wie er der Menschheit dienen könne. Mehr sei nicht dabei.
Ob dies aber wirklich das richtige Erfolgsrezept ist, um viel Geld zu verdienen? Überlegen wir einmal.
Um an einem Produkt zu verdienen, muß es zunächst gekauft werden. Daran gibt es wohl keinen Zweifel. Und es wird ein um so größeres Interesse an dem Artikel bestehen, als er dem Käufer nützt. Am größten wird der Verkaufserfolg dann sein, wenn keine weiteren Anbieter in Konkurrenz treten. Das ist logisch. Damit ist aber auch schon die kausale Ursache des Erfolges zwingend abgeleitet. Es fehlt nur noch die Idee, die uns auf das bringt, was einerseits Menschen brauchen könnten, an-

derseits noch nicht auf dem Markt ist. Daß man leicht auf entsprechende Einfälle kommen kann, wenn man die Wirklichkeit achtsam beobachtet, hat Thiele eindrücklich bewiesen. Auf diese Art ist auch die Arztplakette erfunden worden. Doch lassen wir ihn selbst erzählen.

«Es war Herbst, und mit einer starken Erkältung erwartete ich zu Hause den Besuch des Arztes. Die angekündigte Zeit seines Besuches war schon längst verstrichen. Ich wurde ungeduldig und ging im Zimmer auf und ab. Ob der Arzt wohl deshalb aufgehalten wurde, weil er wieder keinen Parkplatz fand? Das konnte leicht der Fall sein. Jedenfalls sah ich plötzlich in meiner Vorstellung, wie er vergeblich nach einem Parkplatz suchte, weil ihm niemand behilflich war. Gleichzeitig erinnerte ich mich auch des Schildes, das sich der Arzt aus Pappe gemacht und auf das er das Wort «Arzt» geschrieben hatte. Sicher lag es wie üblich hinten im Wagen. Gleichzeitig fiel mir auf, daß meine Wachstuchtischdecke einige Löcher hatte. Ich schnitt aus der Decke eine ovale Scheibe heraus und drückte sie gegen die Fensterscheibe. Dann nahm ich sie wieder ab und malte ein rotes Äskulapzeichen – Schlange und Stab – darauf, denn das war schon seit der Antike das Symbol der Ärzte gewesen. Darunter schrieb ich das Wort ‹Arzt› ebenfalls in roter Schrift.»

So erfand Thiele die Arztplakette. Er verkaufte seine Erfindung an einen Österreicher für 50 000 Mark und sicherte sich außerdem eine Gewinnbeteiligung. Die Plakette wurde ein großer Erfolg. In fast hundert Länder wurde sie verkauft. Thiele verdiente bereits in den ersten Monaten eine halbe Million Mark an ihr.

Die Entstehungsgeschichte dieser Erfindung zeigt deutlich, welch entscheidenden Anteil die Beobachtung der Wirklichkeit an der Entwicklung einer Idee hat. Viele Erfolge sind so begründet worden. Auch Archimedes kam durch Beobachtung auf seinen Einfall, wie im vorigen Kapitel gezeigt wurde. Newton wiederum entwickelte den Gedanken zur Formulierung des Gesetzes der Schwerkraft, als er beobachtete, wie ein Apfel vom Baum fiel. Und Mendelejew entdeckte das Periodische System der Elemente, als er Patience spielte.

Begnügen wir uns mit diesen Beispielen. Es ist offenkundig: Wer Erfolg haben will, muß seine Beobachtungsgabe schärfen. Denn die Erzeugung erfolgreicher Ideen ist vielfach mit der Aufnahme wertvoller Informationen verknüpft. Wer jedoch träumend und unachtsam durchs Leben geht, wird manches nicht erkennen, das seinen Plänen schnell zum Erfolg verhülfe. Nimmt man achtsam viele Eindrücke aus der Umwelt in sich auf, finden sich auf diese Weise unerwartete Helfer bei der Verfolgung der Ziele.

Beobachtungsgabe und Konzentrationsfähigkeit stehen in einem Zusammenhang. Denn um etwas genau zu beobachten, müssen wir alle Aufmerksamkeit auf eine Sache oder einen Gegenstand konzentrieren. Bereiten Ihnen irgendwelche Hemmungen Schwierigkeiten, sich zu konzentrieren, bedienen Sie sich am besten der Autosuggestion: «Ich kann mich immer leichter konzentrieren – immer leichter und besser...»

Je regelmäßiger Sie Konzentrationsübungen machen, desto schneller wird Ihre Konzentrationsfähigkeit zum Durchbruch gelangen. Ihr logisches Denkvermögen wird dabei wachsen, das Unterbewußtsein besser arbeiten und die Zahl seiner Anregungen zunehmen. Vergessen Sie nie, daß Konzentrationsfähigkeit eine wesentliche Voraussetzung ist, Ihre inneren Möglichkeiten überhaupt wahrzunehmen. Schärfen daher auch Sie Ihre Beobachtungsgabe und Konzentrationsfähigkeit, denn Oberflächlichkeit und Zerstreutheit sind die Feinde Ihrer Erfolge. Auch Sie haben zweifellos eine sehr gute Beobachtungsgabe und Konzentrationsfähigkeit, Sie müssen sie nur nutzen. Der beste Weg dazu ist tägliches Training.

Sie können Ihre Beobachtungsgabe auch bei einem Spaziergang in der Natur trainieren, oder bei einer Unterhaltung, während der Sie Ihr Gegenüber aufmerksam ins Auge fassen. Das sollten Sie sowieso immer tun. Doch auf Regeln im Umgang mit Menschen werden wir später noch zu sprechen kommen. Sie lernen sich auch dann besser zu sammeln, wenn Sie täglich für einige Minuten langsam und laut in einem lehrreichen Buch lesen. Achten Sie selbst beim Händewaschen und Abtrocknen auf Ihre Handbewegungen und führen Sie diese bewußt aus. Konzentrieren Sie sich ganz allgemein auf das, was Sie gerade tun. Betreiben Sie die Übungen aber nur so lange, als Sie sich nicht angestrengt oder ermüdet fühlen. Denn wie bei jedem Training kann ein Übermaß vor allem am Anfang schädlich sein. Wie immer Sie auch Ihre Beobachtungsgabe und Konzentrationsfähigkeit trainieren – wichtig ist nur, diese Übungen *regelmäßig* auszuüben.

Haben Sie Fortschritte erzielt, wenden Sie sich einer etwas schwierigeren Übung zu. Betrachten Sie täglich ein Bild oder einen anderen Gegenstand Ihrer Wahl. Und versuchen Sie, immer neue Einzelheiten daran zu entdecken. Schließen Sie danach die Augen und versuchen Sie, sich das Bild oder den Gegenstand wieder bis in alle Einzelheiten vorzustellen. Betreiben Sie diese Übung nur fünf Minuten täglich. Wenn Sie nach einigen Übungen das Bild mit geschlossenen Augen klar und deutlich sehen, wählen Sie sich ein anderes – und so fort. Sie können diese Übung aber nur dann ausführen, wenn Sie sich allein und ungestört in einem Zimmer aufhalten. Auf diese Weise schulen Sie nicht nur Ihren Beobachtungssinn, sondern auch die Konzentrationsfähigkeit und das Gedächtnis.

Übung 17: Betrachten Sie ein Bild mehrere Minuten lang. Schließen Sie hierauf die Augen und versuchen Sie, sich das Bild wieder vorzustellen.
Brechen Sie danach die Übung ab.
Wiederholen Sie die Übung täglich.
Gelingt es Ihnen schließlich, das Bild nach einer Reihe von Übungen bei geschlossenen Augen zu sehen, wählen Sie sich für Ihr weiteres Training ein anderes Bild oder irgendeinen Gegenstand.

Sie werden erstaunt sein, zu welchen Ergebnissen nur fünfminütiges Üben am Tag führt. Denn nur zu oft sehen unsere Augen nicht das, was vor Ihnen liegt und sich ihnen darbietet. Und auch unsere Ohren überhören gerne das, was für sie wichtig ist.
Wahrscheinlich ist es Ihnen auch schon so ergangen, wie es mir früher jeweils erging. Ich pflegte ein ganz bestimmtes Schriftstück zu suchen und meinte, ich hätte es in den betreffenden Ordner eingeheftet. Doch dort war nichts zu finden. Schnell schaute ich alle anderen Ordner und Hefter durch. Schließlich aber waren etwa zwanzig Minuten vergangen, ohne daß von dem verflixten Papier etwas zu entdecken war. Ich hatte auch in allen Schränken nachgesehen, und doch war noch immer nichts zum Vorschein gekommen. Verzweifelt gab ich auf. Einige Tage später griff ich, diesmal in einer anderen Angelegenheit, wieder zum ersten Ordner – und fand das vor Tagen gesuchte Schriftstück genau dort, wo ich es zuerst vergeblich gesucht hatte. Wobei ich nach dem ersten Suchen geschworen hätte, daß es dort unmöglich sein könne.
Sie sehen: Aufmerksamkeit und Konzentration sind für unsere Erfolge wichtig. Selbst wenn Sie Erfolgsursachen noch so logisch zu ergründen suchen – übersehen Sie et-

was, weil es Ihrer Aufmerksamkeit entgangen ist, begehen Sie Fehler, die leicht hätten vermieden werden können. Ganz zu schweigen von der vielen Zeit, die Sie dabei verloren, und der großen Mühe, die umsonst war.
Überlegen Sie einmal: Sind Ihnen nicht schon wiederholt durch Unachtsamkeit bei der Verfolgung Ihrer Ziele Fehler unterlaufen, die Sie nachträglich viel Mühe und Ärger kosteten?
Nehmen Sie deshalb regelmäßig Übung 17 zur Steigerung der Beobachtungsgabe durch. Sie werden registrieren, wie Ihre Erfolgschancen zunehmen. Denn verhalten Sie sich gegenüber der Umwelt aufmerksam, beliefern Sie sich selbst mit wertvollen Ideen und Informationen. Ein großer Teil Ihrer Erfolge hängt davon ab, ob Sie mit sehenden Augen durchs Leben gehen.

Entspannt kommen Sie auf bessere Gedanken

Natürlich ist es wichtig, bei der Verfolgung seiner Ziele – ob es sich um berufliche oder andere handelt, spielt keine Rolle – mit dem Verstand planend und logisch folgerichtig vorzugehen. Sie haben nur dann Erfolg, wenn Sie das Richtige richtig tun. Und deshalb müssen Sie auch über das Gebiet Bescheid wissen, auf dem Sie Ihre Erfolge erringen wollen. Erst dann können Sie schöpferisch tätig werden und aus vorhandenen Bausteinen etwas Neues schaffen.
Die meisten Leute aber glauben nun, ihre geistige und andere Arbeit sei dann besonders effektiv, wenn Sie sich ohne Pause von früh bis spät anstrengen. Und sie wundern sich, wenn ihren Mühen bei derart permanenter Anspannung nur spärliche Erfolge beschieden sind.
Legen Sie daher bei Ihrer Tätigkeit etwa alle zwei bis drei Stunden eine fünf- bis zehnminütige Ruhepause

ein. Denn Körper und Geist bedürfen dieser Erholung. Bleiben Sie dazu auf dem Stuhl sitzen oder legen Sie sich auf ein Sofa, wenn dies möglich ist. Schließen Sie die Augen und entspannen Sie den ganzen Körper. Vermeiden Sie alle Gedanken an Ihre Arbeit. Die Ruhepause kann sehr einfach durch einen suggestiven Text eingeleitet werden.

«Ich bin ganz ruhig und entspannt. – Ich bin ganz ruhig und entspannt. – Ich fühle, ich werde immer entspannter – immer entspannter. – Alle Gedanken ziehen sich von mir zurück. – Eine wunderbare Ruhe breitet sich in mir aus. – Ich bin ganz ruhig und entspannt – vollkommen ruhig und entspannt. – Mein Körper ist vollkommen entspannt – ganz entspannt. – Ich atme langsam und ruhig – langsam und ruhig. – Eine große Ruhe entfaltet sich in mir. – Ich bin ruhig – ganz ruhig. – Auch mein Atem geht ganz ruhig. – Meine innere Ruhe löst alle Verkrampfungen der Glieder und Nerven. – Daher bin ich ruhig – ganz ruhig. – Ich bin ganz ruhig und entspannt – ganz ruhig und entspannt – ganz ruhig – ganz entspannt – ganz ruhig . . .»

Wenn Sie diese Übung beendet haben, wenden Sie sich wieder Ihrer Arbeit zu. Sie werden überrascht sein, über welch frische Kräfte Sie nun wieder verfügen.
Es ist nun eine Besonderheit geistiger und allgemein schöpferischer Arbeit, daß Ideen nicht durch bewußtes logisches Denken herbeizufolgern sind. Das Routinedenken blockiert im Gegenteil neue Einsichten in gegebene Sachverhalte. Natürlich ist es notwendig, sich vorher das notwendige Wissen anzueignen. Da ist bewußtes logisches Denken am Platz. Doch die besten Einfälle erreichen uns aus der Tiefe unseres Unterbewußtseins, und zwar dann, wenn wir uns mit dem Problem nicht bewußt befassen. Unser Unterbewußtsein arbeitet ja

auch, ohne daß unser Oberbewußtsein davon etwas weiß und ohne unser Zutun. Schon Einstein sagte: «Manchmal frage ich mich selber, bin ich's oder sind's die anderen Kälber.»
Gute Ideen stellen sich zum Beispiel dann ein, wenn Sie ruhig und ohne nachzudenken auf einem Stuhl sitzen oder einen Spaziergang machen. Sehr oft werden Sie auch glänzende Einfälle haben, wenn Sie an Ihrem Selbstentfaltungsprogramm arbeiten und sich den hier beschriebenen Übungen widmen. Auf all das ist schon hingewiesen worden.
Solche Ideen überfallen Sie dann wie der Blitz aus heiterem Himmel. Doch auch diese Einfälle sind durch bestimmte Gegebenheiten bedingt, selbst wenn der Zeitpunkt ihres Eintreffens ungewöhnlich ist und überrascht. Denn wie wir wissen, vollziehen sich in der Tiefe unseres Unterbewußtseins die vielen Kombinationen unseres Wissens. Fährt nun ein zündender Geistesfunke in dieses reiche Gemisch, erhellt sich plötzlich und explosiv etwas, verbinden sich Problem und Sachverhalt, und das Ergebnis dieses Vorgangs ist dann der glänzende und erlösende Einfall. Ist also etwas genügend vorbereitet, kommen die entscheidenden Ideen von selbst.
Wir müssen nun unserem Unterbewußtsein die besten Voraussetzungen für sein Wirken liefern. Deshalb ist die Entspannung für Ihre kreative Entfaltung wichtig. Das bedeutet aber nicht, während der Entspannung überhaupt nichts zu tun. Ihr Unterbewußtsein arbeitet nämlich auch dann sehr gut, wenn Sie etwas anderes tun, doch dürfen Sie sich dabei nicht anstrengen. Ob Sie sich beim Angeln oder bei einer anderen Liebhaberei entspannen, spielt keine Rolle. Wichtig ist nur, daß Sie sich überhaupt entspannen und so die Blockade des Unterbewußtseins aufheben.
Nutzen Sie also Ihr Unterbewußtsein. Denn wenn sich das Unterbewußtsein in Tätigkeit befindet, schafft der

Mensch, ohne daß er irgendwelche Mühe spürt. Und wenn schließlich Gedanken und Ideen durchbrechen und ins Bewußtsein gelangen, wird dies als berauschende Lust empfunden. Nietzsche beschreibt das Erlebnis so, wie es wohl besser gar nicht zu beschreiben ist: «Wie ein Blitz leuchtet ein Gedanke auf mit Notwendigkeit und in der Form ohne Zögern – ich habe nie die Wahl gehabt. Eine Entzückung, deren ungeheure Spannung sich in einem Freudenstrom auslöst ... ein vollkommenes Außersichsein. Alles geschieht im höchsten Grade unfreiwillig, aber wie ein Sturm von Freiheitsgefühl, von Unbedingtsein, von Macht, von Göttlichkeit.»

Es hat folglich keinen Zweck, mit aller Kraft und Gewalt von früh bis spät nach neuen Gedanken zu suchen. Permanente Anspannung führt zu nichts und strapaziert unnötigerweise die Nerven.

Betreiben Sie aktives Nichtstun. Haben Sie genügend Vorarbeit zur Verwirklichung Ihrer Pläne geleistet, dann legen Sie Ihre Arbeit eine Zeitlang beiseite. Denn Ihr Unterbewußtsein arbeitet für Sie desto besser, je weniger Sie angespannt sind. Schon der chinesische Weise Hsuan-chiao sagte über diese im Innern sprudelnde Quelle: «Du schweigst und sie spricht, du sprichst und sie schweigt.»

Verfahren Sie in der angegebenen Weise, und auch Sie werden die wunderbare Kraft Ihres Unterbewußtseins erleben. Erfolgreiche Menschen haben sich dieser außerordentlichen Möglichkeiten schon immer bedient.

Einer meiner Freunde ist ein sehr tüchtiger Geschäftsmann. Er handelt mit Schmuck und Antiquitäten und hat es immerhin schon zu zwanzig Häusern gebracht. Seine Eltern waren arme Bauern, und er hat auch ohne Universitätsbildung solche Erfolge geschaffen. Um seine Leistungsfähigkeit voll zu entfalten, hat er für sich folgendes Rezept entwickelt. Jeden Morgen steht er bereits um 5 Uhr 30 auf. Zunächst betreibt er etwa eine halbe Stunde Meditationsübungen. Danach spielt er etwa eine Viertelstunde auf einem Musikinstrument. Dann liest er Bücher über berühmte Künstler und betrachet sich die Fotos von deren Werken. Gelegentlich greift er auch zu einem philosophischen Werk. Betritt er schließlich um punkt 9 Uhr seine Geschäftsräume, übersprudelt er von Einfällen, die sich meist als sehr einträglich erweisen. Während eines gemeinsam verbrachten Abends sagte er einmal: «Zwischen 9 und 10 Uhr habe ich meine produktivsten Ideen. Würde ich gleich nach 10 Uhr wieder nach Hause fahren, entwickelten sich meine Geschäfte auch nicht ungünstiger.»

Erkennen Sie, wie vorteilhaft es ist, wenn man nicht den ganzen Tag unter anhaltendem Druck steht? Entwickeln auch Sie für sich ein Programm, um Ihre unbewußten Kräfte noch besser zu fördern und zu entwickeln. Nur so bedienen Sie sich der Fähigkeiten, die Ihnen zu Ihren größten Erfolgen verhelfen werden.

Sie können natürlich auch wie bisher nach Feierabend bis spät vor dem Fernseher sitzen. So wie Sie es vielleicht bisher immer getan haben. Achtzig Prozent der Deutschen sollen ja diese Gewohnheit haben. Wundern Sie sich aber nicht, wenn Sie derart Ihr Unterbewußtsein total blockieren. Sich mit den Ereignissen und Helden auf dem Fernsehschirm zu identifizieren, ist doch auf die Dauer kein befriedigender Ersatz für ein erfülltes Leben mit einer Unzahl von erregenden, verlockenden Möglichkeiten!

Ihrem Unterbewußtsein sind jedoch nicht nur Überlastungen abträglich, sondern auch negative Gedanken. Führen Sie daher Ihre positiven Suggestionsübungen konsequent weiter und schirmen Sie alle negativen Einflüsse von sich ab! Ihr Unterbewußtsein wird um so wirksamer für Sie tätig sein.

Betreiben Sie folgende Übung regelmäßig:

Übung 18: Legen Sie während der Arbeit alle zwei bis drei Stunden eine fünf- bis zehnminütige Pause ein. Lassen Sie so Anspannung und Entspannung miteinander abwechseln. Versuchen Sie dabei, an nichts zu denken und nehmen Sie die Autosuggestion zu Hilfe. Widmen Sie sich jeden Tag neben Ihrem Entfaltungsprogramm Tätigkeiten Ihrer Wahl, die nicht anstrengen und Ihnen Freude bereiten.

Seien Sie nicht enttäuscht, wenn Sie trotz Übung 17 nicht jeden Tag die glänzendsten Einfälle haben. Zu den Besonderheiten unseres Unterbewußtseins gehört es auch, daß es sich manchmal in Ruheperioden zu noch größeren Leistungen vorbereitet. Von allen Dichtern und Denkern sind solche Perioden bekannt. Doch dann beginnen die Kräfte des Unterbewußtseins wieder um so ergiebiger zu fließen.

Denken Sie stets daran: Auch Ihr Unterbewußtsein ist einmalig und vermag Großes zu leisten. Sie müssen ihm nur eine Chance einräumen. Nutzen Sie diese Quelle für Ihre Erfolge. Und ermuntern Sie sie zu weiterer Tätigkeit. Sie wird dann um so eifriger sprudeln, ohne daß es Sie Anstrengungen kostet. Ungeahnte Glücksgefühle werden auch Sie durchströmen, und natürlich werden Sie so auch Ihre Ziele verwirklichen können.

Achtsamkeits-Meditation erweitert Ihre Bewußtheit

Die moderne Forschung hat bewiesen, was in den vergangenen Hochkulturen des Fernen Ostens schon vor zweieinhalbtausend und mehr Jahren als gesicherte Erfahrung galt:

Menschen gelangen immer dann in sehr intensiven Kontakt zum Unterbewußtsein und seinen erstaunlichen Fähigkeiten, wenn sie ihr Bewußtsein durch Meditation verändern.
Auch Sie können leicht solche Bewußtseinsveränderungen herbeiführen. Vorausgesetzt natürlich, daß dabei die richtige Technik angewandt wird.
Das Bewußtseinstraining (Achtsamkeits- und Vertiefungsmeditation) ist eine besonders effektive Technik, um schrittweise immer besser mit den Hervorbringungen des Unterbewußtseins in Verbindung zu treten, zumal auch geistige Prozesse in das Übungsprogramm mit einbezogen wurden. So wird schließlich das Unterbewußtsein durch Bewußtmachung seiner Tätigkeit zu weiterer kreativer Leistung angespornt. Eben darin ist der besondere Vorteil des Bewußtseinstrainings gegenüber anderen Methoden zu erblicken.
Der Autor dieses Buches hat mit der von ihm abgewandelten Form des Bewußtseinstrainings für moderne Menschen ausgezeichnete Erfahrungen gemacht und schon viele anhand praktischer Kurse in dieser Meditationsart unterwiesen. Dabei konnten die Erfahrungen immer wieder neu bestätigt werden.
Die Methode wurde von Buddha entdeckt, nachdem er sich jahrelang darum bemüht hatte, einen Weg zur Erkenntnis zu finden. Ihm selbst wurden auf Grund dieser Methode Erkenntnisse zuteil, die noch heute unübertroffen sind. Einstein und andere bedeutende Wissenschaftler und Philosophen brachten häufig ihre Bewunderung gegenüber diesen phänomenalen geistigen Leistungen zum Ausdruck.
Es entspricht wohl kaum Ihren Vorstellungen und Wünschen, Leistungen zu vollbringen, die Jahrtausende überdauern. Doch auch Sie werden Ihre kreativen Möglichkeiten um so besser ausschöpfen, als es Ihnen gelingt, unterbewußte Vorgänge systematisch aufzuspüren. Pfle-

gen Sie daher auch diese Meditationsart. Treten Sie durch regelmäßiges Bewußtseinstraining mit Ihrem Unterbewußtsein in immer engeren Kontakt und erschließen Sie sich so die ganze Fülle Ihrer Möglichkeiten.

Zur Ausübung müssen Sie Ihre Aufmerksamkeit vollständig von der Außenwelt abziehen und jede bewußte denkende und planende Tätigkeit aufgeben. Ihr oberbewußtes Ich geben Sie zum Beispiel dann auf, wenn Sie die Augen schließen und Ihre Achtsamkeit auf die Atmung richten. Gleichzeitig entspannen Sie sich auch.

Zur Haltung: Setzen Sie sich in einem ruhigen Raum auf einen Stuhl. Die Körperhaltung muß aufrecht sein. Hals und Rücken sollen eine Gerade bilden, der Kopf ist schwach nach vorn geneigt. Sie können sich auch auf ein Bett oder eine Couch legen, wenn die Möglichkeit dazu besteht und Sie allein im Zimmer sind. Sorgen Sie dafür, so bequem wie möglich zu sitzen oder zu liegen. Sitzen Sie auf einem Stuhl, sollten Sie Ihre Füße auf dem Boden absetzen, da die Beine sonst leicht ermüden.

Nun die Ausführung. Schließen Sie die Augen so weit, daß Sie Ihre Umwelt nicht mehr wahrnehmen, Ihre Augen aber nicht völlig geschlossen sind. So vermeiden Sie, während der Übung einzuschlafen.

Richten Sie jetzt Ihre Aufmerksamkeit auf die Bewegungen der Bauchdecke.

Sie fragen, warum eigentlich die Wahrnehmung der Bauchdeckenbewegungen Sie immer tiefer mit dem Unterbewußtsein in Berührung bringen soll? Nun, zunächst muß Ihre Achtsamkeit bei Vorgängen trainiert werden, die Ihrem Bewußtsein leichter als geistige Prozesse zugänglich sind. Und das sind nun einmal körperliche Vorgänge wie etwa das Sich-heben und Sich-senken Ihrer Bauchdecke. Mit zunehmender Übung werden Sie auch fähig sein, so subtile Prozesse wie die Äußerungen Ihres Unterbewußtseins wahrzunehmen.

Doch zurück zu Ihrer Übung.

Die Auf- und Abwärtsbewegung der Bauchdecke wird dem Bewußtsein durch die Empfindung des An- und Abschwellens zugeführt. Die Bauchdeckenbewegung wird demnach nicht mit den Augen wahrgenommen. Das wäre schon wegen der Haltung des Kopfes und der halbgeschlossenen Augen nicht möglich.
Sie stellen fest:
Bauchdecke bewegt sich nach oben.
Bauchdecke bewegt sich nach unten.
Sie sollten sich aber davor hüten, die Ein- und Ausatmung zu verstärken, um sie besser wahrnehmen zu können. Und natürlich darf auch die Geschwindigkeit der Atemzüge nicht willentlich beeinflußt werden.
Wenn sich die Bauchdecke nach oben bewegt, notieren Sie sich im Geist: Bauchdecke bewegt sich nach oben.
Bewegt sich die Bauchdecke nach unten, notieren Sie sich: Bauchdecke bewegt sich nach unten.
Sich etwas im Geist notieren, bedeutet jedoch nicht, leise vor sich hinzusprechen: «Bauchdecke bewegt sich nach oben.» Es bedeutet einzig, achtsam den Bewegungen der Bauchdecke zu folgen.
Bereitet Ihnen die Wahrnehmung der Bauchdeckenbewegung Schwierigkeiten, richten Sie Ihre Aufmerksamkeit auf den Luftstrom in der Nase. Sie können natürlich auch dann diese Variante anwenden, wenn Sie Ihnen besser als die Wahrnehmung der Bauchdeckenbewegung gefällt. Bei dieser Übung sollten Sie zweierlei Empfindungen registrieren.

- Die Druckempfindung im Innern der Nasenflügel, wenn Sie einatmen.
- Die Druckempfindung im Innern der Nasenflügel, wenn Sie ausatmen.

Verstärken Sie auch dabei nicht den Atemstrom. Richten Sie Ihre Achtsamkeit auf das Innere der Nasenflügel, das vom Atem berührt wird. Sie können sich aber auch auf die Gegend zwischen Nase und Oberlippe konzen-

trieren, wenn dort der Atem leichter wahrgenommen werden kann.
Betreiben Sie diese Übung regelmäßig und täglich etwa zwanzig Minuten lang. Zu Anfang wird Ihre Übung wahrscheinlich noch durch vielfältige Vorstellungen und Erinnerungen behindert werden, die keine außergewöhnlichen Geistesregungen sind. Sie denken vielleicht an den Urlaubsort vom letzten Jahr, an einen Film, einen Streit oder etwas anderes. Mit der geistigen Notiz: «Erinnerung» sorgen Sie indes dafür, daß diese Regungen sehr schnell vorübergehen. Doch wohlgemerkt nur durch Bewußtmachung, und nicht durch Unterdrückung! Verschwinden solche Regungen und Vorstellungen nicht aus Ihrem Geiste, beschäftigen Sie sich eben achtsam weiter mit ihnen. Erst wenn diese Intermezzi vorbei sind, widmen Sie sich wieder voller Achtsamkeit der Bauchdeckenbewegung oder der Wahrnehmung des Luftstroms in der Nase. Bereits nach etwa zwei bis vier Wochen dürften sich keine Störungen mehr einstellen.
Jetzt aber erreichen Sie weitere Signale aus der Tiefe des Unterbewußtseins. Sie registrieren Lichtzeichen und Bilder, die beweisen, daß Sie mit dem Unterbewußtsein in noch engeren Kontakt getreten sind. Denn das Auftauchen von Bildern ist für den Zustand der Verbundenheit mit tiefen Regionen Ihres Unterbewußtseins typisch. Sie sehen sich nun mit solchen Äußerungen des Unterbewußtseins konfrontiert, wie sie im Traum und Halbtraum oder in der Vision des Künstlers zu finden sind.
Warum verhält sich das so? Sie brauchen nur an ein Kind zu denken. Der Ablauf seiner geistigen Vorstellungen ist mit dem Ablauf einer Bildfolge vergleichbar, wie dies auch Erwachsene noch in ihren Träumen erleben. Erst später wird dem Kind in der Schule ein Abstraktionsvermögen beigebracht und aus dem bildhaften das begriffliche Denken entwickelt. Das Denken in Bildern

entspricht somit einer einfacheren, ursprünglicheren Funktion unseres Geistes als das Denken in Begriffen. Im Bilddenken liegt aber ein großer Vorteil. Denn die Tätigkeit des Geistes wird dadurch von jenen Einschränkungen befreit, die beim routinemäßigen Begriffsdenken aufrecht erhalten werden. Gleichzeitig werden die tieferen Schichten des Unterbewußtseins, in denen viele Bildinformationen schlummern, zu Assoziationen angeregt.

Manche erleben solche Prozesse nicht nur in der Meditation, sondern auch in Tagträumen als sogenannte Quasihalluzinationen. So zum Beispiel der berühmte Forscher und Wissenschaftler Kekule: «An einem schönen Sommerabend kehrte ich mit einem der letzten Omnibusse ... durch die sonst so belebten und nun verlassenen Straßen der Metropole nach Hause zurück. Ich verfiel ins Träumen... Plötzlich wirbelten Atome vor meinen Augen herum. Sie waren in einer völlig neuen Bewegung, so wie ich sie vorher nie erkennen konnte. Ich sah, wie sich zwei kleinere Atome zu einem Paar verbanden. Und danach, wie ein größeres sogar vier kleinere festhielt. Ich sah auch, wie die größeren eine Kette bildeten. Und das in einem wilden Tanz ...» Mit dieser neuen Vorstellung von der Struktur der Atome begründete Kekule die große Fortentwicklung der organischen Chemie.

Auch der große Physiker Faraday schuf mit seiner bildhaften Vorstellung Theoreme, deren Richtigkeit erst von späteren Physikern mathematisch nachgewiesen wurde. Selbst der nüchterne Einstein hatte wie viele andere bedeutende Menschen zur schöpferischen Kraft bildhafter Vorstellungen mehr Vertrauen als zu allem bewußten Denken, obwohl er auch auf diesem Gebiet ein Meister war. Viele andere geistige Größen haben bezeugt, daß es oft eben dieses Rückschritts zum Bild bedarf, um schöpferisch tätig zu sein.

Kehren wir zu unseren meditativen Übungen zurück. Auch Sie werden in der Meditation oder danach die glänzendsten Einfälle haben. Mit Hilfe solch bildlicher Einsichten werden Sie Ihre Wünsche verwirklichen können und überdies vielleicht noch verborgen gebliebene Wünsche erst entdecken.
Im Zustand der Meditation vermögen Sie die hilfreichen Signale und Einfälle Ihres Unterbewußtseins besser zu erkennen. Durch Ihr regelmäßiges aktives Nichtstun bauen Sie systematisch auf. Es hätte jedoch wenig Sinn, nur einmal in der Woche zu üben. Denn auch für die Meditation gilt: Nur wenig täglich, dafür regelmäßig trainieren. Die Auswirkungen werden Sie verblüffen, schließen Sie doch in der Weise Ihre innere Schatzkammer auf.
Wer nicht meditiert und dazu noch täglich unter Daueranspannung steht, verzichtet womöglich auch auf jene potentiellen Bahnen, die Ihre unterbewußten Impulse gelegentlich als Intuition ins Oberbewußtsein leiten. Und das ist nicht die einzige denkbare Folge seines falschen Verhaltens. Mancher hat zu seinem Kummer schon erfahren müssen, zu welchen seelischen Krisen es führen kann, wenn unbewußte Energien immer wieder die Nervenbahnen hinuntergezwungen werden. Solche Nervenzusammenbrüche mit ihren chaotischen Folgen können ohne weiteres vermieden werden, wenn Sie Ihr Unterbewußtsein nicht ständig unterdrücken.
Führen Sie also auch die in diesem Kapitel beschriebene Übung regelmäßig durch.

Übung 19: Setzen Sie sich aufrecht auf einen Stuhl oder legen Sie sich auf eine Couch, wenn das möglich ist. Ziehen Sie sich ganz in sich zurück. Schließen Sie die Augen so, daß Sie Ihre Umwelt nicht wahrnehmen, die Augen aber trotzdem nicht völlig geschlossen sind.

Richten Sie in der angegebenen Weise die Aufmerksamkeit auf die Bauchdeckenbewegung oder den Luftstrom der Nase. Verwenden Sie für diese Übung täglich etwa 20 Minuten.

Wissenschaftler haben festgestellt, daß das Gehirn im meditativen Zustand Alphawellen (8–13 Hz) produziert. Außerdem sinken Blutdruck, Herzschlagfrequenz und Sauerstoffverbrauch. Daher eignet sich die Meditation auch als vorzügliche Entspannungsmethode. Verzichten Sie daher nicht auf diese Möglichkeit.
Veränderte Bewußtseinszustände haben für den Menschen immer etwas sehr Beglückendes. Gewiß haben auch Sie dies schon einmal angestrebt! Sie bezweifeln es? Nun, es gibt auch chemische Mittel, die andere Bewußtseinsformen induzieren. Der Alkohol ist eines von ihnen. Sie werden an der durch ihn ausgelösten Veränderung der Alltagserfahrung schon manchmal Gefallen gefunden haben. Allerdings sind die negativen Folgen des regelmäßigen Alkoholgenusses wie auch des Rauschgiftkonsums bekannt und kaum als Schlüssel zu unserem Unterbewußtsein zu betrachten. Bleiben wir bei der Meditation, denn sie ist zweifellos das geeignetste Mittel, das Unterbewußtsein zu erhellen und das Bewußtsein auszuweiten.
Wenn Sie nicht riskieren wollen, daß das Leben an Ihnen vorbeigeht, dürfen Sie die Pforten Ihres Unterbewußtseins nicht verschließen. Es ist einfacher, sie offenzuhalten, als sie ständig unter erheblichen Anstrengungen zuzudrücken. Und es gehört weniger Mühe dazu, glücklich zu sein, als sich seelisch krank zu machen.
Es bleibt dabei: Meditation ist der optimale Weg, das eigene Bewußtsein zu verändern. Jeder Mensch hat das Verlangen, von Zeit zu Zeit veränderte Zustände des Bewußtseins zu erfahren. Sie sind ein Schlüssel zu überle-

genem Gebrauch unseres Geistes und unserer übrigen Fähigkeiten.

Der Wunsch nach veränderter Alltagserfahrung ist nicht nur ein bedeutender Faktor für die Entwicklung des einzelnen, sondern für die Evolution der ganzen Menschheit. Nicht umsonst hat die Natur die Wahrnehmungen des Unterbewußtseins mit außergewöhnlichen Erfahrungen verbunden, so daß kreative Einsichten früher nur hervorragenden Menschen bewußt wurden.

Die Meditation löst aber auch einfache Lichterlebnisse und ein verändertes Zeitgefühl aus, die meist keine schöpferische Einsichten zufolge haben. Ebenso kann sich das Schweregefühl in ein Gefühl von Schwerelosigkeit verwandeln, von beflügelter, ätherischer Leichtigkeit, was von den meisten Menschen als unerhörter Glückszustand erlebt wird. Auch solche Erlebnisse liegen jenseits der Alltagserfahrung und werden daher als Gnade, Verzauberung oder Entzückung, stets aber als völlig außergewöhnlich empfunden. Es gibt auch einzelne, die die Zone jenes Erlebnisfeldes betraten, als sie scheintot waren. In den Erlebnisberichten jener von der Schwelle zum Jenseits Zurückgekehrten ist ebenfalls von Lichterscheinungen, einem andersartigen Zeitgefühl und von den berauschenden Gefühlen der Schwerelosigkeit die Rede. Zudem wird von Kontakten mit längst verstorbenen Verwandten berichtet.

Jenseitserlebnisse sind indes noch kein Beweis für ein Weiterleben nach dem Tode. Denn auch Mönche, die im Fernen Osten fern von jeder Zivilisation in Höhlen leben und dort täglich vierzehn Stunden meditieren, können ihre körperlichen Funktionen fast völlig stillegen, so daß sie von einem Scheintoten überhaupt nicht mehr zu unterscheiden sind. Und so bleiben nur noch die Kontakterlebnisse mit Verstorbenen zur Deutung offen. Doch auch dies läßt sich einfach erklären. Durch die Reduzierung der Blutzufuhr zum Gehirn wird nämlich

nicht allein ein anderer Bewußtseinszustand ausgelöst, sondern auch gleichzeitig die Tätigkeit jener tieferliegenden Schichten des Gehirns angeregt, in denen Erinnerungen an verstorbene Verwandte gespeichert sind. Und es wird lediglich der Ablauf eines vor vielen Jahren vom Gehirn aufgenommenen Filmes – allerdings nun etwas verfremdet – registriert. Aber das erkennt der «Jenseitige» nicht, da sein Zeitgefühl sowieso gestört ist.
Bei der Praxis des hier angegebenen Bewußtseinstrainings besteht für Sie kein Anlaß zur Befürchtung, eventuell aus einem Jenseits nicht mehr zurückzukehren oder anderen Gefahren ausgesetzt zu sein. Schließlich meditieren Sie ja nicht während Jahren den ganzen Tag über. Zwanzig Minuten täglich reichen dazu aus, Ihre Kreativität zu verstärken. Und nach der Übung fühlen Sie sich erst noch entspannt und körperlich erfrischt.
Betreiben Sie nach Übung 18 täglich Meditation. Sie schaffen so innigere Kontakte zu Ihrem Unterbewußtsein, weiten Ihre Möglichkeiten aus und fördern Ihre Gesundheit. Dann werden auch Ihnen zunehmend schöpferische Erlebnisse zuteil und die Selbstentfaltung wird Sie zu einem neuen Menschen machen. Der äußere Erfolg ist solchermaßen nur noch die automatische Begleiterscheinung inneren Glücks.

Träume lösen Lebensprobleme und erschließen Ihre Identität

Sind Sie der Ansicht, Sie träumten nur sehr selten? Dann befinden Sie sich in einem Irrtum. Sie vermögen sich Ihrer Träume bloß nicht zu entsinnen.
Die Wissenschaft hat bewiesen, daß wir ausnahmslos jede Nacht etwa eineinhalb Stunden träumen. Etwa vier- bis fünfmal pendeln wir nachts zwischen Traum und

Tiefschlaf hin und her. Der erste Traum dauert allerdings nur etwa zehn Minuten. Doch gegen Morgen werden die Träume immer länger. Die meisten werden sofort vergessen. Aber am Traum kommt dennoch keiner vorbei.
Selbst wenn jemand glaubt, er hätte keinen Traum gehabt, war die Nacht nicht traumlos. Denn als man bei Untersuchungen Schläfer in der Traumphase des Schlafes – angezeigt durch schnelle Augenbewegungen, auch Remphase genannt – weckte, erinnerten sie sich ihrer Träume sogleich und ohne Schwierigkeiten.
Auch Sie träumen jede Nacht, obwohl Sie sich manchmal nur weniger Bruchstücke oder an gar nichts mehr erinnern. Wie wir heute wissen, werden unsere Träume vom Unterbewußtsein gesteuert. Alles was wir gestern, vorgestern, ja sogar in unserem ganzen Leben bewußt und unbewußt wahrgenommen haben, ist dort registriert. Auch schon längst Vergessenes.
Im Traum können solche Erinnerungsfetzen wieder aufleben. Aber Träume dieser Art sind für uns nutzlos. Interessanter ist eine andere Art von Träumen. In diesen beschäftigt sich unser Unterbewußtsein aktiv mit den Problemen unseres Lebens. Und dabei fällt das Unterbewußtsein sogar Entscheidungen, die sich auf die Fülle seines gesamten bewußten und unbewußten Wissens stützen. Solche Überlegungen und Entscheidungen sind denen im Wachzustande somit weit voraus.
Bei diesen Träumen geht es im einzelnen um:

- *Lösung von Lebensproblemen*
- *Geistige Problemlösungen und neue Ideen*
- *Hinweise auf die eigene Identität und deren Problematik*

Traumereignisse sind für uns meistens deshalb verwirrend und schwer deutbar, weil das Traumgeschehen in Symbole gekleidet ist. Im Wachzustand verknüpft jeder Mensch bestimmte Dinge mit entsprechenden Assoziationen. Wer denkt nicht zum Beispiel an einen Löwen, wenn von Kraft, Erhabenheit und Stärke die Rede ist? Im Wachleben werden solche Assoziationen jedoch in den Hintergrund gedrängt, da wir ja nicht in Sinnbildern oder Allegorien zu sprechen pflegen. Doch im Schlaf treten sie mitten auf die Bühne des Geschehens. Wenn von einem Tier geträumt wird, kann es freilich Unterschiedliches symbolisieren. Auch für Sie kommt es beim Erfassen des Tierbilds darauf an, zu erkennen, welche symbolische Eigenschaften Sie ihm zuordnen.
Nun gibt es zwar Symbole, die für eine große Anzahl von Menschen die ziemlich gleiche Bedeutung haben. Nachfolgend sind einige erläutert.

Kleines Traum-Abc

Arzt	Meist Symbol für Autoritätsperson, von der Hilfe erhofft wird
Banane	Phallussymbol, wie auch Schornstein, Zigarre, Bleistift, Messer
Bahnhof	Sie befinden sich in einer entscheidenden Lebensphase
Berg	Hindernisse, die mit großer Anstrengung überwunden werden müssen
Bombe	Erinnerung an Kriegserlebnisse, sonst Bedrohung
Eis	Gefahr, Unvorsichtigkeit wird signalisiert
Feuer	Reinigung, Zorn, Zerstörung, oft auch erotischer Bedeutung
Fisch	Etwas aus dem geistigen Bereich, geistige Nahrung usw.

Fischen	Geistiges Suchen
Kaninchen	Schüchternheit, Ängstlichkeit
Nacktheit	Angst vor Bloßstellung
Prüfung	Der Ausgang des Traumes zeigt an, ob der Betreffende seine Pläne richtig vorbereitet
Schiffskapitän	Richtige Prinzipien, höheres Ich
Schmutz	Skandal oder schmutzige Wäsche
Straße	Holprige Straße bedeutet oft durchgestandene harte Arbeit oder Seelenqual
Tiere	Symbolisieren das, was der Mensch für sie empfindet. Ein Gorilla kann zum Beispiel die tierische Natur des Menschen symbolisieren
Tod	Geistige Entwicklung, Abschied von einer Lebensgewohnheit oder auch Ende einer Liebe. Der Volksmund sagt: Wer vom eigenen Tode träumt, lebt meistens lange
Tür	Offener oder verschlossener Zugang zum eigenen Ich
Uhr	Versteckte Angst vor dem Verfließen der Lebenszeit. Unerfülltsein. Ein zerbrochener Zeiger signalisiert oft Zeit, die nutzlos vertan wird
Verpassen eines	Zuges oder eines Busses
	Das Leben soll in Ordnung gebracht werden, Chancen dürfen nicht verpaßt werden
Wand	Mangelnde Aufgeschlossenheit
Wasser	Inneres Leben, unbewußte Kräfte, Geist
Weinen	Signalisiert oft Wünsche

Wenn Sie der Deutung eines Traumes ganz sicher sein wollen, müssen Sie die individuelle Bedeutung des Symbols für Sie allein erkennen. Deuten Sie daher erst den Träumer und dann den Traum! Symbole, die Sie im täglichen Leben benützen, werden eine Hilfe sein. Angefangen vom Dekor des Büros bis zu den Lebenssymbolen. Doch behandeln wir nun die drei Gruppen von Problem-Träumen.

Träume lösen Lebensprobleme.
Vor nicht allzu langer Zeit hatte ich folgenden Traum. Ich fuhr mit dem Fahrrad zu einem Schulfreund. Ich klingelte am Gartentor. Er öffnete mir. Dann machten wir gemeinsam unsere Schularbeiten.
Zunächst maß ich dem Traum keine besondere Bedeutung bei, lagen doch diese Ereignisse schon über zwanzig Jahre zurück. Obschon sich der Traum beharrlich wiederholte, vermochte ich selbst bei angestrengtem Nachdenken seinen Symbolgehalt nicht zu erkennen.
Wenige Tage später hatte ich einen anderen Traum. Ein Studienkamerad aus meiner Studienzeit besuchte mich im Hause meiner Eltern. Gemeinsam beschäftigten wir uns mit Problemen, die uns in Vorlesungen unverständlich geblieben waren. Im wachen Zustand erinnerte ich mich gern der vergangenen Zusammenarbeit, denn nur so hatten wir beide das Studium in der Mindestzeit beenden können. Auch mit diesem Traum vermochte ich zunächst nichts anzufangen, doch wiederholte er sich ebenfalls.
Als ich dann beide Traumzyklen auf ihren Gehalt untersuchte, entdeckte ich überrascht, daß beide Freunde für mich zum Symbol kooperativen Arbeitens geworden waren. Und plötzlich stellte ich beim Überdenken meiner derzeitigen Situation fest, daß der Kontakt zu meinen Mitarbeitern nicht optimal war. Ich änderte den Zustand, und die Träume wiederholten sich nicht mehr.

Untersuchen Sie also Ihre Träume auf gemeinsame Inhalte, und Sie werden diese leichter entschlüsseln. Eine große Hilfe für die Traumdeutung ist es immer, wenn Sie den Traum vom Hintergrund dessen hersehen, womit Sie sich zurzeit beschäftigen. Wenn ein Mann beispielsweise davon träumt, ein Haus stürze zusammen, bedeutet diese Botschaft des Unterbewußtseins, daß er seine Unternehmungen auf eine unzulängliche Basis aufbaute.

Träume lösen geistige Probleme und bringen neue Ideen hervor.

Bedeutende Gelehrte und Wissenschaftler haben uns gezeigt, welch grandiose Möglichkeiten der Traum bietet, um schwierigste wissenschaftliche Probleme zu lösen. Otto Loewis brachte ein Traum über Experimente mit Nervenimpulsen den Nobelpreis für Medizin ein. Niels Bohr entdeckte das Atommodell gleichsam im Schlaf . . .

Nicht jeder kann Nobelpreisträger werden. Aber jeder kann in Träumen sehr gute Ideen entwickeln. Man muß sich beim Aufwachen nur an sie erinnern.

Kennen Sie Frau E. Noelle-Neumann? Sie leitet in Allensbach am Bodensee ein Institut für Meinungsforschung und sagte die Ergebnisse der Bundestagswahlen 1972 und 1976 genau voraus. Auf Ihrem Nachttisch liegen immer ein Büchlein und ein Bleistift. Wenn ihr ein Traum gute Gedanken beschert, schreibt sie diese gleich danach oder spätestens am Morgen vor dem Aufstehen auf.

Versuchen auch Sie sich Ihrer Träume zu erinnern, und Sie werden glänzende Einfälle registrieren.

Träume enthalten oft Wünsche und Hinweise auf die eigene Identität und deren Problematik.

Ein junger Mann träumte einmal, er stehe im Wasser und fische. Rechts von ihm entdeckte er in einiger Entfernung eine kleine Gestalt am Strand, die ihm genau glich und weinte. Es gelang ihm, einen herrlich bunten Fisch zu fangen, den er seinem kleinen Doppel schenkte. Sofort hörte es mit Weinen auf. Doch der Fisch entglitt seinen Händen und fiel in den Sand. Die kleinere Gestalt – sein Ich – begann wieder bitterlich zu schluchzen. Der Fischer wollte nun seinen Fang wieder aufheben. Doch plötzlich fielen Aktenordner auf den Fisch. Der Träumer ergriff die Aktenordner, riß sie entzwei und warf sie beiseite. Schnell hob er den zappelnden Fisch auf und gab ihn seinem kleineren Ich. Und sofort hörte dieses wieder zu weinen auf.

Ich half dem jungen Mann, die Aussage des Traumes zu erfassen. Schrittweise versuchten wir beide, das Geschehen zu enträtseln. Zunächst bemühten wir uns, die Symbole mit Gehalt zu erfüllen, wobei wir sogar das aufgeführte Traum-Abc zu Hilfe nahmen.

Fischen: Suchen im geistigen Reich der Möglichkeiten. Fisch: Substanz aus der geistigen Welt. Das kleinere Doppel: Sein genaues Ebenbild. Weinen: Er wünscht sich etwas. Handelte es sich bei den beiden Symbolen etwa um Erinnerungen aus der Kindheit? Aktenordner: Ihre Bedeutung gab zunächst Rätsel auf. Zur Deutung dieses Symbols mußte man wissen, daß der junge Mann in seinem Beruf hauptsächlich mit registrativen, das heißt unbefriedigenden Arbeiten beschäftigt war. Verständlich, daß der Träumer die Ordner als Symbol seiner Arbeit assoziierte.

Von diesem Hintergrund her betrachtet, wurde der Sinn des Traumgeschehens offenkundig. Das noch nicht entwickelte Ich des jungen Mannes (die kleinere Gestalt) verlangte nach einer geistvolleren und befriedigenderen Tätigkeit. Der Realität entsprechend zeigte der Traum, daß dieser Wunsch von seiner Arbeit (Aktenordner) begraben wurde. Gleichzeitig signalisierte der Traum auch eine Möglichkeit, den Wunsch Wirklichkeit werden zu

lassen. Der Träumer sollte sich von seiner Arbeit lösen, wie dies durch sein Vernichten der Aktenordner angedeutet wurde.
Traumdeutung ist aufwendig und auch mit einigen Mühen verbunden, werden Sie vielleicht konstatieren. Das ist durchaus richtig. Immerhin bewirkten dieser Traum und seine Deutung eine große Veränderung im Leben des jungen Mannes. Er setzte nämlich seinen Wunsch, Techniker zu werden, in die Tat um und übt heute seinen neuen Beruf in Brasilien mit viel Freude aus.
Arbeiten auch Sie mit Ihren Träumen. Und verfahren Sie nach folgendem *Rezept.*

So nutzen Sie Ihre Träume

1. So erinnern Sie sich an Ihre Träume:
   a) Beeinflussen Sie Ihre Erinnerungsfähigkeit an Träume durch Autosuggestion. Lassen Sie Ihr Unterbewußtsein wissen, daß Sie sich Träume wünschen, die Ihnen am nächsten Tag noch in Erinnerung sind. Sagen Sie sich vor dem Einschlafen: «Ich werde träumen und mich am nächsten Morgen daran erinnern. – Ich werde mich an meine Träume sehr gut erinnern – sehr gut . . .»
   b) Regelmäßige Meditation führt zu einer guten Erinnerungsfähigkeit an Träume. Doch nicht jeder Traum ist für Sie von Bedeutung.
   c) Ihr Gedächtnis gibt Ihre Träume am bereitwilligsten dann wieder, wenn Sie sich ihrer zu erinnern versuchen, noch bevor Sie aufstehen. Am besten schreiben Sie den Traum und wichtige Gedanken dazu sofort auf. Halten Sie Block und Bleistift auf dem Nachttisch bereit.
2. Überschlafen Sie Ihre Entscheidungen, und das Unterbewußtsein wird im Traum dazu Stellung nehmen.

3. Versuchen Sie in jedem Fall immer dann Ihre Träume zu deuten, wenn sich ein Grundthema in bestimmten Zeitabständen wiederholt. Solche Träume enthalten wichtige Botschaften für Sie.
   Haben Sie die Botschaft richtig verstanden, wird sich der Traum auch in abgewandelter Form nicht wiederholen. Dann können Sie sicher sein, den Traum richtig gedeutet zu haben.
4. Wenn Sie sich mit Ihren Träumen eingehend beschäftigen, werden die hilfreichen und für Sie nützlichen häufiger werden. Denn durch die Bewußtmachung solch unterbewußter Aktivitäten wachsen Ihre Möglichkeiten. Machen Sie sich dieses Rezept ganz zu eigen und lesen Sie es immer wieder durch. Vielleicht beschaffen Sie sich auch das hinten unter empfohlener Literatur aufgeführte Lexikon der Traumsymbole. So werden Sie imstande sein, Ihre Träume noch besser zu deuten.

Übung 20: Beschäftigen Sie sich mit Ihren Träumen nach dem angegebenen Rezept.
Arbeiten Sie regelmäßig mit ihnen.

Träume verleihen Ihnen die Gabe, die Möglichkeiten des Unterbewußtseins für Entscheidungen und für neue Einfälle einzusetzen. Sie vermögen dann drohende Konflikte rechtzeitig zu erkennen und ihnen erfolgreich entgegenzuwirken. Nicht zuletzt helfen Ihnen Träume bei der Suche nach einem erfüllten Leben.

6. Kapitel

So lösen Sie eine immer regere Tätigkeit Ihres Unterbewußtseins aus und erweitern Ihren Horizont

Schon im vorangegangenen Kapitel ist darauf hingewiesen worden, daß die Tätigkeit des Unterbewußtseins nicht von ungefähr kommt. Man muß sich mit einem Problem erst einmal bewußt auseinandersetzen, ehe die Aktivitäten des Unterbewußtseins zu spielen anfangen. Die erforderlichen Anstöße sind zwar ausgesprochen klein, vergleicht man sie mit dem riesigen Potential, welches das Unterbewußtsein dann für Sie entfaltet. Immerhin sind die bewußten Denkprozesse notwendig, die vielen Gedankenkombinationen, Bilder- und Lichtspiele in Ihrem Unterbewußtsein erst einmal in Gang zu setzen.
Wie soll nun hierbei vorgegangen werden?
Mit welchen Methoden bewußten Denkens werden jene Gedankenspiele im scheinbaren Dunkel des Unterbewußtseins auf besonderes effektive Art induziert? Am besten geht das, wenn Sie dabei die latente Netzstruktur des Unterbewußtseins berücksichtigen. Sie wissen ja: Eben wegen der wechselseitigen Verknüpfbarkeit der gespeicherten Informationen ist die Vielfalt der Gedankenkombinationen überhaupt möglich.
Schaffen Sie nun mit bewußtem Denken logische Verknüpfungen und Gedankenkombinationen, so strahlen diese bewußten geistigen Prozesse auch in die Tiefen Ihres Unterbewußtseins und regen dort Gedankenspiele von noch weit größerem Ausmaß an. Vorausgesetzt natürlich, Sie machen es richtig. Ohne daß Sie daran bewußt beteiligt sind, vergrößern sich so buchstäblich «von selbst» Ihre Möglichkeiten.
Dieses Kapitel macht Sie deshalb mit einer erfolgreichen geistigen Technik vertraut, bei der Sie die Fakten neuen und alten Wissens so miteinander verknüpfen, daß diese bewußten Denkprozesse im Unterbewußtsein eine noch größere Vielfalt kreativer Gedankenkombinationen auslösen.
Diese Technik, die noch näher zu beschreiben sein wird, befähigt Sie auch dazu, an der Wirklichkeit immer wie-

der Neues zu entdecken, ganz gleich, ob Sie sich nun mit Ihrer Zielsetzung oder Ihren Hobbys befassen. Denn beziehen Sie mit dieser Methode zu allen Dingen selbst Stellung, entdecken Sie immer neue Kausalitätsreihen. Und dank der kreativen Einsichten Ihres Unterbewußtseins entwickeln Sie zu den Dingen verschiedenster Gebiete ganz neue Beziehungen. Ihre eigene Persönlichkeit entfaltet sich. Erfahren Sie Ihre eigene Art zu sehen und zu erkennen, wächst auch Ihr persönliches Wertgefühl, weil Sie endlich Ihre Identität finden.
Wenn Sie sich schließlich sogar mit dem Universum in Beziehung setzen, überwinden Sie Ihr isoliertes, verinseltes Ich völlig. Über seine ganz besondere Rolle im Kosmos reflektieren, heißt das Leben von noch ausgedehnteren Horizonten her erblicken. Und so erschließen Sie sich mit den Kräften Ihres Unterbewußtseins eine noch weitergespannte Erfahrungswelt Ihrer Existenz.

Schaffen Sie Aktivitätszentren und wenden Sie erfolgreiche Techniken für Ihre geistige Arbeit an

Je geschickter Sie mit bewußtem Denken logische Kombinationen zu schaffen verstehen, desto mehr Aktivitäten unterbewußter Geistestätigkeit werden Sie damit hervorrufen. Von einer solchen Technik der Denkanstöße soll in diesem Abschnitt die Rede sein, damit Sie Ihre geistigen Kräfte immer besser entfalten und Ihre Fähigkeiten immer gezielter einsetzen können.
Mancher, der bisher glaubte, er sei nur durchschnittlich begabt oder nicht einmal dies, ist zum Opfer dieses eigenen Irrglaubens geworden, und zwar einzig und allein aus dem Grund, weil er sein Unterbewußtsein falsch beeinflußte und seine geistige Entfaltung behinderte.
Erinnern Sie sich an frühere Ausführungen: Jeder hat

von der Natur die gleichen Möglichkeiten des Unterbewußtseins erhalten. Und natürlich auch Sie. Wenn sich also Menschen durch verschiedene Begabungen unterscheiden, so liegt das lediglich an der unterschiedlichen Beschaffenheit des Gehirns. Doch diese geht keineswegs so weit, daß es deswegen völlig Unbegabte gäbe. *Jeder* ist begabt, auf speziellem Gebiet. Und Wünsche zeigen uns oft, wo diese Begabung liegt. Wenn Sie bisher vielleicht bei Ihnen nicht zum Durchbruch kam, so kann das nur zwei Gründe haben:

- Die Tätigkeit des Gehirns ist deshalb nicht optimal, weil Sie nicht gesund leben.
- Sie verstehen es nicht, sich ganz einfacher Denkprozesse und Techniken zu bedienen. Darum vermögen Sie Ihre Geisteskräfte nicht zu entfalten und die Aktivitäten des Unterbewußtseins erfolgsgerecht in Gang zu setzen.

Den ersten Punkt werden Sie sehr schnell abstellen. Denn in Kapitel 3 finden Sie sehr nützliche Hinweise darauf, wie die Gesundheit Ihres Körpers und die Funktionstüchtigkeit des Gehirns schnell wiederherzustellen ist.

Doch nun zum zweiten Punkt. Er umschreibt kurz, weshalb sich die meisten Leute nicht entfalten können und unglücklich sind. Die Unkenntnis einfacher geistiger Techniken ist sehr häufig die entscheidende Ursache, weshalb so viele nie zielbewußt zu denken vermögen. Sie drehen sich ständig im Kreis des Mißerfolges und ihre Angst, ihre Unruhe und ihr Ärger werden nie überwunden, selbst wenn sie noch so viele Entspannungstechniken anwenden. Sie wollen eben nur die Symptome und nicht die eigentlichen Ursachen beseitigen.

Die dringende Notwendigkeit, sich mit solchen geistigen Techniken zu befassen, ist somit unbestreitbar. Deshalb sollen Sie mit einer einfachen Technik vertraut gemacht werden, die Ihre geistigen Kräfte nun zu voller Entfaltung bringt. Erst solche Techniken werden Ihrem Unterbewußtsein die entscheidenden Anstöße zu der großartigen Vielfalt seiner Aktivitäten liefern.

Die Kunst des Vergessens steigert Ihre Erinnerungsfähigkeit

Bestimmt haben Sie sich schon oft vorgenommen, in einigen Tagen etwas Wichtiges zu erledigen. Sei es eine dringende Überweisung von Ihrem Konto, das Schreiben eines Briefes oder die Abgabe von bereits ausgefüllten Formularen bei einer Behörde.
Was es auch immer sei, stets denken Sie nun am Tag mehrmals daran. «Ich darf es nicht vergessen, ich muß am Dienstag und am Donnerstag dieses und jenes tun», hämmern Sie sich ein. Und krampfhaft bemühen Sie sich, Ihre Vorhaben auch ja wirklich nicht zu vergessen. Wenn Sie sich bewußt oder unbewußt die negativen Folgen Ihrer Vergeßlichkeit vor Augen führen, behalten Sie Ihre Angelegenheiten tatsächlich in Erinnerung. Doch meistens nur so lange, um sie am entscheidenden Tag dennoch zu vergessen. Und all die Mühe war schließlich vergeblich.
Weil einmal unerwartet viel auf Sie eingestürzt ist, geriet die ach so wichtige Besorgung leider in völlige Vergessenheit. Wundern Sie sich aber nicht darüber, denn mit dieser falschen Methode blockieren Sie ja Ihre Erinnerungsfähigkeit. Aber nicht nur dies. Zusätzlich lähmen Sie auch Ihre Fähigkeit, an all die wichtigen Dinge zu denken, die Sie für die Erledigung Ihrer Tagesaufgaben oder zur Verwirklichung Ihrer Ziele ebenfalls dringend benötigen. Nur zu oft werden Sie deshalb auch bei einer

Herausforderung durch Menschen eine Niederlage erleiden, sind doch Ihre intuitiven Möglichkeiten zur Abwehr des Angriffes zumindest gehemmt oder gar gänzlich lahmgelegt. Damit die für Ihre Arbeit notwendigen Erinnerungsbilder aus dem Unterbewußtsein aufsteigen können, müssen Sie ja die Vorhaben, mit denen Sie sich nicht die ganze Zeit beschäftigen können, vergessen. Doch keine Bange: Sie müssen sie nicht wirklich vergessen. Sie sollen sie nur ins Unterbewußtsein versinken lassen, damit sie Ihnen wieder zur richtigen Zeit erneut zu Bewußtsein kommen.

Sie zweifeln daran? Haben Sie Angst, das zu tun, weil Sie glauben, sich nicht auf Ihr Unterbewußtsein verlassen zu können? Einfach weil Sie meinen, Ihr Unterbewußtsein hätte sie schon oft im Stich gelassen?

Damit Sie endlich diese verhängnisvolle Angst verlieren, doch einmal etwas zu vergessen: Legen Sie sich ein Notizbuch zu! Schreiben Sie auf, was Sie erledigen wollen. So verlieren Sie nicht nur die Angst vor dem Vergessen, nein, das Notizbuch befreit Sie auch von der inneren Spannung, in die Sie das krampfhafte und anstrengende Aufrechterhalten der Erinnerung gebracht hat. Machen Sie Ihr Gedächtnis endlich frei, damit es wichtige Erinnerungsbilder zur Bewältigung Ihrer Tagesprobleme heranschaffen kann. Doch nicht nur das. Entlasten Sie Ihr Gedächtnis auch deshalb von unnötigem Ballast, damit Sie neue Eindrücke aufzunehmen imstande sind. Auch dazu müssen aber erst andere Gedächtnisinhalte ins Unterbewußtsein verfrachtet werden.

Die Vorteile eines Notizbuchs liegen nun auf der Hand. Legen Sie sich ein solches Notizbuch zu und teilen Sie den freien Platz für jeden Tag darin in drei Felder auf. Reservieren Sie ein Feld Ihrem Beruf, eins Ihren privaten Verpflichtungen und das letzte Ihren persönlichen Zielen. Doch schreiben Sie nicht «Beruf», «Privat» oder «Ziel» über die jeweilige Tagesspalte, denn nur zu leicht

könnte auch mal ein Neugieriger das Büchlein durchschnuppern, wenn Sie es aufschlagen oder irgendwo liegen lassen. Wenn Sie die Reihenfolge der Spalten nicht verändern, finden Sie sich selbst immer ganz einfach und schnell zurecht. Schreiben Sie nun das in das Notizbuch, was Sie nicht vergessen wollen.
Gehen Sie dabei folgendermaßen vor. Angenommen, Sie möchten mit einem Mitarbeiter eine wichtige Angelegenheit besprechen: Durchdenken Sie erst die Angelegenheit. Schaffen Sie eine zusammenhängende Gedankenkette und logische Verknüpfungen. Und tragen Sie erst dann die Notiz in Ihr Büchlein ein: «Gespräch mit Herrn X.» Danach brauchen Sie nicht mehr an die bevorstehende Unterhaltung zu denken. Sie sind wieder frei für eine andere Beschäftigung.
Bezweifeln Sie etwa, ob diese einfache Notiz bereits ausreicht? Dann wollen wir noch etwas weiter ausholen. Gewiß haben auch Sie schon einmal geglaubt, die Erlebnisse eines schon Jahre zurückliegenden Urlaubs völlig vergessen zu haben. Doch eines Abends führen Sie nun diese Dias Ihren Freunden vor oder schauen sie sich selbst noch einmal an. Meist braucht nur ein einziges Dia auf die Leinwand projiziert zu werden, und schon tauchen aus dem Unterbewußtsein scheinbar längst vergessene Erinnerungen wieder auf.
Auch in anderen Fällen spielt sich so etwas ab. Es genügt, daß uns nur eine Kleinigkeit einer Angelegenheit wieder einfällt, und sofort werden ganze Ketten von Erinnerungsvorgängen assoziativ nachgezogen. Sie brauchen sich dabei überhaupt nicht anzustrengen. Haben Sie einmal den Faden in der Hand, können Sie wörtlich gleich das ganze Gewebe «entwickeln».
Die Konsequenz liegt auf der Hand: Denken Sie eine Notiz gründlich durch, bevor Sie diese in Ihrem Büchlein in Form eines Stichworts eintragen. Sie schaffen – um ein anderes Bild zu verwenden – auf dicse Art eine

Assoziationskette, so daß die eingegliederte Erinnerung wieder zur rechten Zeit aus dem Unterbewußtsein (ab)gelichtet oder emporgehievt werden kann, wie der Anker eines Schiffes, das in See stechen will. Bereits ein Erinnerungsglied der Kette reicht aber schon aus, um den ganzen Komplex zu Bewußtsein zu bringen.

Doch ziehen Sie das Notizbüchlein nicht sofort aus der Tasche, wenn Sie zum Beispiel in einem Geschäft Ihre Besorgungen erledigen. Überlegen Sie vielmehr: Was wollte ich denn eigentlich einkaufen? Versuchen Sie sich zunächst ohne Hilfe zu erinnern. Und prüfen Sie erst dann mit dem Büchlein nach, ob Sie auch tatsächlich nichts von den aufgeschriebenen Dingen vergessen haben. So verlieren Sie nicht nur die Angst vor dem Vergessen, sondern üben gleichzeitig Ihr Erinnerungsvermögen. Wenn Sie während zwei oder drei Monaten in der Weise verfahren, werden Sie erkennen: Mein Unterbewußtsein läßt mich nicht im Stich. Es kommt somit darauf an, um nichts zu vergessen, die Kunst des richtigen Vergessens anzuwenden.

Vorausgesetzt, Sie verfahren nach dem Erfolgsgesetz, die Erinnerung in eine Assoziationskette einzugliedern oder sie mit einem sehr lebhaften Detail in Beziehung zu bringen, kann dabei nichts schiefgehen.

Schon die Bauern früherer Jahrhunderte verfuhren nach diesem Prinzip. Um ihren Söhnen nämlich die genaue Lage der Grenzsteine auf den Feldern einzuprägen, wurden sie zu diesen Steinen geführt. Und um die Erinnerung an dieses Ereignis besonders wachzuhalten, erhielten die Burschen bei jedem Stein eine kräftige und schallende Ohrfeige. Das ist gewiß eine sehr taugliche, wenn auch grobianische Methode, die notwendigen Verknüpfungen im Unterbewußtsein herzustellen.

Sie sollen natürlich weder sich noch Ihre Kinder ohrfeigen, damit Sie oder Ihr Sohn etwas besser im Gedächtnis behalten. Sorgen Sie vielmehr dafür, daß sich Ihre

Erinnerungen mit lebendigen Bildern verbinden oder andere assoziative Ketten geschaffen werden. So geht nichts mehr vergessen. Und trainieren Sie Ihre Erinnerungsfähigkeit mit folgender Übung.

Übung 21: Legen Sie sich ein Notizbuch zu und trainieren Sie damit Ihr Gedächtnis. Versuchen Sie, sich der Dinge ohne seine Hilfe zu erinnern. Schauen Sie in das Büchlein nur, um nachzuprüfen, ob Sie tatsächlich nichts vergessen haben.

Die beschriebene Verwendung eines Notizbuchs trainiert nicht nur erfolgreich Ihr Unterbewußtsein, sondern übt Sie auch in der Kunst des Vergessens. Dann haben Sie die Erinnerung im entscheidenden Augenblick auch tatsächlich zur Verfügung und können Ihre Aufmerksamkeit ganz auf die Aufnahme neuer Sachverhalte oder der Entwicklung neuer Gedanken ausrichten.
Ihr Erinnerungsvermögen wird desto klagloser funktionieren, je häufiger Sie sich seiner bedienen. Schon nach etwa zwei Monaten werden Sie beachtliche Erfolge zu verzeichnen haben. Denn bei Anwendung dieser Technik ist der Speicherkapazität Ihres Unterbewußtseins keine Grenze gesetzt. Ihre Angst, etwas zu vergessen, wird in Zukunft völlig grundlos sein und folglich verschwinden. Sie werden es erleben.

Mit der Denkkartei erhöhen Sie Ihre geistige Potenz

Nicht allein von Ihrem Wissen, sondern von feinen logischen Beziehungen oder Verknüpfungen hängt es ab, ob Ihr Unterbewußtsein mit seinen Kenntnissen für Sie arbeiten kann. Auf dieser Voraussetzung baut, wie Sie er-

fahren haben, Ihre Erinnerungsfähigkeit auf. Noch unerläßlicher ist diese Voraussetzung, wenn Sie nach Wegen suchen, Ihre Ziele zu verwirklichen.
Die Schwierigkeit, logische Verknüpfungen zwischen altem und neuem Wissen zu schaffen, ist aber bei den meisten Leuten nicht darauf zurückzuführen, daß sie nicht logisch denken könnten. Dazu reicht der Volksschulabschluß aus. Die Ursache des Übels liegt ganz woanders. Jenen bedauernswerten Menschen mangelt zur Verrichtung geistiger Arbeit lediglich eine wirksame Technik, die wie ein Zündschlüssel zum Starten der unterbewußten Motorik verwendet werden kann. Es fehlt die Möglichkeit, durch deren konsequente oberbewußte Anwendung spielend immer weitere unterbewußte logische Verknüpfungen zu schaffen. Selbst wenn im Anfang die oberbewußten geistigen Erkenntnisse noch so klein sind, werden im Laufe der Zeit durch die Netzeffekte des Unterbewußtseins doch immer tiefere geistige Einsichten möglich.
Wer mit einer solchen Technik den Motor seines Unterbewußtseins startet, wird seine schöpferischen Möglichkeiten wahrnehmen und ohne jede Mühe eigene kreative Anlagen entfalten. Wer jedoch nicht über einen Zündschlüssel zur Betätigung seines Unterbewußtseins verfügt, vermag seine oberbewußten Denkprozesse nur immer träger und mühevoller zu vollziehen und weder Geisteskräfte noch andere Fähigkeiten zu entfalten.
Starten daher auch Sie den Motor Ihrer unbewußten Geistestätigkeit. Dann werden die unterbewußten Geistesprozesse wiederum Ihre bewußten Denkprozesse anspornen und bereichern, so daß Ihre logischen Überlegungen immer besser und überzeugender wirken. Ihre Denkprozesse fallen Ihnen unter diesen Umständen nicht nur erheblich leichter, sondern bereiten Ihnen auch noch Freude.
Doch welcher Technik sollte man sich nun bedienen?

Gehen wir zur Beantwortung der Frage von Ihrer Situation aus. Sie haben Ihre Wunschliste aufgestellt und die Wünsche auch detailliert beschrieben. Hatten Sie eine Idee, wie Ihre Ziele zu verwirklichen wären? Gewiß haben Sie diese sofort aufgeschrieben. Nun ist es aber möglich, daß diese Idee nicht unbedingt dazu taugt, einen gangbaren Weg zum Ziel aufzuzeigen.

Den Weg dorthin werden Sie sehr schnell durch die *Technik der Denkkartei* finden. Denn Ihre Ideen werden desto erfolgreicher sein, je umfangreicher Ihr Wissen ist. Stellen Sie also für jeden Ihrer Wünsche eine Denkkartei zusammen. Sie werden sich nun das erforderliche Wissen zu deren Verwirklichung aus Büchern, Vorträgen, Fachzeitschriften oder in guten Kursen aneignen. Dabei ist es von großem Vorteil, Nachschlagewerke selbst zu besitzen. Denn oft werden Sie auf solche detaillierten Darstellungen zurückgreifen müssen.

Wenn Sie nicht sämtliche sieben ersten Ziele, wie im Anfang des Buches empfohlen, allzu weitgesteckt haben, werden Sie die Karteikarten in einem oder vielleicht zwei Kästen unterbringen können.

Numerieren Sie dic Karteikarten für jeden Ihrer Wünsche getrennt. Vor die Karten zu jedem Wunsch kommen alphabetische Stichwortverzeichnisse von A bis Z zu stehen. Hier führen Sie dann später Stichworte auf. So ergibt sich für jeden Wunsch ein zusammenhängender Komplex, bestehend aus dem alphabetischen Stichwortverzeichnis und den dazugehörigen durchnumerierten Denkkarten. Und nun können Sie beginnen, die Denkkartei mit Leben zu erfüllen.

Zuerst aber ein paar Worte dazu, wie Sie mit der Kartei *nicht* verfahren sollten. Schreiben Sie keinesfalls ganze Passagen aus Büchern auf die Karten. Verzichten Sie auch darauf, besonders markante Sätze von Autoren zu übertragen. Denn so stellen Sie keine besondere Beziehung zwischen dem Wissen und Ihrem Unterbewußtsein her. Solch überflüssige Arbeit können Sie sich sparen. Wollten Sie die Kartei in dieser Weise mit Inhalten anfüllen, wäre es im Endeffekt bestimmt viel billiger, die Bücher zu kaufen und darin besonders aussagestarke Sätze farbig zu unterstreichen. Doch das allein reicht gewiß nicht aus! Bringen Sie vielmehr die Inhalte des Wissens in eine Form, die geeignet ist, damit Ihre Erfolge zu begründen.

Richtig gehen Sie dann vor, wenn Sie versuchen, in dem Wissensgebiet, mit dem Sie sich gerade beschäftigen, logische Beziehungen zu entdecken. Nehmen Sie zunächst ein Stück Papier und versuchen Sie, darauf mit wenigen Stichworten eine logische Beziehung zu entwickeln. Empfehlenswert ist es auch, sich für solche Zwecke ein Büchlein anzuschaffen.

Keine Angst! So schwierig, wie Sie jetzt meinen, ist die Sache nicht. Wenn sich daraus noch keine umwälzenden Erkenntnisse ergeben, brauchen Sie noch lange nicht zu verzweifeln. Wichtig ist nur, daß Sie für sich eine neue Beziehung zum betreffenden Wissensstoff entdecken. Nur darauf kommt es an, und nicht, wie tief die neue Erkenntnis ist.

Wollen Sie *neue Wissensbeziehungen herstellen*, müssen Sie sich vollkommene Klarheit über die angewandten Wissens- und Denkbegriffe verschaffen. Nur mit solchen Bausteinen kann Ihr Unterbewußtsein erfolgreich für Sie arbeiten.

Versuchen Sie, die Denkbausteine logisch miteinander zu verknüpfen. Sie tun das immer dann, wenn Sie die Frage nach Ursache und Wirkung stellen.

Ergeben sich Schwierigkeiten, muß das Verständnis der Bausteine des Wissens so lange verfeinert werden, bis Sie sich über deren Bedeutung völlig im klaren sind.

Fragen Sie stets nach dem Warum und geben Sie sich nicht mit oberflächlichen Erklärungen zufrieden. Entdecken Sie stets neue Ursache-Wirkung-Beziehungen.

Überprüfen Sie die Richtigkeit Ihrer Gedankenspiele. Zerlegen Sie jeden Denkprozeß in kleine Schritte, selbst wenn Ihnen das als überflüssig erscheint. Nur so können Sie Fehlautomatismen in Ihren Denkabläufen erkennen und auflösen.
Bei Ihrer oberbewußten Denktätigkeit kann die folgende *Technik der Gedankenentwicklung* angewandt werden:

- Beschäftigen Sie sich stets nur mit einem einzigen Gedankengang und führen Sie ihn konsequent zu Ende. Benutzen Sie dazu wie erwähnt ein Stück Papier oder das Ideenbuch.
- Lassen Sie es nicht zu, daß Ihr einer Gedankengang durch andere Gedanken gestört wird.
- Kommt Ihnen ein Gedanke, der nicht zu der momentanen Gedankenfolge gehört, so schreiben Sie ihn auf. Sie können später auf ihn zurückkommen. Ist der störende Gedanke notiert, werden Sie nicht weiter beunruhigt und die durch den Störfaktor ausgelöste Spannung weicht von Ihnen.
- Bringen Sie nun den angefangenen Gedankengang mit kurzen Stichworten zu Ende!

Was auch immer an neuer Erkenntnis für Sie dabei herausgekommen ist:

- Fassen Sie die Erkenntnis in höchstens drei Sätzen zusammen und schreiben Sie diese auf die Karteikarte Nr. 1. Wie gesagt: Nur die Erkenntnis, und nicht alle Stichworte, die Sie auf das Papier geschrieben haben! Ihre Notiz beansprucht dann nur einen Teil der Karteikarte.

Suchen Sie sich nun ein Stichwort zu Ihrer Erkenntnis und tragen Sie dieses Stichwort auch in die alphabetische Übersicht ein. Führen Sie dahinter ebenfalls die Nummer 1 auf.

Sie können sicher sein: Diese Art der Notizen reicht völlig aus, Ihnen den entdeckten Sachverhalt jederzeit wieder in Erinnerung zu bringen. Sie brauchen sich im Augenblick keine Gedanken mehr dazu zu machen, denn nun haben Sie das erste *Aktivitätszentrum* im Unterbewußtsein geschaffen.
Fahren Sie ein andermal damit weiter, die Denkkartei zu vervollständigen, und gehen Sie in derselben Weise vor. Sie müssen nur nach weiteren Wissensbeziehungen suchen, so daß sich weitere Aktivitätszentren in den Tiefen Ihres Unterbewußtseins bilden.
Widmen Sie sich jede Woche mindestens zwei Stunden der Vervollständigung Ihrer Denkkartei. Wenn neue Erkenntnisse alte überholen, streichen Sie die betreffenden Sätze in der Kartei. Die Veränderungen auf den Karteikarten werden natürlich mit der Zeit eine Neubearbeitung der alphabetischen Übersicht erforderlich machen. Ihre Einsichten werden indes zunehmen und Ihre Denkfähigkeit wird sich spielend verbessern, weil auch die Denkbegriffe immer präziser werden.
Machen Sie es sich bei der Arbeit mit der Denkkartei zur Gewohnheit, den Karteibereich jedes Wunsches einmal in der Woche durchzugehen. Sie verknüpfen derart die geschaffenen Aktivitätszentren des Unterbewußtseins zu ganzen Trauben. Neue Einsichten werden nicht auf sich warten lassen, und darunter werden blendende Ideen sein.
Die Denkkartei garantiert Ihren Erfolg, sofern Sie die damit verbundene Mühe nicht scheuen. Mit einiger Hingabe aber werden Sie Ihre Wünsche unter Garantie verwirklichen. Nutzen Sie daher Ihre Zeit, sich mit der Konkretisierung und Verwirklichung Ihrer Wünsche zu befassen, und lassen Sie das Leben nicht an Ihnen vorbeigehen.
Fassen wir kurz zusammen:

Übung 22: Legen Sie eine Denkkartei für jeden Ihrer Wünsche an. Beschäftigen Sie sich in der Woche zweimal mit ihr. Gehen Sie die Kartei gelegentlich auch ganz durch und vervollständigen Sie diese. Gewinnen Sie neue Einsichten, schreiben Sie sie nieder. Werden dadurch schon festgehaltene Erkenntnisse überholt, streichen Sie diese. Wenden Sie diese Technik für alle Wünsche an.

Ihr Unterbewußtsein kann sich nun leicht und spielend mit der Ideenbildung zur Verwirklichung Ihrer Wünsche beschäftigen, haben Sie doch sehr wirksame Aktivitätskomplexe in den Tiefen Ihres Unterbewußtseins geschaffen.

Sorgen Sie dafür, daß Sie immer in positiver Stimmung sind und verwenden Sie dazu Autosuggestion. Das Unterbewußtsein kann nun unter besten Voraussetzungen für Sie tätig sein und Ihre Kreativität noch weiter steigern. Bereits nach zwei Monaten werden Sie mit Genugtuung feststellen, welch erstaunliche Prozesse Sie mit der Denkkartei in Gang gesetzt haben.

Gute Ideen werden allerdings nicht unbedingt bei oder kurz nach Ihrer Beschäftigung mit der Denkkartei auftauchen. Sie wissen ja, das Unterbewußtsein läßt sich nicht bevormunden. Und mit Gewalt lassen sich gute Ideen schon gar nicht herbeischaffen. Doch Entspannung, Traum und Meditation werden ihnen um so schneller zum Durchbruch verhelfen.

Nutzen auch Sie die Denkkartei. Mit dieser Methode potenzieren sich Ihre Möglichkeiten. Denn so entwickeln Sie Gedanken, auf die Sie sonst in Jahren nicht gekommen wären. Gehen Sie ans Werk, und Sie werden es selbst erfahren!

Netzeffekte des Unterbewußtseins prägen Ihre neue Wirklichkeit und Ihre Person

Auch für Sie gibt es noch Neues in der Wirklichkeit zu entdecken. Und der Möglichkeiten, Ihre Persönlichkeit zu entfalten und Ihre Identität zu entdecken, sind Legion, vor allem wenn Sie dazu die Aktivitätszentren in Ihrem Unterbewußtsein zu Hilfe nehmen. Die riesige Fülle und unendliche Vielfalt des Lebens wird auch Ihre Selbstverwirklichung ermöglichen.
In der heutigen Gesellschaft haben sich Menschen leider daran gewöhnt, bloß zu konsumieren, ohne am betreffenden Vorgang innerlich beteiligt zu sein. Man konsumiert ein Spiel, eine Landschaft oder worum es sich auch immer handelt.
Notwendige eigene Beziehungen zur Realität werden Sie aber gewiß nicht dadurch herstellen, daß Sie sich immer nur anpassen und das tun, was auch alle anderen tun. Je öfter dies geschieht, desto stärker wird dadurch Ihre eigene Persönlichkeit unterdrückt. Ihr eigenes Wesen, Ihre Individualität wird sich erst dann ausbilden, wenn Sie eigene Standpunkte beziehen. Wenn Sie etwas erkennen und sich dafür begeistern. Dann erst werden sich auch Ihre Fähigkeiten und Kräfte voll entfalten. Doch vermögen Sie eigentlich noch etwas zu entdecken, das Sie persönlich interessiert oder fasziniert, das Sie völlig in seinen Bann zieht? Oder gehören Sie zu jenen Menschen, die die Begeisterungsfähigkeit der Jugend längst verloren haben? Einfach weil Ihre Mißerfolge Sie entmutigten? Und meinen Sie etwa, bereits an der Endstation Ihres Lebens angelangt zu sein?
Das wäre eine deprimierende Bilanz. Das hieße ja, schon bei Lebzeiten innerlich abgestorben zu sein. Getrauen Sie sich denn nicht mehr, Ihre Augen weit zu öffnen, zu staunen und sich zu freuen? Wollen Sie Ihr Leben weiter in Langeweile, Verdruß, Mißstimmung und

Frustration verbringen? Nur weil Sie keine befriedigenden Beziehungen zur Wirklichkeit finden?
Unter solchen Umständen empfiehlt es sich um so mehr, sich der in dem Buch dargelegten Techniken zu bedienen und die Möglichkeiten des Unterbewußtseins auszuschöpfen. Schaffen Sie sich Aktivitätszentren des Wissens, lösen Sie sich sehr schnell aus Ihrer Selbstentfremdung, sind Sie nicht länger ein Opfer Ihres falschen Verhaltens. Sie gewinnen auf diese Weise Ihre alte Begeisterungsfähigkeit zurück und erschließen sich neue Erlebnisweiten. Ihr Wertgefühl wächst, weil Sie sich Ihrer Möglichkeiten und Ihres inneren Reichtums bewußt werden.
Viele Menschen entwickeln nur deshalb keine eigenen Aktivitäten, weil sie vor den Leistungen ihrer Vorbilder viel zu große Ehrfurcht empfinden. Schließlich ist ihnen diese übergroße Ehrfurcht oft genug eingeimpft worden. Die Folge war, daß sie ihre eigenen Kräfte und Fähigkeiten geringschätzten und jede Initiative systematisch unterdrückten.
Sollte auch Ihr Selbstvertrauen gelitten haben und eher schwach sein, können Sie es durch konsequente Autosuggestion wieder stärken und das Vertrauen in Ihre Kräfte zurückgewinnen. Weisen Sie die Ansicht entschieden von sich, sämtliche möglichen Leistungen seien alle schon längst vollbracht und für Sie gebe es nichts Neues mehr zu entdecken oder zu schaffen. Die Wirklichkeit ist so mannigfaltig, daß ein Menschenleben – und werde es noch so intensiv gelebt – niemals dazu ausreicht, sie völlig «abzugrasen» oder auch nur ganz zu begreifen. Neues gibt es darum immer zu entdecken, und so ist es auch immer möglich, Individuelles zu schaffen. Selbst die Wissenschaft muß sich ja ständig mit der Vielfalt der Realität auseinandersetzen, wobei plötzlich wieder neue Sachverhalte in den Blickpunkt des Interesses rücken und die Forscher zwingen, ihre

bisherigen Theorien fallenzulassen und mit ihrer Arbeit von vorn anzufangen. Und doch hatte man bereits geglaubt, alle Geheimnisse entschlüsselt und alle falschen Vorstellungen überwunden zu haben.
Kommen wir auf Ihre eigene Situation zurück. Auch für Sie gibt es noch genügend Neuland zu erforschen und auch genügend Möglichkeiten zu schöpferischer Entfaltung. Das Gefühl, etwas Einzigartiges zu schaffen, ist nicht Erfindern, Malern, Schriftstellern oder Komponisten vorbehalten. Auch Sie werden ganz Außergewöhnliches entdecken und vollbringen, so wie es bisher niemand vor Ihnen getan hat. Denn auch Ihnen sind völlig neue Aspekte der Realität zugänglich, deren sich andere vorher gar nicht bewußt geworden sind. Und dies egal, auf welchem Gebiet Sie Ihre Einzigartigkeit erleben.
Nie mehr werden Sie das Empfinden haben, nur eine Kopie Ihrer Zeitgenossen zu sein, wenn Sie Ihr Selbstwertgefühl zu steigern und Ihr eigenes Selbst herauszukristallisieren vermögen. Bereits das Entfalten Ihrer Wünsche wird Sie auf den Weg zu Ihrem Selbst führen. Denn Sie entscheiden sich für etwas, das nur für Sie wichtig ist. Stellen Sie aber neue Beziehungen zur Realität auch so her, daß Sie Ihre alte Einstellung zu den Dingen immer wieder kritisch in Frage stellen. Je konsequenter Sie diese Technik anwenden, desto schneller werden Sie sich von der Masse lösen und den Weg zu eigener Identität und Individualität finden.
Zu diesen beiden Begriffen noch eine kurze Erläuterung. Sie hängen eng zusammen und bedingen sich eigentlich gegenseitig. Denn als ein Individuum, als ein unverwechselbares, kernhaftes und nicht weiter (mit)teilbares Einzelwesen, kann sich nur der erweisen, der sowohl sich selbst wie die anderen erfahren und über das Trennende wie Verbindende genauen Aufschluß erlangt hat. Er weiß somit über das Bescheid,

was ihn sowohl mit anderen verbindet als auch von ihnen unterscheidet (über seine Ebenbildlichkeit also, seine Identität) wie auch über das, was seinen innersten Kern ausmacht und er mit keinem andern teilt (somit seine Individualität).

Je mehr Beziehungen Sie zu den Dingen schaffen, desto ausgeprägter wird Ihre Persönlichkeit und Ihr Wissen um Ihre Identität und Individualität. Wer ständig Neues an sich und der Welt entdeckt, erlebt das Leben als Abenteuer, weil er nicht abstumpft, sondern immer tiefere Einsichten gewinnt, und – wie Einstein es nennt – «das tiefe Erzittern der verzauberten Seele» kennenlernt. Darum wird Ihnen Ihre Selbstentfaltung viel Freude schenken.

Haben Sie Ihre ersten Wünsche realisiert, werden Sie neue Ziele anstreben, denn die Freude an der Selbstverwirklichung wird der Motor Ihrer Aktivitäten sein. Sie werden erkennen, daß es viel schöner ist, sich selbst zu entfalten, statt nur ehrfurchtsvoll die Leistungen anderer zu bewundern. Wenn Sie sich schon mit den Leistungen anderer beschäftigen, dann nur, um den eigenen Horizont zu erweitern und neue Anregungen zu gewinnen. Ein scheinbar unwesentlicher Baustein im Gedankenbau eines anderen kann Sie unter Umständen zu Gedankengängen anregen, die im Zusammenhang mit Ihren früheren Ideen zu einer kreativen Leistung werden. Wer so lebt, entfaltet das eigene Leben!

Doch viele Menschen erleben die Wirklichkeit nur noch aus zweiter Hand, sei es nun durch die Brille

- irgendwelcher Autoritäten
- der Meinungsmacher von Presse, Fernsehen und Rundfunk,
- der Politiker
- der Ehefrau oder des Ehegatten
- der Weltverbesserer

oder durch Modetorheiten der manipulierten Massen. Ja

manche kommen sogar überhaupt nicht mehr ohne derartige Brillen aus, um die Wirklichkeit zu erleben, oder sie tragen Scheuklappen, ohne es überhaupt zu bemerken. Solche Menschen glauben auch, die Tiefe menschlicher Liebesbeziehungen dann voll zu erschauen, wenn sie das Buch von Curd Jürgens über seine Erlebnisse mit Frauen gelesen haben. Zum Schluß sehen sie gar noch ihre eigene Frau durch die Brille fremder Erlebnisse und verzweifeln an sich und ihrer Ehe.

Das Leben ist viel zu faszinierend, als daß es sich lohnte, sich mit dem Abklatsch einer Pseudo-Realität abzugeben. Entdecken Sie Ihr eigenes Verhältnis zur Realität, wird das Leben fesselnd und erregend sein. Stellen Sie deshalb nicht nur Ihre alten Beziehungen zu den Dingen in Frage, sondern überprüfen Sie auch Ihre Wertungen dazu. Das ist schließlich der einzige Weg, jene Scheuklappen abzulegen, die jeder von uns durch Erziehung, Scheinkultur oder heuchlerische Religiosität verpaßt erhalten hat. Erleben Sie vielmehr sich selbst und seien Sie auf Ihre ganz persönliche Art schöpferisch. Erst dann nutzen Sie Ihre Freiheit und Unabhängigkeit. Hören Sie endlich auf, zur Kulisse für andere zu werden.

Auch Sie werden Besonderes schaffen! Oder wollen Sie aus Bequemlichkeit darauf verzichten? Haben Sie nicht gemerkt, daß andere sehr gut von Ihrer Bequemlichkeit leben, Sie jedoch sehr schlecht? Sie leben nur einmal, und Sie leben jetzt und hier. Jetzt und hier haben Sie aber auch die Chance, Sie selbst zu werden. Verzichten Sie nicht darauf. Sie sind es sich schuldig.

Es ist ja so einfach, sich selbst zu entfalten. Nutzen Sie die Netzeffekte Ihres Unterbewußtseins und schaffen Sie sich Aktivitätszentren. Arbeiten Sie mit der Denkkartei. Dann erfahren auch Sie die Einzigartigkeit Ihrer Persönlichkeit.

Sie sind nun eifrig den bisherigen Ratschlägen des Buches gefolgt und entfalten sich.
Halten Sie es vielleicht für zu egoistisch, auf die Dauer nur die eigenen Möglichkeiten zu entwickeln? Oder haben Sie bei allem, was Sie tun, das Gefühl, Ihre Ziele müßten eigentlich noch viel weiter gesteckt werden? Befriedigt es Sie nicht, nur kurz- oder mittelfristige Ziele zu verfolgen? Selbst wenn Sie dabei merklich weiterkommen? Möchten Sie auch etwas über den Sinn und Zweck Ihres Lebens erfahren?
Genügt Ihnen nicht, was der Prediger Salomo in der Bibel sagt? «Was immer deine Hand zu tun finden mag, tu es mit all deiner Kraft, denn es gibt keine Arbeit, kein Mittel und kein Wissen in dem Grab, in das du eingehst.»
Können Sie auch nicht den Standpunkt der alten Chinesen teilen, den Lin Yutang so ausdrückt: «Die Frage, die sich jedem auf dieser Welt geborenen Menschen stellt, ist nicht, was sein erstrebenswerter Zweck sein soll, sondern was er mit dem Leben anfangen soll, das ihm für eine kurze Zeit gegeben ist. Die Antwort, daß er sein Leben so ordnen soll, daß er darin das größte Glück finden kann, ist mehr eine praktische Frage, ähnlich der, wie ein Mensch sein Wochenende verbringen solle.»
Gehen Sie mit solchen Meinungen nicht einig, weil für Sie die Frage, was denn eigentlich der mystische Zweck Ihres Lebens im Plan des Universums sei, viel wichtiger und entscheidender ist? Wollen Sie das Rätsel des Lebens genau entschlüsseln? Oder sind Sie schon jetzt von der Entfaltung der Kräfte Ihres Unterbewußtseins so beeindruckt, daß Sie sich ehrfurchtsvoll fragen: Was ist denn eigentlich die Ursache meiner ganz besonderen Begabungen? Sind meine Fähigkeiten nur durch die Zufälligkeit der Kombination der Gene (Erbanlagen) meiner Eltern bedingt? Oder wurden mir meine Kräfte von Gott verliehen?

Oder sind meine Neigungen und Fähigkeiten bereits in einem früheren Leben ausgebildet worden? Wird mein Bewußtsein, meine Seele bei einer Wiedergeburt erneut auf die Erde zurückkehren? Damit ich eine weitere Chance habe, mich zu entfalten und zu einem noch sittlicheren, noch reineren Wesen zu entwickeln?
Beenden wir hier den Fragenkatalog. Früher konnte die Religion auf solche Fragen überzeugend antworten. Doch heute langweilt die Religion die meisten Menschen. Vielleicht glauben auch Sie längst nicht mehr an das, was Ihnen einst der Pfarrer predigte. Dann überlegen Sie doch einmal: Warum haben Sie sich von Ihrer Religion abgewandt? Was störte Sie?
Interessieren Sie sich doch einmal dafür, woran die übrigen Menschen auf der Erde glauben. Lesen Sie Bücher über andere Religionen. Fragen Sie sich, was Ihnen an diesen Religionen gefällt und was Sie ablehnen.
Es ist nicht ausgeschlossen, daß Sie auf einmal entdecken, daß Ihnen eine andere Religion mehr zusagt als diejenige, die durch Ihre Eltern auf Sie gekommen ist. Denkbar ist aber auch, daß Sie sich Ihrem alten Glaubensbekenntnis wieder zuwenden, weil Sie es nun besser zu schätzen wissen und seinen Gehalt in der ganzen Tiefe und Weite zu ermessen oder doch zu erahnen vermögen. Ziehen Sie zur Beurteilung solcher Fragen auch die wissenschaftlichen Erkenntnisse der Psychologie und Parapsychologie heran.
Was immer Sie auch feststellen werden: Setzen Sie sich selbst zu anderen religiösen Ansichten in Beziehung, werden Sie sehr bald auch einen fundierteren Standpunkt einnehmen. Selbst wenn Sie sich keiner der großen Religionen anschließen, so haben Sie doch eine eigene Einstellung zum Universum und seinen Prinzipien gewonnen. Dieses Ergebnis ist aller Mühen wert. Denn Menschen, die Ihren Glauben entwickeln und festigen, leben glücklicher als andere, die sich dazu keine

Gedanken machen. Und indem Sie sich so zum Leben und zum ganzen Universum in Beziehung setzen, praktizieren Sie eine ganz besondere Art, über sich hinauszuwachsen.

Sie erweitern Ihre Erfahrungswelt, weil Sie über sich selbst reflektieren. Und auch so wachsen Sie immer mehr über die Grenzen eines verinselten Alltagsbewußtseins hinaus.

7. Kapitel

So überzeugen Sie mit den Kräften Ihres Unterbewußtseins andere Menschen und setzen sich durch

Auf der Erde gibt es unendlich viele fleißige und begabte Menschen. Trotzdem scheitern sie daran, ihre Wünsche und Fähigkeiten zu verwirklichen. Einfach weil sie sich gegen ihre Mitwelt nicht behaupten und durchsetzen können. Aus diesem Grund verlieren viele ihr Selbstvertrauen und verzichten resignierend, ihr persönliches Glück anzustreben.
Das muß durchaus nicht sein. Sie zumindest werden mit den Kräften Ihres Unterbewußtseins andere Menschen zu überzeugen vermögen. Denn in diesem Kapitel werden Ihnen die Erfolgsrezepte der Menschenbeeinflussung dargelegt. Es werden Methoden erläutert, die es Ihnen gestatten, die Überzeugungstechniken mit den Kräften Ihres Unterbewußtseins besonders wirkungsvoll anzuwenden.
Schon mit der passiven Technik, jeden unbewußten Antrieb Ihrer Handlungskette im Umgang mit Menschen zunächst zu registrieren und mit dem Erfolgsschlüssel der Menschenbehandlung in Beziehung zu setzen, lösen Sie durch die Bewußtmachung erfolgsnegative Antriebe auf. Ihr Unterbewußtsein kann Ihnen dann nicht mehr mit koboldartiger Geschicklichkeit Streiche spielen. Sie machen vielmehr Schluß damit, daß Ihre Erfolge immer wieder durch dieselben Fehler falscher Menschenbehandlung verhindert werden.
Mit den weiteren Techniken nutzen Sie die positiven Kräfte Ihres Unterbewußtseins, um andere Menschen für sich einzunehmen. Arbeiten Sie täglich noch zusätzliche Erfolgsregeln zur Menschenbeeinflussung aus und wenden Sie diese bewußt an, verankern Sie diese Spielregeln zugleich wie die Aktivitätszentren im Unterbewußtsein.
Werden Sie dann unerwartet und überraschend durch Ihre Umwelt gefordert, kann Ihr Unterbewußtsein schnell entscheiden, welche der Überzeugungs- und Defensivtechniken der Situation angemessen ist. Sofort

durchkreuzen Sie den überfallartigen Angriff, so daß sich Angst und Furcht in Ihrem Unterbewußtsein gar nicht erst einnisten. Sie werden mit den Kräften Ihres Unterbewußtseins sofort jeder Situation optimal begegnen und mit ihr fertig werden. Daher halten Sie mit einer solchen Technik nicht nur Angst und Furcht, sondern auch viele Probleme von sich fern.
So begründen Sie Ihr Glück und entfalten Ihre Fähigkeiten. Es liegt ganz bei Ihnen.

Verwirklichen Sie Ihre Wünsche mit der richtigen Technik der Menschenbeeinflussung

Welche Ziele Sie sich immer gesetzt haben – Sie werden sehr bald merken, daß Sie ohne die Hilfe anderer nie auskommen. Ob Sie nun die Absicht haben, im Beruf eine bessere Position zu bekleiden, ein Haus zu bauen, einen Nebenverdienst zu suchen, eine Erfindung anzubieten oder einen herrlichen Urlaub zu verbringen, stets sind Sie auf andere angewiesen. Selbst wenn Sie allein ein Buch schreiben, hängt der Erfolg eines solchen Unternehmens wesentlich von den Informationen ab, die Ihnen andere geben. Und wenn Sie allein aufs Meer hinaussegeln möchten, müssen Sie erst einmal segeln lernen.
Sogar Ihr Programm der Selbstentfaltung bedarf einer kleinen Anpassung seitens Ihrer Familie. Schließlich können Sie Ihre suggestiven Übungen nicht ausführen, wenn Ihr kleiner Sohn plärrend neben Ihnen im Zimmer steht oder Ihre Tochter Sie mit eiligen Wünschen attackiert. Wie wichtig es ist, die Mithilfe anderer für sich zu gewinnen, dürfte somit jedermann klar sein.
Unterstützen kann Sie Ihr kleiner Sohn bei der Selbstentfaltung also kaum. Doch behindern kann er Sie wohl,

eben dann, wenn er weinend ins Zimmer kommt und Sie gerade am Üben sind.
Fahren Sie ihn nun laut an und führen ihn aus dem Zimmer, wird er draußen weiterheulen. Das hat dann zur Folge, daß Ihr schlechtes Gewissen Ihre Selbstentfaltung verkrampft. Wiederholt sich dies mehrmals, werden Sie daran keinen Gefallen mehr finden. Nur weil Sie mit Ihren Kindern oder vielleicht auch Ihrer Frau nicht richtig umzugehen verstehen.
Natürlich wäre es ebenso falsch, dem Kleinen belehrend mitzuteilen: «Papa muß nun seine Selbstentfaltung betreiben.» Dafür würde der Junge kaum viel Verständnis aufbringen. Erfolgsgerechter ist es, sich so zu verhalten, wie es die Eigenart des Kindes erfordert. Trösten Sie also den Kleinen, erheitern Sie ihn mit einem kleinen Spaß und geben Sie ihm aus seiner Spielzeugkiste einige Spielsachen. Dann wird Sie der kleine Störenfried in der nächsten halben Stunde bestimmt in Ruhe lassen.
Andere Menschen richtig zu behandeln, ist eine schwierige Aufgabe, gehe es nun um die eigene Familie, den Chef am Arbeitsplatz, die Kollegen, den Steuerbeamten, die Wähler, deren Stimme Sie gewinnen wollen, oder sonstwen. Nur die konsequente Beachtung der Erfolgsgesetze der Menschenbeeinflussung wird zum Ziel führen.
Obschon es – wie erwähnt – auf der Welt sehr viele begabte und auch fleißige Menschen gibt, gelingt es wenigen, ihre Pläne zu realisieren. Und gewiß ist Ihnen schon aufgefallen, daß es oft nicht die Tüchtigsten und Fähigsten sind, welche außergewöhnliche Erfolge erringen. Manchen schon hat diese Tatsache deprimiert und tief verbittert.
Möglicherweise haben auch Sie schon resignierend die Hände in den Schoß gelegt, weil Sie Ihre Absichten nicht durchsetzen konnten. Und vielleicht überlegen Sie sogar, ob es überhaupt Sinn hat, das Selbstentfal-

tungsprogramm weiter zu verfolgen, weil Sie – nach Ihrer Meinung – doch immer von unkontrollierbaren Einflüssen der Umwelt schachmatt gesetzt werden. Gehören Sie etwa zu jenen Menschen, die sich infolge ungeschickten Auftretens im Betrieb trotz vieler fachlicher Erfolge immer selbst ausmanövrieren, so daß sich die faulen Konkurrenten hämisch die Hände reiben? Warten Sie vielleicht darauf, daß sich dieser Zustand durch eine glückliche Fügung von allein zu Ihren Gunsten ändert? Und schieben Sie die Schuld dafür, daß Sie Ihre Pläne bis jetzt nicht realisieren konnten, auf andere?

Der Erfolg kommt nie von selbst. Auch nicht zu Ihnen. Zu warten hat keinen Zweck. Sie müssen schon selber die Initiative ergreifen und sich bemühen, die Gesetze der Menschenbeeinflussung zu verstehen und natürlich auch für Ihre Ziele anzuwenden. Denn so lange Menschen schon leben, haben Gruppen oder Organisationen – Herrscher und Politiker, Kirchen, Werbefachleute oder andere – die große Masse für ihre Zwecke und Ziele manipuliert. Sie alle haben aus der Anwendung der Gesetze der Menschenbeeinflussung den größten Nutzen gezogen.

Auch Sie werden Ihre Ziele bald erreichen, wenn Sie sich der erfolgreichen Mittel der Manipulation bedienen. Sie werden andere überzeugen und für sich gewinnen. Und kennen Sie einmal die Tricks der Überzeugung und nutzen diese täglich für sich, werden Sie sich auch der Manipulationen anderer schnell entziehen und sich nicht wie bisher mißbrauchen lassen.

Stellen Sie den anderen Menschen in den Mittelpunkt und gebrauchen Sie Erfolgsschlüssel

Welch simple Feststellung, mögen Sie denken. Denn es liegt auf der Hand, daß wir einen anderen desto besser beeinflussen können, je mehr wir auf ihn eingehen.
Doch hierin liegt für viele bereits eine große Schwierigkeit. Den anderen in den Mittelpunkt ihrer Bemühungen zu stellen, bedeutet für sie stets, sich zu erniedrigen, vor dem anderen zu kriechen, sich zu verleugnen. Stets bauen Sie so eine Barriere negativer Gefühle auf, die verhindert, daß der andere wirklich im Mittelpunkt steht.
Wir wollen nun nicht die Frage diskutieren, wer diese Menschen auf ein solches Gefühlsklischee hin erzogen hat. Uns interessiert lediglich die Frage, ob wir uns tatsächlich erniedrigen, wenn wir den anderen in den Mittelpunkt unserer Bemühungen stellen.
Gewiß haben Sie schon von erfolgreichen Heerführern früherer Jahrhunderte gehört. Ihre Strategie war eigentlich immer die gleiche: Entweder täuschten sie dem ebenbürtigen Gegner eine Schwäche vor und verlockten ihn zum Angriff. Schritt der Feind dann wirklich zur Attacke, traf er zu seiner Überraschung und Verwirrung auf weit stärkere Heeresmassen als erwartet und war darum leichter zu besiegen. Oder war der Gegner sehr stark, zog sich der Feldherr mit seinen Soldaten zurück und versuchte, den Feind durch ständige kleine Scharmützel zu ermüden. Er reizte und verunsicherte ihn so lange, bis dessen Konzentration und Schlagkraft geschwächt war und er endlich einen folgenschweren Fehler beging, der dann prompt zu seiner Niederlage führte.
Hatte sich vielleicht der Sieger dieser Schlacht erniedrigt, als er dem Gegner eine Schwäche vortäuschte, um ihn desto müheloser zu besiegen? Gab er etwa sich selbst auf, als er die feindlichen Kräfte verwirrte und

zermürbte? Wohl kaum. Was sonst immer der erfolgreiche Feldherr tat: Er stellte die Eigenarten, Schwächen und anderen Besonderheiten seines Feindes in den Mittelpunkt und gewann darum Macht über ihn.
Eifern Sie bei der Verfolgung Ihrer Ziele dem erfolgreichen Feldherrn nach. Wenden Sie die Techniken und Strategien der Menschenbeeinflussung an, und Sie haben den anderen in der Hand. Natürlich müssen Sie sich erst durch ständiges Training vervollkommnen. Doch bereits Ihre ersten Versuche, den anderen mit den hier aufgezeigten Techniken zu beeinflussen, werden Ihnen Ihre überraschende Überlegenheit deutlich machen. Ihrer geschickten Beeinflussung wird sich der andere auf die Dauer nicht entziehen können. Und selbst wenn es Ihnen beim ersten Male nicht gelingen sollte, den anderen *ganz* zu überzeugen, wird er doch wenigstens auf Teilmanöver Ihrer Beeinflussung reagieren, so daß Sie schon jetzt Ihre Macht über ihn erkennen. Das wird Sie nicht nur mit Stolz erfüllen, sondern gleichzeitig dazu ermuntern, durch Vervollkommnung Ihrer Strategie und Technik noch mehr Einfluß auf den anderen auszuüben.
Falls sich Ihr Gefühlsklischee noch immer bemerkbar macht und Sie weiterhin die Absicht hegen, Ihre Passivität dahinter zu verbergen, sollte Ihnen endlich eines klar werden: Andere werden dank Ihrer eingestandenen Schwäche um so mehr Macht über Sie haben. Sind jedoch Ihre Gefühle diesem Argument nicht zugänglich, bedienen Sie sich der alles überwindenden Kraft der Suggestion. Führen Sie die Übungen 11, 12 und 13 regelmäßig aus, und schon sehr bald werden Sie selber die Initiative ergreifen, um sich aus Ihrer verhängnisvollen Lage zu befreien.
Oder gehören Sie zu jener anderen Gruppe von Menschen, der allgemein jede Verstellungskunst und Diplomatie im Herzen zuwider ist? Vertrauen Sie darauf, allein mit der Güte Ihrer Argumente zu überzeugen?

Wer immer so mit dem Kopf durch die Wand will, erschwert sich selbst das Leben und wird seine Ziele nie erreichen. Sie werden es schon oft genug erfahren haben: Immer dann, wenn Sie auf Ihren Argumenten bestanden und auf Ihre Leistungen pochten, den anderen aber nicht in den Mittelpunkt Ihrer Überlegungen stellten, begann ein nervenaufreibender Konflikt. Und je mehr Sie Ihre eigene Person in den Vordergrund schoben, desto größere Widerstände setzte man Ihnen entgegen.
Stellen Sie darum nicht sich, sondern den anderen in die Mitte. So werden Sie Ihr Ziel bald erreichen. Die Anwendung dieser Strategie scheint auf reinem Egoismus zu beruhen, da Sie ja den Gesprächspartner für sich einnehmen wollen. Der andere allerdings wird das Spiel kaum durchschauen, zumal doch immer nur er im Mittelpunkt steht. Dennoch sollten Sie dieses Spiel nicht zu weit treiben und vielmehr versuchen, Ihren Ernst mit einzubeziehen. Das heißt mit anderen Worten, daß man der anfänglich nur gemimten Neigung, die man dem andern entgegenbringt, dann stattgeben kann und soll, wenn man seiner selbst und seiner Sache noch sicherer geworden ist. Je selbstsicherer Sie aber sind und auftreten, desto weniger Skrupel brauchen Sie zu haben und desto weniger plagt Sie das Gefühl, Sie erniedrigten sich. Wenn Sie jetzt immer noch Hemmungen haben, andere systematisch für sich zu gewinnen, und Sie auch davor zurückscheuen, regelmäßig die suggestiven Übungen 11, 12 und 13 zu betreiben, sei Ihnen nochmals in Erinnerung gerufen, daß Sie unter diesen Umständen um so leichter und hilfloser unter den Einfluß anderer geraten und dadurch Ihre Selbstverwirklichung gefährden. Jemand, der Sie zu beeinflussen versucht, ist immer vorhanden, darauf braucht man nie lange zu warten. Und sehr bald wird dieser Jemand Sie zu seinem Vorteil manipulieren. Der Vorteil des anderen wird aber Ihr Nach-

teil sein, selbst wenn man Ihnen noch soviel Interesse heuchelt.
So werden Sie Ihr Glück nie begründen. Es bleibt Ihnen folglich gar nichts anderes übrig, als daß auch Sie sich zur Verwirklichung Ihrer Ziele der erfolgreichen Methoden der Menschenbeeinflussung bedienen.
Im vorangegangenen Kapitel haben wir Erfolgsschlüssel kennengelernt, um spielend die Möglichkeiten und Kräfte des Unterbewußtseins aufzuschließen. Wollen Sie andere überzeugen, befinden Sie sich in einer ähnlichen Situation. Verwenden Sie daher die richtigen Erfolgsschlüssel für die Verhaltensmechanismen anderer Menschen, und Sie gewinnen eifrige Helfer bei der Verwirklichung Ihrer Ziele.
In der folgenden Tabelle finden Sie diese Verhaltensmechanismen detailliert aufgeführt. Wir wollen darauf verzichten, sie noch eingehender zu erläutern, denn die tägliche Erfahrung bestätigt ja diese Sachverhalte.

Erfolgsrezept im Umgang mit Menschen

Verhaltensmechanismen der Menschen	Erfolgsschlüssel zur Beeinflussung
1. Nicht objektiv, dem äußeren Schein unterworfen	1. Gepflegtes Aussehen, sicheres Auftreten, Höflichkeit, Lächeln!
2. Egoistisch, triebhaft	2. Reden Sie nicht von «*Ihren*» Vorhaben. Sprechen Sie vielmehr egoistische Motive an. Wecken Sie «*sein*» Interesse an Ihrem Vorhaben und «*seine*» Wünsche zu ihrer Verwirklichung.

3. Negative Gedanken, Angst, Furcht, Mißtrauen	3. Bedienen Sie sich der Angst- und Furchtkomplexe im Unterbewußtsein des anderen. Seien Sie zurückhaltend!

Um es noch einmal ausdrücklich festzuhalten: Wenn Sie jemanden beeinflussen wollen, vertrauen Sie nicht auf die Macht Ihrer Argumente. Sie erleben sonst böse Überraschungen, wie dies bei den vielen erfolglosen Menschen täglich aufs neue der Fall ist.
Bedienen Sie sich jedoch dieser Erfolgsschlüssel, haben Sie leichtes Spiel. Es steht ganz in Ihrer Hand!

Wie man die Methode des sicheren Auftretens verwendet und Fehlmechanismen in Erfolgsmechanismen umwandelt

Bereits mit Übung 12 und 13 entfalteten Sie jene unbewußten Kräfte, die notwendig sind, andere zu überzeugen und für sich zu gewinnen. Nun können Sie sie mit Hilfe der Erfolgsschlüssel auch richtig einsetzen.
Hier werden Sie damit vertraut gemacht, wie Sie Ihre persönliche Ausstrahlung und die Sicherheit Ihres Auftretens erhöhen. Denn auch damit schließen Sie andere Menschen für sich auf.
Zugleich wird auch eine erfolgreiche Technik gezeigt, die jene erfolgsbehindernden Mechanismen Ihres Unterbewußtseins auflöst, die Ihnen oft genug einen bitteren Streich spielten und für Ihre Mißerfolge im Umgang mit Menschen verantwortlich sind. Die Technik nutzt die experimentell gesicherten positiven Auswirkungen der

Bewußtmachung. Sie strukturiert Ihr Unterbewußtsein ohne Zwang um, wobei negative Antriebe allein schon durch die Bewußtmachung verschwinden. Dann steht endlich Ihrer erfolgsgerechten Menschenbehandlung nichts mehr im Wege, da Sie auch nicht mehr zum Opfer negativer unterbewußter Prozesse werden. Von nun an werden Sie Ihre eigenen Erfolge nicht mehr behindern.

Besprechen wir zunächst die *Frage persönlicher Ausstrahlung.* Gepflegtes Aussehen, gepflegte Kleidung und höfliches Verhalten sind für die Entfaltung einer gewinnenden persönlichen Ausstrahlung selbstverständlich. Vergessen Sie auch nicht, zu lächeln und Optimismus zu bekunden. Oder zählen Sie zu jenen Menschen, die meinen, Sie könnten das Vertrauen der anderen nur gewinnen, wenn Sie stets eine ernste Miene aufsetzen? Dann erinnern Sie sich bitte an den amerikanischen Wahlkampf 1976, als alle Bewerber um die Präsidentschaft darin wetteiferten, der Öffentlichkeit stets ihr strahlendstes Lächeln zu zeigen. Auf ein solch wirksames Mittel der Menschenbeeinflussung wollte keiner der Kandidaten verzichten.

Setzen Sie diese effektvolle Methode ebenfalls ein, wenn es darum geht, andere für sich einzunehmen. Wie positiv Ihr Lächeln sogar Sie selbst beeinflußt, ist schon an anderer Stelle dieses Buches erwähnt worden. Schauen Sie anderen mit ruhigem und offenem Blick in die Augen. Denken Sie stets daran: Ihre Augen haben die wirkungsvollste Ausstrahlung. Wenn Sie Ihre Blicke aber unstet durch die Gegend schweifen lassen oder sogar betreten die Augen senken, beeinflussen sie andere nur negativ.

Ihre Fähigkeit zu lächeln wie Ihre positive Ausstrahlung überhaupt nehmen schnell zu, wenn Sie die Kräfte Ihres Unterbewußtseins aktivieren. Sie brauchen mit der suggestiven Übung 11 nur das Gesamtniveau der positiven

Gedanken zu erhöhen, und schon wächst Ihre überzeugende Wirkung auf andere Menschen. Betreiben Sie dazu noch Übungen 12 und 13 und heben damit Ihr Selbstvertrauen, wird sich Ihrem gewinnenden Eindruck kein Mensch auf die Dauer entziehen können.
Ein solches Verhalten kann nicht nur beim Verfolg unbedeutender Ziele behilflich sein. Das zeigt folgendes Beispiel.
Ein Bewerber um die Führung eines großen Unternehmens hatte sich im Konkurrenzkampf in eine sehr ungünstige Situation hineinmanövrieren lassen. Die versteckten Gehässigkeiten seiner Rivalen beantwortete er stets aufgebracht damit, daß er ihnen offen am Zeug flickte, sich verkrampfte, bitter dreinschaute und sich auch bei Konferenzen niemals neben seine Konkurrenten setzte.
Als er so deutlich demonstrierte, daß er sich mehr durch äußere Umstände beeinflussen ließ, als diese selbstsicher zu bestimmen, war er auf dem besten Wege, seine Chancen restlos zu verspielen. Suggestive Übungen in der uns bekannten Art führten ihn jedoch aus der Sackgasse, in die ihn negative Gefühle hineinmanövriert hatten, wieder heraus. Mit überlegener Höflichkeit, Lächeln und Optimismus entwaffnete er nun die anderen. Und als er auch noch hinter deren Rücken positiv über seine Konkurrenten redete und Ihnen bei Konferenzen stets nur die lautersten Absichten unterstellte, erreichte er sein Ziel sehr bald.
Sie brauchen nicht wie jener Mann gleich ein aufwendiges und teures Psychologenteam zu konsultieren. Denn Sie wissen ja nun, was zu tun ist. Führen Sie auch die suggestiven Übungen 11 und 12 regelmäßig durch, entfalten Sie so Ihre positive Ausstrahlung.
Streben Sie große Ziele an und bekommen es mit unvermeidlichen Widersachern zu tun, hängt sehr viel auch von Ihrem *sicheren Auftreten* ab. Der überlegene Um-

gang mit Opponenten gehört ebenso zum Repertoire des Erfolgsmenschen wie die Überwindung eines gelegentlichen Mißerfolges.
Es gibt nun ein sehr einfaches Mittel, die Anzahl der Widersacher und ihrer negativen Absichten einzuschränken. Treten Sie bestimmt auf!
Ist Ihnen nicht schon aufgefallen, daß manche Menschen mehr als andere angefeindet werden? Der Grund ist doch ganz einfach: Wer sich schwach zeigt, wird immer negative Verhaltensweisen seiner Mitmenschen auf sich lenken. Und die Angriffe der anderen sind nur zu oft Antworten und Reaktionen auf unsere eigenen Schwächen.
Wer zum Beispiel anderen ohne triftigen Grund stets die Gründe für sein Handeln darlegt, darf sich nicht wundern, wenn man vor ihm sehr schnell allen Respekt verliert. Mit den Kräften Ihres Unterbewußtseins werden Sie sich jedoch ein sicheres Auftreten aneignen. Besonders Übung 13 verhilft Ihnen dazu, schnell und mit suggestiver Wirkung auf Sie selbst wie die andern ein sicheres Auftreten an den Tag zu legen.
Zeigen Sie auch in all Ihren Reaktionen diese Sicherheit. Erst dann werden Sie auf Dauer überzeugen. Praktizieren Sie im einzelnen folgendes *9-Punkte-Programm*:

So beweisen Sie ein sicheres Auftreten

1. Holen Sie nicht dauernd den Rat anderer ein. Helfen Sie sich selbst. Nur durch selbständiges Handeln werden Sie Selbstvertrauen erlangen.
2. Sprechen Sie nur aus wichtigem Anlaß und üben Sie sonst kluge Zurückhaltung.
3. Seien Sie nicht gutmütig. Erfüllen Sie nicht alle Wünsche, die an Sie herangetragen werden. So werden Sie respektiert, und man wird Sie nicht auszunutzen versuchen.

4. Sprechen Sie ruhig und deutlich.
5. Ist Ihnen einmal ein Fehler unterlaufen, gestehen Sie ihn offen ein. Er gerät dann am schnellsten in Vergessenheit, wenn Sie ihn nicht leugnen oder verharmlosen.
6. Geben Sie nicht aus Schwäche Versprechungen ab. Denn das ist der sicherste Weg, dem anderen Einfluß auf Sie einzuräumen.
7. Je mehr Sie sich um die Beachtung der Erfolgsgesetze bemühen, desto mehr wird dadurch Ihr Selbstvertrauen gestärkt.
8. Wahren Sie grundsätzlich Distanz zu anderen. Sie halten so deren Schwächen in Schach.
9. Bedienen Sie sich der anschließend beschriebenen passiven Verhaltenstechniken.

Vergessen Sie nie: Sie werden nur dann überzeugen und Ihre Ziele erreichen, wenn Sie sicher auftreten. Machen Sie es sich daher zur Gewohnheit, auch schon in scheinbar unbedeutenden Situationen ein festes und bestimmtes Benehmen zu demonstrieren.

Übung 23: Nehmen Sie jeden Abend das 9-Punkte-Programm des sicheren Auftretens zur Hand. Überlegen Sie, wie Sie am nächsten Tag mehrere Punkte verwirklichen wollen. Führen Sie die Absicht aber nur aus, wenn sie erfolgversprechend ist. Haben Sie am Tag gegen einen der aufgeführten neun Punkte verstoßen?

Meinen Sie, die Übung koste Sie zuviel Zeit? Dann bedenken Sie bitte, daß mehr als die Hälfte der neun Erfolgspunkte darauf abzielt, eigene schädliche Aktivitäten zu unterbinden. Übung 23 soll deshalb verhindern, daß

Sie Ihren Zielen durch nicht erfolgsgerechte Anstrengungen nur schaden.

Wenden wir unsere Aufmerksamkeit jetzt der *Bewußtmachung Ihrer Verhaltensantriebe* zu. Sie wird Ihr Leben verändern und Ihnen Überlegenheit gegenüber anderen verschaffen.
Dabei gehen wir wiederum von der Tatsache aus, daß es viele Menschen gibt, die begabt sind und sich gegenseitig an Fleiß überbieten und dennoch ihre Pläne nicht verwirklichen können. Sie wissen, die Welt ist voll von ihnen und ihrem Unglück. Liegt es da nicht auf der Hand, statt der Frage: «Was muß ich tun, um Erfolg zu haben?» die wirklichkeitsnähere Frage: «Was darf ich *nicht* tun, wenn ich Erfolg haben will?» in den Vordergrund zu stellen?
Sie können sich noch so viele Verdienste schaffen: Wenn Sie wegen irgendwelcher Fehler unangenehm auffallen, zerstören Sie mehr, als Sie durch harte Arbeit je schaffen können.
Wenn Sie Ihren Chef auch nur unabsichtlich kränken, werden Sie bei der nächsten Beförderung nicht berücksichtigt, selbst wenn Ihre Leistungen noch so ausgezeichnet sind. Und sogar Ihre Frau wird Ihnen eher verzeihen, wenn Sie faul und bequem sind, als wenn Sie ihren Geburtstag vergessen. Selbst wenn Sie sich noch so sehr für sie abrackern.
Manche Leute begehen allerdings nur deshalb keine Fehler, weil sie fast nichts tun. Die wenigen Erfolge solch konsequenter Nichtstuer beruhen lediglich auf dem Umstand, daß sie, frei von der Last aller Probleme, stets einen klaren Kopf behalten. Doch auf diese Weise werden sie ihre Ziele selbstverständlich nicht erreichen.
Ihnen ist es jedoch möglich, Fehler in der Menschenbehandlung zu vermeiden. Was immer sie im Umgang mit

Menschen tun oder sagen wollen, stellen Sie sich zunächst die Frage:

- Wie wird die Wirkung meiner Handlung oder Worte auf den anderen sein? Überlegen Sie also zuerst und handeln Sie danach.
- Die Wirkung Ihrer Aktivität auf andere vermögen Sie sehr schnell zu beurteilen, wenn Sie sich weiter fragen: Wie würde die Wirkung solcher Taten oder Worte auf mich selbst sein? Genauso gut können Sie aber auch fragen: Setze ich so den Verhaltensmechanismus des anderen *für* oder *gegen* mich in Betrieb?

Was immer Sie im Umgang mit anderen tun, gehen Sie dabei in dieser Reihenfolge vor:

- Sie registrieren Ihre Absicht, dem anderen etwas sagen zu wollen.
- Sie sagen es noch nicht! Sie schieben ein Zeitintervall von maximal fünf Sekunden ein und stellen sich die Frage nach der Erfolgszweckmäßigkeit der Mitteilung.
- Nur wenn Sie dazu eine positive Entscheidung fällen, führen Sie die Absicht aus.

Natürlich gilt dieses *Erfolgsrezept* allgemein für jedes erfolgreiche Handeln. Denn Sie wissen: Bevor man etwas tut, sollte man auch an die Folgen denken. Die Methode ist sehr einfach, und dennoch wird sie nur von wenigen angewendet. In meinem Bekanntenkreis glauben viele, sie wirkten desto überzeugender, je pausenloser sie auf den anderen einreden. Sie halten erst dann inne, wenn der andere schon deutlichen Ärger zeigt. Doch dann ist es meistens zu spät. Lassen Sie daher Ihre Gefühle nicht mit Ihnen durchgehen. Sie gewinnen nichts und verlieren viel. Nehmen Sie regelmäßig Übung 24 durch.

Übung 24: Wie Sie sich immer im Streß des Alltags andern gegenüber benehmen: Halten Sie sich zunächst zurück und werden Sie erst Ihrer Absicht inne. Registrieren Sie diese bewußt. Stellen Sie sich sodann die Frage, ob Ihr beabsichtigtes Vorgehen erfolgsauslösend wäre. Führen Sie die Absicht nur dann aus, wenn Sie ein bejahendes Urteil fällen. Im anderen Fall unterlassen Sie die Verwirklichung Ihres Vorhabens.

Nutzen Sie die Vorkommnisse jeden Tages, sich in dieser Übung zu vervollkommnen. Sie werden mit dem «Fünf-Sekunden-Rezept» Tage und Monate sparen, da Sie Fehlmechanismen verhindern und mühsam errungene Anfangserfolge nicht wieder zunichtemachen.
Wenn Sie sich an diese Technik halten, wird Ihnen Ihr eigenes Fehlverhalten immer bewußter. Und durch regelmäßige Bewußtmachung lösen Sie Ihre erfolgsverhindernden Fehlmechanismen auf, ohne sich dabei anzustrengen. Versuchen Sie es, die Resultate werden Sie überraschen. Sie brauchen sich nicht auf die Couch eines Psychiaters zu legen, um ein anderer Mensch zu werden; Sie müssen nur die Kräfte Ihres Bewußtseins nutzen. Dann verwandeln sich die Fehlmechanismen Ihres Unterbewußtseins in Erfolgsmechanismen und nach einigen Wochen Übung reagieren Sie schon von selbst wie ein Erfolgsmensch, ohne bewußt zu überlegen. Einfach weil Sie nun die Vorteile positiver Gewohnheiten nutzen.
Natürlich soll Sie Übung 24 nicht dazu bringen, nur das zu tun, was andere wollen. Aber statt plump vorzuprellen, können Sie etwas auf geschickte Weise vorbringen, ohne den Angesprochenen gleich vor den Kopf zu stoßen. Über die Bedeutung dieser Taktik wollen wir uns ausführlicher im nächsten Abschnitt unterhalten.

Aktive Erfolgstechniken, um zu überzeugen

Sie werden nun Techniken kennenlernen, mit denen Sie andere erfolgreich beeinflussen können. Natürlich wird es von der Mentalität des Gesprächspartners und seiner Situation abhängen, welche der Techniken Sie anwenden. Es wird Ihre Aufgabe sein, sich bei der Wahl einer solchen Technik geschickt auf Ihren Partner einzustellen. Doch keine Bange, schwer ist das nicht. Selbst wenn nicht die allerbeste Technik angewandt wird, wird sie ihre Wirkung nicht verfehlen. Es ist ohnehin zu empfehlen, sich gleichzeitig mehrerer Techniken zu bedienen. Mit der Strategie ihres gezielten und kombinierten Einsatzes wollen wir uns aber erst später befassen. Zunächst beschränken wir uns informierend auf das Spektrum der Möglichkeiten. Denn beherrschen Sie diese Techniken, setzen Sie derart die Verhaltensmechanismen der anderen für Ihre Ziele in Betrieb.
Eine erste Möglichkeit besteht darin, die *Aufmerksamkeit anderer zu erregen.*
Nur wer die Aufmerksamkeit auf sich lenkt, kann erwarten, daß er beachtet wird und man ihm zuhört. Oder sollten Sie etwa Angst davor haben, aufzufallen? Dann werden Ihnen die suggestiven Übungen 11, 12 und 13 helfen, Ihre Ängste zu überwinden. Betreiben Sie dieses Training regelmäßig. Und denken Sie stets daran: Keine der hier empfohlenen Übungstechniken wird Ihnen schaden. Selbst wenn Ihr erster Versuch, zu überzeugen, kein voller Erfolg war, haben Sie doch wertvolle Anhaltspunkte gewonnen, um es das nächste Mal besser zu machen.
Die Aufmerksamkeit anderer werden Sie bestimmt auf sich ziehen, wenn Sie *die Initiative ergreifen.*
Bedienen wir uns eines Beispiels aus der Berufswelt. Waren Sie vielleicht bisher nicht in der Lage, das Interesse Ihres Vorgesetzten zu wecken? Dann überlegen Sie

sich einmal, was in Ihrem Aufgabenbereich vorteilhaft geändert werden könnte. Melden Sie sich bei Ihrem Chef an und sprechen Sie zunächst kurz über Ihre bisherige Arbeit. Bringen Sie bald das Gespräch auf Ihre Vorschläge. Gewiß wird sich Ihr Chef nicht ablehnend verhalten, wenn Sie anfangs Ihre Reformen nicht übertreiben und auch sonst den Eindruck erwecken, Ihre übrigen Aufgaben nicht zu vernachlässigen. Wenn Sie nach einigen Wochen oder Monaten Ihrem Vorgesetzten die Erfolge einer solchen Reform unterbreiten, wird *er* sich zwar als Initiator dieser Sache fühlen. Doch immerhin sind Sie positiv aufgefallen und haben Ihre Fähigkeiten bewiesen.
Natürlich können Sie auch Artikel für Fachzeitschriften schreiben, um aufzufallen. Eine besonders raffinierte Variante, um aufzufallen, hat einer meiner Bekannten entwickelt. Bei der Ausarbeitung von Wirtschaftlichkeitsberechnungen verzichtet er gelegentlich bewußt auf die präzise Erläuterung eines Details. Da sein Chef diese Ausarbeitung mangels Zeit oft nur schnell überschlägt, kann er manches Detail nicht erläutern, wenn er wiederum von seinem Vorgesetzten danach gefragt wird. Als geschätzter Retter in der Not vermag dann mein Bekannter alles immer sehr rasch aufzuklären.
Ob Sie nun demselben Klub wie Ihr Chef beitreten, Ihre Frau mit Blumen beeindrucken oder etwas anderes tun: Stets müssen Sie Initiative ergreifen, um aufzufallen!
Blenden Sie mit Wissen, wird man ebenfalls auf Sie aufmerksam werden. Dazu lassen sich auch indirekte Wege einschlagen.
Nehmen wir einmal an, Vertreter mehrerer Firmen bemühten sich, von einem Industriellen einen größeren Auftrag zu erhalten. Einem der Vertreter gelingt es nun zu erfahren, daß der Industrielle eine große Vorliebe für antikes chinesisches Porzellan hegt und solche Stücke in seinem Konferenzzimmer auf dem Tisch stehen. Der

Bewerber nutzt dieses Wissen und beschäftigt sich nicht nur sehr gründlich mit seinen Geschäftsunterlagen, sondern beschafft sich auch Bücher, um sich ausführlich über chinesisches Porzellan zu informieren.
Wie er schließlich den Industriellen zum verabredeten Termin aufsucht, bringt er nach der Begrüßung und einigen einleitenden Worten das Gespräch geschickt auf die chinesischen Kostbarkeiten im Zimmer. Er lobt das Blau und Weiß der Vasen aus der Ming-Dynastie und zählt sogar Museen auf, in denen besonders interessante Exemplare zu finden sind ... Doch verlieren wir uns nicht in weitere Einzelheiten der Unterhaltung. Es versteht sich von selbst, daß man sich mehr über altes chinesisches Porzellan als über Maschinen unterhielt. Und es erübrigt sich wohl auch zu erwähnen, welcher der Bewerber den begehrten Auftrag erhielt.
Besorgen Sie sich also Informationen über Ihren Gesprächspartner. Genauso wichtig wie das Wissen über Hobbys können Informationen über seine Kinder, Mitgliedschaften in Vereinen oder andere persönliche Daten sein. Dieser Kenntnisse brauchen Sie sich dann im Gespräch nur gewandt zu bedienen, und schon haben Sie Ihr beabsichtigtes Ziel erreicht.
Überzeugen Sie auch durch Sachwissen. Um jemanden für Ihr Vorhaben zu gewinnen, sollten Sie nicht nur seine Aufmerksamkeit wecken, sondern ihm auch nach den Grundsätzen der Werbung

- seine Vorteile bei dem Vorhaben zeigen,
- die Vorteile beweisen und
- ihn dazu bewegen, die Vorteile auch selber einzugestehen und anzuerkennen.

Sie verhalten sich diesen Anforderungen gemäß, wenn Sie wie folgt vorgehen:

- Legen Sie die Schwerpunkte der Information auf das, was die Meinung des anderen für Sie einnimmt.
- Nennen Sie auch Nachteile, doch nur solche, die nicht ins Gewicht fallen. Man wird Sie für besonders sachlich und objektiv halten.
- Bieten Sie mehrere Entscheidungsmöglichkeiten an. Ihr Gesprächspartner hat dann nicht den Eindruck, überrumpelt zu werden.

Komplimente wirken immer! Das Kompliment ist die einfachste und gleichzeitig sicherste Methode, um sein Ziel zu erreichen.
Sind Sie vielleicht der Ansicht, sich dabei zu erniedrigen? Versuchen Sie es trotzdem einmal mit einem Kompliment, und Sie werden erkennen, welch große Manipulationskraft diese Art der Beeinflussung ausübt. Erzählen Sie Ihrer Frau, wie reizend sie wirkt, selbst wenn sie Sie eben geärgert hat. Sagen Sie einem Kollegen, der aus dem Urlaub kommt, wie blendend er aussieht. Und lassen Sie bei Ihrem Chef durchblicken, Sie bewunderten seine Leistungen.
Die Wirkung eines Komplimentes läßt sich durch leise Kritik sogar noch erhöhen. Sagen Sie zum Beispiel zu Ihrem Chef: «Ich würde entgegen Ihrem Vorschlag nicht jene Formulare, sondern besser diese anderen verwenden. Ich finde es psychologisch günstiger. Ich habe längere Zeit darüber nachgedacht, denn Ihre Organisationspläne haben mich sehr beeindruckt.» Natürlich sollten Sie das nur sagen, wenn die Form der Formulare bei der Neuorganisation völlig nebensächlich ist.
Teilen also auch Sie Komplimente aus und erkennen Sie am Erfolg Ihre Überlegenheit. Mehr als alle Worte wird Sie dies dazu ermuntern, sich auch der anderen Beeinflussungstechniken zu bedienen.
Machen Sie schließlich auch auf sich aufmerksam, *indem Sie provozieren.* Komplimente und Provokationen

scheinen sich freilich gegenseitig auszuschließen, zumindest auf den ersten Anhieb. Überlegt man aber genauer, spricht vieles auch für eine gelegentliche Herausforderung, sofern man ihr durch einen nachfolgenden Spaß oder sonstwas Überraschendes eine erfolgsgünstige Wendung zu geben vermag.
Es hängt ganz von der Mentalität des Gesprächspartners ab, zu welcher Taktik Sie greifen wollen. Es läßt sich sogar beides miteinander verbinden. In diesem Falle könnten Sie zu Ihrem Vorgesetzten sagen: «Eigentlich passen Ihre Organisationspläne gar nicht zum Stil unserer Firma. Sie haben mich sehr überrascht.» Damit landen Sie einen Volltreffer, der Ihren Chef nach Luft schnappen läßt. Fahren Sie nun ruhig fort: «Es gehört schon sehr viel Initiative und Geschicklichkeit dazu, unseren Vorstand von solch progressiven Ideen zu überzeugen ...»

Sie werden erkennen, wie sehr Sie auf diese Weise beeindrucken. Es gibt indes noch eine zweite Gruppe von Möglichkeiten, Aufmerksamkeit zu erregen und andere Leute für sich zu gewinnen und für die eigenen Ziele einzuspannen. Man kann auch *mit Ködern, verwirrenden Behauptungen und Autoritäten überzeugen.*
Sie werden diese Absicht besonders schnell erreichen, wenn Sie auf die ganz persönlichen Bedürfnisse des Partners eingehen. Bieten Sie somit den richtigen Köder an. Sie können sich aber auch seine Angst- und Furchtkomplexe zunutze machen. Sie brauchen dazu nur verwirrende Behauptungen aufzustellen. Und wenn Ihr Gegenüber dafür nicht empfänglich ist, bedienen Sie sich eben der Unterstützung durch Autoritäten. Die wird der andere gewiß respektieren.
Einen Köder können Sie beispielsweise verwenden, wenn Sie nach einem Einkaufsbummel mit Ihrer Frau noch ein Fotogeschäft aufsuchen möchten und Sie wis-

sen, daß dies Ihre Eheliebste furchtbar langweilt. Schlagen Sie aber vor, den Bummel durch den Besuch eines Fotogeschäftes solange auszudehnen, bis es Zeit ist, anschließend in einem netten Lokal zu Abend zu essen, dürfte der befürchtete Widerstand weiblicherseits ausbleiben.
Natürlich ist die Methode nur wirkungsvoll, wenn Sie damit Ihre Frau sehr beeindrucken können. Um den richtigen Köder anzubieten, muß man also die Bedürfnisse des anderen genau kennen. Es gilt ja nicht sich, sondern den anderen zu überzeugen. Je besser Sie also über jemanden Bescheid wissen, desto leichter werden Sie ihn auch beeinflussen.
Stellen Sie auch, um aufzufallen und sich durchzusetzen, verwirrende Behauptungen auf. Sie werden es sicher schon oft erfahren haben: Unterhalten sich zwei Menschen, so teilen sie einander umständlich und ausschweifend Dinge mit, die sich in wenige Worte fassen ließen. Und meist ist es so, daß der ganze Redeschwall nur die eigenen Absichten und Einstellungen verhüllen soll. Häufig wird Ihnen ein Gesprächspartner nicht einmal die eigentlichen Gründe dafür nennen, warum er Ihrem Beeinflussungsmanöver nicht zugänglich ist.
Mit einem einfachen Trick bringen Sie den anderen jedoch dazu, deutlicher Stellung zu beziehen. Verwirren Sie ihn mit aus der Luft gegriffenen Behauptungen und locken Sie ihn so aus der Reserve. Dann vermögen Sie ihn um so leichter zu überzeugen.
Nehmen wir also einmal an, Ihr Kind stehe in einem Schulfach zwischen Vier und Fünf und werde wahrscheinlich eine Fünf erhalten, was eine völlig ungenügende Leistung ausdrücken würde. Gehen Sie nun etwa vier Wochen vor der Versetzungskonferenz zum Lehrer und sagen: «Ich habe gehört, daß die Schüler X, Y und Z fast die gleichen Arbeiten geschrieben haben wie mein Kind und dafür eine ausreichende Note erhielten.» Sie

können sicher sein, Ihr Kind wird Sie mit solchen Informationen rechtzeitig beliefern. Behaupten Sie weiter: «Mein Kind hat sich mindestens so intensiv wie jene Schüler am Unterricht beteiligt und hat für Ihr Fach zu Hause viel gearbeitet.» Ihre Behauptungen brauchen keineswegs zu stimmen, sie müssen nur in etwa richtig sein. Doch Sie werden sehen, wie Sie den Lehrer in die Verteidigung zwingen und aus der Reserve locken. Mir ist bekannt, daß ein Vater auf diese Art gleich drei Lehrer erfolgreich beeinflußte.
Natürlich sollen Sie diese Taktik auch in anderen Fällen anwenden. Selbst wenn Ihre Behauptungen noch so aus der Luft gegriffen sind, werden Sie erstaunt feststellen, welch wertvolle Informationen Sie mit solchen Manövern erhalten. Und sollte Ihr Widerpart entgegen allem Erwarten einem solchen Beeinflussungsmanöver nicht zugänglich sein, so wissen Sie doch, wo Ihre Überzeugungskunst beim nächsten Male ansetzen muß.
Das Verfahren, Autoritäten für sich sprechen zu lassen, ist dagegen immer dann besonders wirkungsvoll, wenn man andere mit Argumenten zu überzeugen sucht. Sie erreichen damit gleich zweierlei:

- Da man Experten als unfehlbar ansieht, kann an der Notwendigkeit und Dringlichkeit Ihrer Angelegenheit nicht gezweifelt werden.
- Bringen Sie geschickt Außenstehende ins Spiel, erwecken Sie zusätzlich auch den Anschein großer Sachlichkeit und Uneigennützigkeit.

Natürlich wird niemand Autoritäten ins Feld führen, deren Ansichten nicht ins eigene Konzept passen. Oder haben Sie schon einmal erlebt, daß ein Politiker die Ergebnisse von Meinungsforschungsinstituten verwendete, wenn sie für ihn ungünstig waren?
In den meisten Fällen ist es unmöglich, die Experten für

sich persönlich zu bemühen. Sie sollten sich daher auf deren Veröffentlichungen in Fachzeitschriften, Büchern oder sonstwo berufen. Auch Rundfunk- oder Fernsehsendungen lassen sich heranziehen. Entscheiden Sie in jeder Sache selbst, was mehr Erfolg verspricht.

Bei der dritten Möglichkeit, mit Hilfe einer aktiven Erfolgstechnik zu überzeugen, geht es darum, *das Unterbewußtsein anderer Menschen für Sie in Betrieb zu setzen.*

Mit den vorangehend geschilderten Techniken bringen Sie bei anderen Verhaltensmechanismen in Gang, die sie zu Helfern für Ihre Ziele machen. Der Erfolg gründet sich hauptsächlich darauf, daß den meisten Leuten dieser innere Ablauf unbekannt ist und sie sich ihm deshalb nicht entziehen können. Genau so sind auch Sie früher Opfer des eigenen Verhaltens geworden. Doch durch Bewußtmachung können Sie Ihr Fehlverhalten nun überwinden und gewinnen immer mehr Einfluß, indem Sie sich der unbewußten Automatismen anderer bedienen.

Nun gibt es noch andere Verfahren, solche unbewußten Abläufe bei anderen auf besonders subtile und deshalb auch besonders wirksame Art in Gang zu bringen. Das Beeinflussungsmanöver ist dabei so fein gesponnen, daß dahinter kaum Ihre Absicht erkannt wird. Von solch wirksamen Techniken soll hier die Rede sein.

Sagen Sie es durch die Blume, und die Wirkung wird größer sein. Sehr oft läuft manches nicht nach Ihren Wünschen. Übung 24 wird Sie freilich davon abbringen, Ihrer Enttäuschung freien Lauf zu lassen und etwas Unüberlegtes zu tun. Denn je lauter Sie schimpfen, desto sicherer erreichen Sie gerade das Gegenteil des Beabsichtigten. Das haben Sie ja schon oft genug erlebt. Schweigen Sie aber nicht einfach, sagen Sie es vielmehr durch die Blume!

Hat Ihre Frau das Sonntagessen versalzen, toben Sie nicht unbeherrscht. Sagen Sie ihr vielleicht, daß das Essen heute nicht so gut schmecke wie sonst, oder verquicken Sie die Rüge, wenn Sie schon ausgesprochen werden muß, mit einem Kompliment. So verderben Sie sich nicht den Sonntag, und Ihre Frau wird sich das nächste Mal um so größere Mühe geben.
Enthalten Sie sich direkter Kritik. Durch die Blume wird Sie viel geschickter signalisiert. Auf diese Technik der Beeinflussung reagiert jeder, und er wird sich auch wie gewünscht verhalten. Danach ist die Angelegenheit bald wieder vergessen.
Lenken Sie auch die Gefühle des anderen auf Ihr Ziel. Die Werbung hat schon früh erkannt, daß auf alle Argumente verzichtet werden kann, wenn es gelingt, die Gefühle eines Menschen anzusprechen. Auch meine Frau konnte unsere Tochter leicht beeinflussen, als sie deren Gefühle auf das Ziel des Klavierspielens lenkte. Gewiß erinnern Sie sich an das Beispiel. Sprechen Sie daher die Gefühle der anderen an und stellen Sie Ihr Vorhaben so eindrucksvoll wie möglich dar. Nutzen Sie die Wirkung einer bildhaften Ausdrucksweise oder bedienen Sie sich anderer Mittel der Veranschaulichung. Bald wird der Funke des anderen auf Ihr Ziel überspringen.
Beeinflussen Sie mit der Angst. Nehmen Sie, wenn es nicht anders geht, auf andere Einfluß, indem Sie nicht gerade nackte Angst einjagen, aber beim anderen doch unbehagliche und ängstliche Gefühle erzeugen. Die Angst ist eine uralte Methode der Beeinflussung durch Gefühle. Die Kirchen praktizieren sie, wenn sie mit der Hölle oder mit anderen Strafen drohen. Und die Arbeitgeber nutzen die Angst der Arbeiter und Angestellten vor dem Verlust des Arbeitsplatzes. Selbst kleine Kinder tun es, wenn sie zum Spielkameraden sagen: «Wenn du das nicht tust, spiele ich nicht mehr mit dir.»
Die Methode wird von so vielen so oft praktiziert, daß es

überflüssig ist, weiter darauf einzugehen. Wichtig ist, die Gefühle anderer anzusprechen, um die eigenen Kräfte zu entfalten. Sprechen Sie aber nach Möglichkeit die positiven Gefühle anderer für Ihre Ziele an, damit sie sich mit ihnen für deren Verwirklichung einsetzen.

Überzeugen Sie andere durch aktives Zuhören von Ihrem persönlichen Wert und Ihren Zielen. Sehr viele Menschen glauben, sie müßten eine Unzahl von Aktivitäten entfalten, um damit andere für sich und ihre Sachen zu begeistern. Sie bombardieren ihre Umgebung mit einem Schwall unnützer Worte, und da Sie sich anderen derart aufdrängen, fallen sie ihnen nur zur Last. Solche Typen können die Nerven ihrer Gesprächspartner so stark strapazieren, daß sie von ihnen keinerlei Unterstützung zu erwarten haben. Es sind im Gegenteil schadenfrohe Störmanöver zu gewärtigen. Bedienen Sie sich statt dessen der folgenden Verhaltenstechnik, mit der Ihnen der Erfolg sicher ist und Sie viel Zeit und Mühe sparen: Reden Sie nicht zuviel!

Stellen Sie bei Gesprächen und Unterhaltungen die eigenen Angelegenheiten in den Hintergrund und hören Sie nur einfach zu!

Sie mögen auf jemanden anhand noch so gezielter Argumente einreden – erreichen werden Sie wahrscheinlich doch nichts. Ermuntern Sie ihn aber, von seinen Interessen und Hobbys zu erzählen, wird er von Ihnen bestimmt sehr beeindruckt sein.

Versuchen Sie es einmal, fragen Sie einen Bekannten nach Einzelheiten seiner Steckenpferde. Tun Sie so, als interessierten Sie sich lebhaft dafür. Sie werden staunen, mit welcher Begeisterung Ihr Gesprächspartner erzählen wird. Sie selbst brauchen nur noch teilnehmend zuzuhören. Es reicht völlig, wenn Sie dann und wann eine anerkennende und aufmunternde Bemerkung einwerfen. Bitten Sie dann den Gesprächspartner am Schluß der Unterhaltung um einen Gefallen, wird er sich weit ent-

gegenkommender verhalten, als wenn Sie ihn mit noch so vielen Argumenten bearbeitet hätten.
Nutzen Sie diese kluge Art der Beeinflussung. Sie brauchen dabei fast gar nichts zu tun. Sie müssen nur den Urlaub, Interessen oder Liebhabereien des anderen ins Gespräch bringen und zuhören. Der andere wird Sie wie einen Freund behandeln, und der Erfolg wird Ihnen sicher sein.
Sollte Ihnen das Zuhören schwerfallen, dann machen Sie den anderen zum Gegenstand einer Achtsamkeitsübung. Nicht selten werden Sie bei anderen eigene Fehler entdecken, so daß Sie von dieser indirekten Art der Bewußtmachung noch zusätzlich profitieren.

Passive Erfolgstechniken, um Angriffe abzuwehren

Im vorigen Abschnitt haben Sie Techniken kennengelernt, um andere Menschen unter Ihren Einfluß zu stellen. Natürlich werden die anderen ihrerseits den Versuch unternehmen, Sie zu manipulieren. Jeder von uns ist solchen Angriffen ausgesetzt.
Legen Sie ein sicheres Auftreten an den Tag, schrecken Sie zwar schon manchen Angreifer ab. Doch damit allein verhindern Sie nicht, daß mancher Sie dennoch für seine eigenen Absichten einzuspannen sucht. Schaffen Sie deshalb alle Voraussetzungen zu Ihrer Selbstentfaltung und verteidigen Sie Ihr Recht auf Selbstentfaltung und eigenes Glück. Glauben Sie aber nie, Sie hätten endlich Muße, die Zeit für sich zu nutzen. Ständig werden Ihre Mitmenschen neue Versuche unternehmen, Sie für Ihre eigenen Ziele in Trab zu setzen.
Ihr Chef wird Ihnen vielleicht noch mehr Arbeit aufhalsen wollen, und erst noch, ohne sie mit der schon längst fälligen Gehaltserhöhung zu verknüpfen. Und Ihre Gat-

tin wird vielleicht erneut versuchen, den Urlaub nur nach ihrem Geschmack zu bestimmen. Oder irgendein Vertreter oder Verkäufer wird Sie mit einem geschickten Täuschungsmanöver zu einem für Sie nachteiligen Kauf überreden wollen.

Worum es sich auch immer handelt: Seien Sie auf der Hut, sich nicht die notwendige Zeit für Ihr eigenes Glück von anderen stehlen zu lassen. Je geschickter Sie solche Angriffe auf Ihr Glück abwehren, desto sicherer und schneller werden Sie Ihre eigenen Ziele erreichen.

Wehren Sie die Beeinflussungsversuche anderer sofort ab. Werden Sie nämlich schon mit der ersten Schwierigkeit fertig, halten Sie damit hundert andere von sich fern.

Eine einfache Technik, das Aggressionskarussell der Menschen zu stoppen, wird nachstehend geschildert.

Gewiß erinnern Sie sich an Punkt 3 des Programms für ein sicheres Auftreten: Erfüllen Sie nicht alle Wünsche, die an Sie herangetragen werden. So werden Sie Respekt erlangen, und man wird Sie nicht auszunutzen versuchen. Eine solche Forderung ist durchaus berechtigt und notwendig. Trotzdem bereitet sie häufig Schwierigkeiten, denn nur zu oft unterliegt man im Alltag aus reiner Gutmütigkeit den Verführungskünsten und Überrumplungsversuchen anderer. Bevor wir also eine erfolgreiche Verhaltenstechnik zur Abwehr der auf unsere Gefühle zielenden Manipulationen entwickeln, müssen wir uns erst eines Vorgangs bewußt werden, der fast naturgesetzlichen Charakter hat.

Stellen wir uns vor, jemand habe mit seinen Beeinflussungskünsten bei Ihnen sein Ziel dadurch erreicht, daß er an Ihre Hilfsbereitschaft appellierte oder irgendeine andere Methode anwendete. Damit aber ist die Angriffslust des anderen noch längst nicht erschöpft. Sehr bald wird der Angreifer versuchen, bei Ihnen sein nächstes Ziel zu erreichen. Er neigt, ob bewußt oder unbewußt, dazu, Sie oder sonst jemanden bis an die Grenzen der Bereitwilligkeit auszunutzen. Das ist leider immer so und dürfte sich kaum je ändern.

Erwarten Sie also nicht, den anderen am schnellsten wieder loszuwerden, wenn Sie seinen Wunsch erfüllen! Er wird nur um so mehr Wünsche an Sie herantragen. Und nicht nur das. Sie können noch so oft nachgeben und sich ausnutzen lassen: Sagen Sie später einmal nein, wird er sich von Ihnen enttäuscht zurückziehen. Die Folge ist dann eine weitaus größere Disharmonie in den wechselseitigen Beziehungen, als wenn Sie sofort nein gesagt hätten.

Lehnen Sie daher sofort ab, wenn die Ziele der anderen nicht zu Ihren Plänen passen. Sie ersparen sich viel Zeit, Mühe und Ärger.

Natürlich können Sie Ihrem Chef Ihre Dienste nicht immer verweigern, und auch Ihre Selbstentfaltung sollte niemals dazu führen, die Persönlichkeit Ihrer Frau und Ihrer Kinder zu unterdrücken. Es gibt indessen ein wirkungsvolles Rezept, einmal nachzugeben und dennoch nicht zum Opfer des geschilderten Ablaufs zu werden. Sagen Sie bestimmt und deutlich, bis zu welchen Grenzen Ihre Bereitwilligkeit reicht. Bringen Sie dies unmißverständlich zum Ausdruck, unterbinden Sie dadurch jeden weiteren Versuch, Sie über Ihre Zusage hinaus auszunutzen. Obendrein ersparen Sie sich damit auch die Mühe, einen weiteren Angriff abzuwehren.

Machen Sie sich diese Verhaltensweise zueigen, und wenn Ihr Chef Sie mit weiterer Arbeit überhäufen will, sagen Sie, Sie könnten die Ihnen angetragene Arbeit gerade noch schaffen. Weitere Aufgaben seien jedoch mit dem besten Willen nicht mehr zu bewältigen. Ihr Chef wird so die Grenze Ihrer Zugeständnisse erkennen und nicht noch mehr Arbeit auf Sie abwälzen.

Sie können den Kompromiß eines teilweisen Entgegenkommens sogar dazu benutzen, einen Vorteil zu erlan-

gen. Geht es um Ferienwünsche Ihrer Frau, können Sie zum Beispiel zu ihr sagen: «Gut, ich bin mit einem Urlaub an der See einverstanden, aber die nächsten Ferien verbringen wir dann im Gebirge, nicht wahr?» Worauf Sie Ihnen gewiß eilends beipflichten wird. Ihrem Chef wiederum ließe sich dies zu bedenken geben: «Wenn ich die Arbeit übernehme, müßte ich meiner Leistung entsprechend auch bald besser bezahlt werden.»
Verfahren Sie nach diesem Rezept, und Sie werden Ihre Bereitschaft zu einem Zugeständnis später nicht bereuen.
Die Technik, andere in die Grube zu manövrieren, die für Sie gegraben wurde, dient ebenfalls Ihrer Selbstbehauptung, die zur unbehinderten Verfolgung unserer Ziele notwendig ist.
Von J. Boren stammt der Leitsatz für Bürokraten:

Wenn verantwortlich, überlege.
Wenn in der Patsche, delegiere.
Wenn im Zweifel, murmle.

Danach wird vor allem in großen, sicher aber auch in kleineren Organisationen verfahren, sei es in einem Gewerbebetrieb, sei es in einem Industrieunternehmen, in einer Hochschule oder in einem Gewerkschaftssekretariat. Im einzelnen pflegt sich dabei etwa folgendes abzuspielen:
Ein Angestellter erhält von einem Vorgesetzten eine Aufgabe übertragen. Doch die unumgänglichen Hilfsmittel zu ihrer Bewältigung können oder wollen nicht bereitgestellt werden. Natürlich wird ihre Beschaffung in Aussicht gestellt, doch die wiederholt vorgetragenen Bitten werden immer nur mit Vertröstungen beantwortet. Schließlich geschieht das Unvermeidliche. Der Beauftragte scheitert mit seiner Aufgabe. Und da er sich aus Angst oder falschem Respekt vor Vorgesetzten nicht

zu behaupten wußte, wird allein ihm der Mißerfolg angekreidet. Schließlich war es doch seine Schuld, nicht genug Initiative entwickelt zu haben, um die notwendigen Mittel zu erhalten – wird nachträglich argumentiert. Der Vorgesetzte weiß zwar, daß es sich nicht so verhielt, doch wenn er den anderen für das Versagen verantwortlich machen kann, ist er selbst den Schwarzen Peter los.
Mit welcher Variante solcher Praktiken Sie jetzt oder in Zukunft immer konfrontiert werden, verfahren Sie folgendermaßen. Sollte Ihnen die notwendige Unterstützung zur Erfüllung eines Auftrags vorenthalten werden und helfen selbst mündliche Rücksprachen nicht weiter, so halten Sie die Situation in einer Aktennotiz fest. Es ist immerhin besser, den übrigen Verantwortlichen die Gefährlichkeit der Lage zu signalisieren, als zum Schluß das Opfer der Unverantwortlichkeit anderer zu werden. Sie können sich darauf verlassen, daß angesichts der klar fixierten Mitverantwortung der Leute, auf deren Mithilfe Sie nun einmal angewiesen sind, die Sache sehr schnell ins Rollen kommen wird.
Dieser Technik sollten Sie sich auch bedienen, wenn Sie von Autoritäts- oder Amtspersonen mündlich zu eventuell folgenschweren Aktivitäten angehalten werden. Halten Sie dann die zu jenem Zeitpunkt vorgegebenen Prämissen und den Aktionsplan der Anweisungen schriftlich fest und leiten Sie allen Beteiligten eine Kopie zu. Bringen Sie schon während der mündlichen Besprechungen zum Ausdruck, daß Sie ein solches Vorgehen im Interesse der Sache für unvermeidlich halten. Ihre Gesprächspartner werden sich unter solchen Umständen bestimmt vorsichtiger verhalten, weil ihnen so die Möglichkeit genommen wird, die Angelegenheit nachträglich in einem Licht erscheinen zu lassen, das bei einem Mißerfolg auf Sie als alleinigen Schuldigen fiele.
Natürlich ist es dann auch schwerer, sich herauszureden, wenn die Sache trotzdem fehlschlägt. Es ist aber

immer noch besser, einmal einen Fehler zu begehen, als wegen der anderen als Versager dazustehen. Nur dann werden Sie erfolgreich arbeiten und Ihr Selbstvertrauen stärken, wenn Sie auch bereit sind, Verantwortung zu übernehmen.
Wenden Sie solche Defensivtechniken an, können Sie darauf zählen, daß Ihr Ansehen beim Chef und bei anderen Partnern steigen wird. Wer Rückgrat zeigt, hält man nicht für einen Trottel, der alles mit sich geschehen läßt. Überdies ersparen Sie sich viel Ärger und gewinnen Zeit zur Verwirklichung Ihrer Ziele.
Ihre Denk- und Wissenskartei bewahrt Sie vor Reinfällen, wenn Sie sich die folgenden Überlegungen zunutze machen:
Eine einfache und zugleich dubiose Technik, andere zu seinen Gunsten zu manipulieren, besteht darin, Erwartungen zu wecken und Versprechungen abzugeben, obwohl man überhaupt nicht daran denkt, ihnen auch wirklich nachzukommen. Ob dabei bewußt die Unwahrheit gesagt wird oder ob man sich mit Absicht vieldeutig äußert, um den anderen zum Opfer seiner Wunschvorstellungen werden zu lassen, ändert wenig an der Sache.
Der Bogen solcher Techniken spannt sich weit. Der Verkäufer verfährt nach ihr, wenn er bei der Anprobe so lange an einer Jacke zieht, bis sie zu sitzen scheint. Der Architekt praktiziert sie, wenn er über einen angeblich kostenlosen Vorentwurf mit einem Bauherrn ins Geschäft zu kommen sucht und nach Ablehnung doch eine Rechnung schickt. Und nicht zuletzt bedient sich ihr auch der Personalleiter, wenn er unter Vorspiegelung falscher Tatsachen Bewerber lockt.
Gewiß ist es nicht meine Absicht, gleich ganze Berufszweige zu diskreditieren. Doch es hieße die Realität verkennen, wollte man die Existenz solch schwarzer Schafe leugnen. Ihre Zahl ist größer, als man annimmt.

Die Echtheit eines Köders zu testen, ist eine einfache Angelegenheit: Lassen Sie sich die Zusage schriftlich bestätigen, und zwar noch bevor Sie sich zu etwas entschließen oder verpflichten.
Leider bietet auch dieses Vorgehen keinen absoluten Schutz vor einem Reinfall und läßt sich, wie etwa beim Garderobekauf, nicht immer anwenden. In einigen Situationen wird es aber immerhin helfen, mindestens einen Teil allfälliger Schadenersatzansprüche durchzusetzen. Seien Sie deshalb vorher kritisch, prüfen und vergleichen Sie, und Sie ersparen sich den Schaden und eine Menge Ärger.
Um distanziert und kritisch urteilen zu können, ist die Aneignung von Sachwissen nicht zu umgehen. Je umfangreicher Ihr Wissen über Ihre Ziele ist, desto weniger wird man Sie reinlegen können. Sofern Sie nach Übung 22 verfahren und sich zu jedem Ihrer Wünsche eine Wissens- und Denkkartei anlegen, eignen Sie sich auch die notwendigen Kenntnisse an und sparen sich viel Lehrgeld. Hören Sie endlich auf, solche Initiativen deswegen zu unterdrücken, weil Sie andere für redlich halten und sich somit ein solcher Aufwand zu erübrigen scheint. Das Aneignen von Detailwissen zahlt sich übrigens auch ohne dies aus, ob Sie nun ein Haus bauen, ein Boot kaufen oder zum Steuerkommissar gehen. Sie werden einen großen Teil Ihres Lebens vergeblich arbeiten, wenn Sie Ihr sauer verdientes Geld nicht überlegt ausgeben und Ihren Geist nicht dazu benutzen, sich ein eigenes Urteil zu bilden. Fallen Sie immer wieder auf falsche Versprechungen herein, entfalten sich auch die Kräfte Ihres Unterbewußtseins nie, denn es spürt Ihre Abhängigkeit und Unselbständigkeit sehr genau und resigniert daher. Nutzen Sie aber seine Möglichkeiten, werden Sie nicht stets aufs neue zum Opfer Ihres eigenen Fehlverhaltens.
Wer sich übertölpeln läßt und seine Großzügigkeit her-

nach bereut, bringt sich auch noch um einen großen Teil seiner Lebensfreude. Selbst der Besitz von Gegenständen bereitet nach dem Kauf desto mehr Vergnügen, je gründlicher man sich mit ihrer Auswahl beschäftigte. Ein selbstsicherer Mensch hat es nicht nötig, sich als Ersatz für mangelndes Überlegen und folglich auch fehlende Überlegenheit in eine permanente Kauf- und Konsumwut zu flüchten, von der nicht er profitiert, sondern nur die Hersteller und Händler.

Humor als kreative Defensivtaktik wird Sie ebenfalls dazu befähigen, Ihren eigenen Standpunkt zu behaupten und gegenüber anderen Ihre Ansichten und Absichten durchzusetzen.

Haben Sie den Roman «Ein Yankee aus Connecticut an König Artus' Hof» gelesen? In diesem Roman versetzt Mark Twain einen Amerikaner in die Zeit König Artus' zurück und beschreibt seinen Kampf gegen einen Ritter. Bei dieser Auseinandersetzung gewinnt der Yankee, weil er etwas tut, womit keiner rechnet. Er fängt den Ritter mit dem Lasso ein. Ähnliches geschieht auch im Märchen von dem Igel und dem Hasen. Der Igel besiegt den Hasen, weil er genau das nicht tut, was der Hase von ihm erwartet.

Sie können also einen machtvollen Gegner besiegen, wenn Sie sich ganz anders verhalten als erwartet. Nicht nur der Erfolg, sondern auch das Schmunzeln der Zuschauer werden Ihnen in diesem Falle gewiß sein.

Sie verhalten sich beispielsweise ganz unerwartet, wenn Sie zu einer Niederlage lächeln. Und sofern Sie weiter die suggestiven Übungen 11 und 12 betreiben, wird es Ihnen auch gar nicht schwerfallen, auf diese Art zu reagieren. Wie Sie wissen, leitet die Autosuggestion innere Spannungen sehr schnell ab, so daß Sie auch besser überlegen und überlegener sein können.

Auch dann verhalten Sie sich unerwartet, wenn Sie aus dem mühsam errichteten Gedankengebäude Ihres Gegners ein Detail herausgreifen und darauf herumhacken. Sie brauchen dann nur noch hinzuzufügen: «Wie Sie wissen, steckt der Teufel im Detail. Alles hätte recht schön geklungen, wäre dieser Fehler nicht gewesen.» Suchen Sie dazu noch das Detail auf Ihrem Spezialgebiet und verwirren Sie das Gespräch zusätzlich durch den Gebrauch von Fremdwörtern, wird Ihr Gegenpart ohne Zweifel sehr schnell die Waffen strecken.

Natürlich sind diese Verhaltenstechniken noch nicht kreativ. Am originellsten handelt sicher, wer bei der Konfrontation mit dem Gegner neben dem für alle Zuschauer offenkundigen Grundzug auch gleich einen anderen Aspekt der Situation erfaßt und diesen sofort ins Spiel bringt, ohne mit dem erwarteten Verhaltensmechanismus zu reagieren. So wie jener Marquis zu Zeiten Ludwigs XIV. tat, als er seine Frau in den Armen eines Bischofs überraschte. Der Betrogene ging wortlos zum Fenster, öffnete es und segnete die Leute auf der Straße. «Was tust du?» fragte verwirrt seine Frau. «Monsignore erledigen meine Pflichten», entgegnete der Graf, «also vollziehe ich nun die seinen.»

Natürlich ist eine solche Technik der Abwehr von Gegnern besonders wirkungsvoll. Sie kommt freilich schon fast einer schöpferischen Leistung gleich. Zuerst muß ja geistesgegenwärtig ein durch Routineerfahrung verdeckter Grundzug der Situation erkannt und geschickt ins Spiel gebracht werden, bevor das Ziel, durch Lächerlichkeit zu töten, verwirklicht ist.

Betreiben Sie regelmäßig die Meditationsübung 18, um sich so von Ihren Denk- und Verhaltensschablonen zu lösen und das eigene Erlebnisfeld zu erweitern, wird es gewiß auch Ihnen gelingen, die verschiedenen Aspekte einer Situation schnell zu erfassen und sich ihrer elegant im gegenseitigen manipulativen Spiel zu bedienen.

Gesprächsstrategie erhöht Ihre Schlagfertigkeit und Überzeugungskraft

Sie haben nun eine größere Anzahl aktiver und passiver Techniken kennengelernt, um andere Menschen für sich zu überzeugen. Natürlich werden Sie die eine oder andere der hier dargelegten Methoden bereits bewußt oder unbewußt angewendet haben. Doch damit allein überzeugen Sie keineswegs alle, auf die Sie zur Verwirklichung Ihrer Pläne angewiesen sind. Wie Sie wissen, ist im wechselseitigen Spiel der Manipulation jeder Ihr Gegner.

Vervollständigen Sie daher Ihr Repertoire an Überzeugungstechniken. Dann vermögen Sie für den individuellen Fall auch eine Technik auszuwählen, die erfolgsgerecht ist und Sie Ihren Zielen näherbringt.

Schaffen Sie Erfolgsmechanismen im Unterbewußtsein. Um die Anwendung der vielfältigen Überzeugungstechniken zu einer ständigen Gewohnheit werden zu lassen, praktizieren wir täglich die folgende Übung.

Übung 25: Wenden Sie jeden Tag mindestens fünf der in diesem Kapitel angegebenen aktiven und passiven Erfolgstechniken an. So finden alle in Ihrem Anwendungsprogramm Aufnahme. Klammern Sie bestimmte Techniken nicht einfach aus. Beobachten Sie vielmehr aufmerksam die Wirkung jedes einzelnen Beeinflussungsmanövers.

Durch die Übung verfestigen sich die Verhaltensregeln in Ihrem Unterbewußtsein. Es braucht danach nur noch die Auswahl zu treffen, welche der Techniken für die betreffende Situation am geeignetsten ist. Auf diese Art unterstützt Sie Ihr Unterbewußtsein bei Ihrer Überzeugungsstrategie.

Ein Vergleich mit einem Schachspieler verdeutlicht die Situation. Auch er hat nämlich zu Anfang Mühe, sämtliche Spielregeln im Kopf zu behalten. Quält er sich damit ab und überlegt, was denn überhaupt zulässig sei, gewinnt er keinen Überblick über die Gesamtheit aller Zugsmöglichkeiten. Er wird so nie den optimalen Zug herausfinden. Je besser er aber schließlich die Spielregeln beherrscht, desto leichter vermag er die Vielfalt der möglichen Züge zu erkennen. Er verkrampft sich nicht und wird die beste strategische Entscheidung treffen, wenn er aus den denkbaren Zügen den erfolgsversprechendsten auswählt.

Je gründlicher Sie also die Erfolgsregeln der Menschenbeeinflussung im Unterbewußtsein festbannen, desto günstigere Voraussetzungen schaffen Sie für eine erfolgreiche Menschenbehandlung. Sie vermögen Ihre Aufmerksamkeit voll auf den Gesprächspartner zu richten und nicht nur in seinen Worten, sondern auch in seiner Mimik Reaktionen zu erkennen. Die computerartigen Spiele Ihres Unterbewußtseins werden sich sofort auf diese Information einstellen und der Situation gemäß neue strategische Entscheidungen fällen, die Sie nach kurzer Überprüfung ihrer Zweckmäßigkeit ausführen. Sie entwickeln im Laufe der Zeit das, was manche Leute am meisten fürchten: Schlagfertigkeit. Denn dank des regelmäßigen Trainings reagieren Sie spontan richtig.

So können Sie spielend auch richtig radfahren lernen, ohne sich anzustrengen. Denn der Unterschied zwischen richtigem Radfahren und erfolgsgerechter Menschenbehandlung ist viel geringer, als man glauben möchte. In beiden Fällen handelt es darum, durch entsprechende Programmierung die erworbene Routine auf unterbewußte Gehirnprozesse zu übertragen.

Um spielend zu überzeugen, müssen Sie – wie gesagt – Ihren Gesprächspartner genau, jedoch unauffällig beobachten und seine Worte achtsam registrieren. Stellen Sie

ihn in den Mittelpunkt Ihrer Achtsamkeit und schaffen Sie so die Voraussetzungen für eine erfolgsgerechte Tätigkeit Ihres Unterbewußtseins. Denn selbst der beste Computer ist nichts wert, wenn man ihn nicht mit den richtigen Informationen füttert.
Eine sicherlich einleuchtende Forderung, und doch wird sie von allzu wenigen beachtet. Sie aber wissen nun genau, worauf es ankommt.
Erfolgsstrategie in der Gesprächsführung hilft Ihnen aus der Klemme, wenn Sie immer noch Hemmungen haben oder gar Angst davor, mit Autoritätspersonen Gespräche zu führen.
Erinnern Sie sich bitte der suggestiven Übungen 11, 12 und 13, die Sie zwei- bis dreimal täglich durchführen sollten. Ihre Angst verliert sich dann schnell, und zudem werden Sie gegen Angstbeeinflussungen immun. Die Taktik, den anderen in den Mittelpunkt des Gesprächs zu stellen, bewahrt Sie auch jederzeit davor, eine Niederlage zu erleiden. Denn lenken Sie das Interesse und die Wünsche des anderen auf *sein* Ziel, hinter dem sich freilich das Ihre verbirgt, und enthalten Sie sich wohlweislich jeder persönlichen Wunschäußerung, stehen Sie selbst bei der ganzen Angelegenheit neutral im Hintergrund. Für Sie besteht somit kein Grund, sich von den Reaktionen des anderen in irgendeiner Weise betroffen zu fühlen. Zumindest wird es Ihrem Gesprächspartner so erscheinen.
Nehmen wir einmal an, die Einstellung Ihres Gesprächspartners zum Ziel sei Ihnen unter diesen Umständen noch unbekannt. Dann gehen Sie bei solch *informativen Gesprächen* wie folgt vor:

1. Leiten Sie die Unterhaltung mit einem Kompliment ein. Bewundern Sie die Kleidung des Gesprächspartners oder erwähnen Sie einen seiner Erfolge und zeigen Sie, wie sehr Sie davon beeindruckt sind.

2. Schneiden Sie nun ein Thema an, das Ihnen gelegentlich erlaubt, auf Ihr eigentliches Anliegen zu sprechen zu kommen. Erwähnen Sie es nur ganz nebenbei, ohne es deutlich zu umreißen. Und fragen Sie den anderen, was er zu den aufgeworfenen Fragen meint. Bringen Sie ihn dazu, über seine Einstellung zu sprechen.
3. Beißt der Gesprächspartner nicht an, erläutern Sie die Vorteile. Zählen Sie jedoch auch einige Nachteile auf, die nicht schwerwiegend sind.
4. Zeigt der andere noch immer kein Interesse, beenden Sie das Gespräch am besten. Geben Sie ihm zu verstehen, die von ihm ins Feld geführten Argumente seien es unbedingt wert, sich ein andermal noch ausführlicher darüber zu unterhalten.

Nach diesem ersten Erkundungsgespräch läßt sich nun um so besser *das eigentliche Überzeugungsgespräch* vorbereiten. Da Sie einen großen Teil der Argumente des anderen schon kennen, können Sie sich ganz auf ihn einstellen. Bei der Vorbereitung selbst geht es für Sie darum, Aktivitätszentren des Unterbewußtseins zu schaffen, die während der Unterhaltung zu Ihren Gunsten wirksam werden und Ihre Überzeugungskraft und Schlagfertigkeit vergrößern.

Übung 26: Sammeln Sie zur Vorbereitung des Beeinflussungsgesprächs gute Argumente. Überlegen Sie auch, welche weiteren Argumente der Gesprächspartner vorbringen könnte und wie Sie am besten darauf reagieren. Suchen Sie gezielt nach Techniken, welche die Schwächen des anderen so nutzen, daß Ihr Einfluß auf ihn zunimmt.

Spielen Sie die bevorstehende Unterhaltung in so vielen Varianten wie nur möglich durch. Wie sich Ihr Gegenüber beim nächsten Gespräch auch immer verhalten wird: Sie werden nun um so geschickter agieren und argumentieren, weil Sie durch diese vorbereitenden Denkspiele Aktivitätszentren im Unterbewußtsein geschaffen haben. Sie sind dann auch imstande, spontan und dennoch treffend Argumenten zu entgegnen, mit denen Sie vorher nicht rechneten.
Nach einem solchen Verfahren arbeitete bekanntlich Napoleon. Er spielte vor jeder Schlacht tage- und nächtelang alle Möglichkeiten durch, den Feind im Kampf entscheidend zu besiegen. Natürlich war es ihm nicht möglich, jedes Detail der Schlacht vorauszuplanen. Immerhin reichten solche Gedankenspiele aus, selbst noch im Lärm und Wirrwarr der Schlacht dank der vielfältigen Gedankenkombinationen des Unterbewußtseins sozusagen instinktiv das Richtige zu tun.
Zwischen der Strategie des Krieges und der Kunst des Überzeugens besteht im Prinzip kein Unterschied. Auch Ihr Unterbewußtsein wird Ihnen im entscheidenden Augenblick das richtige Verhalten signalisieren, wobei bewußte Gedankenspiele dazu die Voraussetzung schaffen.
Übung 26 wird für Sie desto wichtiger sein, je weniger Sie die Möglichkeit haben, das Überzeugungsspiel später fortzusetzen. Eine verpaßte Gelegenheit kommt so schnell nicht wieder. Nicht selten lassen sich auch vorbereitende informative Gespräche nicht durchführen. Dann sollten Sie die Unterhaltung nach Übung 25 vorbereiten.
Der Aufwand lohnt sich. Sie erreichen so Ihre Ziele und begründen Ihr Glück. Sie brauchen lediglich den selbsttätigen Kräften Ihres Unterbewußtseins zu vertrauen. Tun Sie das, werden sie immer noch anwachsen und Sie mit beruhigendem Selbstvertrauen erfüllen.

8. Kapitel

So wenden Sie Erfolgstechniken zur Steuerung unterbewußter Aktivitäten an

Sie haben inzwischen eine Reihe von Methoden kennengelernt, die es Ihnen erlauben, die Kräfte und Fähigkeiten Ihres Unterbewußtseins zu entfalten. Doch glauben Sie nicht, daß sich allein dadurch Ihre Wünsche verwirklichen lassen. Denn mit großer Sicherheit ist anzunehmen, daß Sie in den gleichen Fehler verfallen wie so viele Leute, die alles nur anfangen, aber nichts zu Ende bringen. Durch ein ständiges Hin und Her vergeuden Sie Ihre Zeit, ohne Fortschritte zu erzielen. So aber geht das Leben an Ihnen vorüber, ohne daß Sie Ihre Wünsche verwirklichen.

Solche Fehler zu vermeiden, ist einfach. Sie erreichen Ihre Ziele mit Hilfe der Kräfte und Fähigkeiten Ihres Unterbewußtseins dann nämlich, wenn Sie auf die richtige Zeiteinteilung achten, positiv planen und Ihre Erfolge überwachen. Je gründlicher Sie sich mit der Erfolgsplanung beschäftigen, desto sicherer und schneller können Sie Ihre Wünsche realisieren.

Mancher scheinbar Unbegabte entwickelte derart mit durchschlagendem Erfolg seine Fähigkeiten. Viele sehr offensichtlich begabte Menschen scheiterten dagegen an der Verwirklichung ihrer Ziele, weil sie diese Erfolgsmethoden nicht anwandten und ihre Talente ziel- und wirkungslos verschleuderten. Auch in Ihrem Fall kommt es nicht bloß darauf an, daß Sie sich Ihrer Fähigkeiten bewußt sind. Die meisten Menschen verfügen ja über Begabungen, nur wissen sie es oft nicht. Entscheidend ist vielmehr, daß man richtig plant, seine Zeit richtig einsetzt und mit kleinen Schritten seinem Ziel entgegengeht. Denn jedes große Ziel läßt sich in Teilziele zerlegen.

Seit einigen Jahren bedient man sich zur Steuerung und Regelung menschlicher Körperfunktionen sogenannter Bio-feed-back-Techniken. Dabei werden mittels physikalischer Apparate spezielle Funktionen des Körpers durch die Verstärkung ihrer Signale bewußt gemacht.

Das Gehirn vergleicht dann die Ergebnisse mit den angestrebten Zielvorstellungen. Der Steuer-Regel-Mechanismus von Körper und Gehirn kann auf diese Weise biologische Prozesse wunschgemäß verändern. Man bezeichnet daher diesen Vorgang als biologische Rückkopplung (bio feed back).

Ein Bio-feed-back-Training ermöglicht also, sich in die Körperfunktionen einzuschalten und sie wunschgemäß zu verändern.

Noch weithin unbekannt ist jedoch, daß man sich des Feed-back-Effektes ebenfalls zur Verstärkung positiver unterbewußter Geistestätigkeiten und zur Stimulierung erfolgsgerechter bewußter Handlungen bedienen kann. Voraussetzung für die richtige Anwendung einer solchen Technik ist folgendes:

- Es muß eine Bewußtmachung des jeweiligen Ist-Zustandes erreichter und nicht erreichter Teilerfolge durchgeführt werden.
- Die Ergebnisse dieser Erfolgsinventur sind mit dem Ziel zu vergleichen.

Diesen Anforderungen können Sie sehr leicht nachkommen, wenn Sie zu jedem Ihrer Ziele eine Erfolgsplanung und Erfolgsüberwachung entwickeln. Dann bedienen auch Sie sich jenes wunderbaren Steuer- und Regel-Mechanismus zur Verwirklichung Ihrer Ziele. Ihre unterbewußten und bewußten Aktivitäten vergrößern sich. Diese Technik wird Sie jedenfalls viel weiterbringen, als wenn Sie sich nur sagen: «Mal sehen, wohin mich die Entfaltung der Kräfte meines Unterbewußtseins bringen wird!»

So verlieren Sie endlich Ihre Ungeduld, Hast und Unruhe und entwickeln Ausdauer. Denn jeder noch so kleine Teilerfolg stimmt Sie optimistisch, nun auch das nächste Teilziel zu erreichen. Ihre Leistungsfähigkeit wächst und ebenso Ihre innere Sicherheit. Selbst das Genie vermag sich ja erst durch solche Detailarbeit zu entfalten. Regelmäßigkeit und Ausdauer des Handelns auch in kleinen Dingen ermöglichen darum auch Ihnen wirklich große Leistungen.

Auf Grund der richtigen Erfolgsplanung werden Sie die Kräfte und Fähigkeiten Ihres Unterbewußtseins voll zu nutzen imstande sein und auch Ihre Nerven- und Geisteskräfte nicht länger vergeuden. Richten Sie alle Kräfte auf die jeweils sich ergebende Notwendigkeit aus, vermeiden Sie aber jeden Leerlauf und jeden unnötigen Kraftverschleiß. Erst dann setzen Sie Ihre Kräfte und Fähigkeiten optimal ein und gelangen an Ihr Ziel.

In diesem Kapitel wird ferner eine Technik geschildert, mit deren Hilfe sich Rückschläge bei der Verfolgung Ihrer Ziele überwinden lassen.

Auch mit Rück- und Fehlschlägen und mit Enttäuschungen gilt es sich auseinandersetzen, wie es selbst genialen Menschen nicht erspart bleibt. Vor Mißerfolgen ist niemand gefeit. Doch mit den Kräften Ihres Unterbewußtseins werden Sie trotzdem Ihr Ziel bald erreichen.

Die Techniken, von denen hier eben die Rede war, werden die Kraft- und Denkströme des Gehirns auf Ihre Ziele hin ausrichten, wonach deren Steuerung und Regelung dann von selbst erfolgt. Negative Geistesströmungen, die Hast, Ärger und Unruhe auslösen, können sich Ihrer so nicht mehr bemächtigen. Einfach weil nun kein Raum mehr dafür vorhanden ist. Derart schaffen Sie Ihr Glück und erleiden keine Fehlschläge mehr.

Wie negative Verhaltensweisen eine erfolgreiche Betätigung des Unterbewußtseins abwürgen

Nur wer die Kräfte seines Unterbewußtseins auf die zur jeweiligen Zeit erforderlichen Notwendigkeiten lenkt, erreicht seine Ziele.
Danach verfahren freilich die wenigsten Leute. Sie praktizieren vielmehr regelmäßig eine oder oft sogar alle drei der nachfolgend aufgeführten Verhaltensweisen, mit denen sie ihre Erfolge verhindern. Zur Verdeutlichung sei deshalb falsches Verhalten an nachstehenden Beispielen erläutert, damit Sie eigene Fehler um so leichter zu erkennen vermögen.

Fall A: Die Entscheidung zu sofortigem Handeln ist gefallen, doch die Tat wird ständig verschoben.
Herr A kommt ins Geschäft. Bereits nach einer halben Stunde bestellt ihn der Abteilungsleiter zu sich und trägt ihm eine Arbeit auf, die in drei Tagen spätestens erledigt sein muß. Denn Abteilungsleiter und Vorstand benötigen die zu erstellenden Unterlagen, um eine unaufschiebbare Entscheidung zu fällen.
Nachdem A das Zimmer seines Chefs verlassen hat, tut er folgendes:

- A gibt seiner Sekretärin den Auftrag, heute besonders starken Kaffee zu kochen, da er sehr viel arbeiten müsse und unter starkem Termindruck stehe.
- Er ruft seine Frau an und sagt ihr, er werde heute abend bestimmt sehr spät nach Hause kommen.
- A fällt ein, daß er am Wochenende mit seiner ganzen Familie bei Familie Z eingeladen ist, deren Bekanntschaft im Urlaub gemacht wurde. Nun ruft A Familie Z an. Er berichtet ausführlich von seinem Problem und teilt mit, der geplante Besuch werde wahrscheinlich ins Wasser fallen. Es sind inzwischen weitere zwanzig Minuten vergangen.

- A geht nun noch zu Kollege Y und bereitet ihn darauf vor, daß ihre gemeinsame Mittagspause heute sehr kurz ausfallen werde. Y ist neugierig weshalb, und A verliert durch umständliche Erklärungen weitere zwanzig Minuten.
- Nach den vielen Verzögerungen serviert die Sekretärin endlich den Kaffee. Um für die schwere Aufgabe gerüstet zu sein, trinkt A nicht wie üblich zwei Tassen, sondern fast den ganzen Inhalt der Kanne.
- Die Aufregungen und der viele Kaffee schlagen A nicht nur auf die Blase, sondern auch auf den Magen. Er zieht sich für längere Zeit zur Erledigung unaufschiebbarer Bedürfnisse zurück.
- Inzwischen ist es elf Uhr geworden. A hat sich nervlich schon sehr aufgerieben und hält es darum für zweckmäßiger, erst nach der Mittagspause mit der Arbeit zu beginnen.

Unterbrechen wir hier. Denn der Sachverhalt reicht aus, um daraus Konsequenzen zu ziehen.

Nachdem A von seinem Chef mit einer wichtigen Aufgabe betraut worden war, bedrängte ihn sein Unterbewußtsein, weil es für ihn tätig werden wollte. Es baute eine innere Spannung auf. Doch was tat A? Statt sich sofort mit der wichtigen Aufgabe zu beschäftigen und die Spannung für sein Handeln zu nutzen, ging er ihr ständig aus dem Weg. Daher verstärkte das Unterbewußtsein die Spannung. Da A jedoch längere Zeit diesem Spannungszustand ausgesetzt war, befand er sich mit seiner Nervenkraft schon fast am Ende, noch bevor er seine Arbeit begonnen hatte.

Erkennen vielleicht auch Sie sich in einem solchen Verhalten wieder? Dann ist es höchste Zeit, diesen Zustand zu ändern. Ruinieren Sie Ihre Nerven- und Erfolgskraft durch eine solch falsche Verhaltensweise nicht länger. Sind Sie genötigt, sofort und rasch zu agieren, dann tun Sie es auch. Schieben Sie die Tat nicht ständig vor sich her. Bedienen Sie sich der Spannungen des Unterbewußtseins, die kräftig dazu beitragen, daß Sie Ihrer Aufgabe fristgemäß nachzukommen vermögen.

Fall B: Eine mangelnde Prioritätsskala der Teilziele verhindert effektive Arbeit.

Energiegeladen kommt Herr B von seiner Arbeit nach Hause. Er hat sich vorgenommen, den heutigen Abend über dem Studium eines kurzen Kapitels eines Fachbuches zu verbringen. Somit ist ein klares Teilziel gesteckt. Die Familie weiß von seiner Absicht. Die Frau hat mit den Kindern schon ein gemeinsames Abendprogramm ohne den Vater geplant.

Auf dem Schreibtisch findet B nun drei verschiedene Postsendungen.

- Firma X teilt ihm nach sechs Wochen mit, daß sie seine Reklamation nicht anerkennen könne.
- Eine Bausparkasse mahnt zu einer angeblich längst fälligen Einzahlung auf den Bausparvertrag.
- Die Telefonrechnung ist wider Erwarten sehr hoch ausgefallen.

Nachdem B mürrisch und verärgert sein Abendessen heruntergeschluckt hat, beschäftigt er sich aufgeregt mit den drei Briefen. Da er sich jedoch geistig auf eine ganz andere Beschäftigung einstellte, bereitet ihm das einige Schwierigkeiten.

B tut nun folgendes:

- Er sucht die gesamte Korrespondenz mit Firma X heraus. Nachdem er alle Briefe durchgelesen hat, ist er wieder über den Sachverhalt bis ins Detail informiert. Sein Ärger über die Firma steigert sich. Er überlegt, was er der Firma antworten könnte. Schließlich stellt er fest, daß die Beantwortung des Briefes nicht eilt, und entschließt sich, die Angelegenheit später noch einmal genau zu überdenken.

- Nun ruft B den Leiter der Bausparkassenzweigstelle an und läßt sich von diesem die Nachteile nicht termingerechter Einzahlungen erläutern. Doch am nächsten Tag hat er viele Einzelheiten der Erläuterungen bereits wieder vergessen.
- B denkt nun längere Zeit darüber nach, weshalb die Telefonrechnung so hoch ist. Seine Frau weist ihn schließlich auf mehrere Ferngespräche hin, die seinem Gedächtnis offensichtlich entfallen waren.

B hat nun einen großen Teil der reservierten Mußestunden verloren, da er sich mit Dingen beschäftigte, die noch hätten anstehen können. Überdies aber sind sie trotz erheblichem Zeitaufwand nicht oder nur teilweise erledigt worden.

B war sogar in ein doppeltes Spannungsfeld geraten. Zum einen war er zornig, weil er mit der geplanten Arbeit nicht beginnen konnte, und zum andern empfand er auch Ärger darüber, daß ihn die Beschäftigung mit den Briefen nicht voranbrachte.

Klar, daß sich B jetzt bemüht, die verlorene Zeit wieder einzuholen. Verbissen konzentriert er sich auf sein Buch. Nach einiger Zeit lösen sich seine Verkrampfungen auf. Erste Einsichten in den Wissensstoff werden ihm zuteil. Dann klingelt das Telefon. B nimmt den Hörer ab. Ein Bekannter verwickelt ihn in ein längeres Gespräch. B findet nicht den Mut, ihm zu sagen, er hätte keine Zeit. Endlich ist die Unterhaltung beendet, und B widmet sich wieder seinem Buch. Doch nun gelingt ihm gar nichts mehr. Er hadert mit seinem Schicksal und glaubt, er werde nie Erfolg haben. Aber das ist ein großer Irrtum. Denn die Erfolglosigkeit des Herrn B besteht nur darin, eine falsche Technik anzuwenden.

Um die Kräfte des Unterbewußtseins zu nutzen, dürfen also unterbewußte Denkprozesse nicht behindert werden. Das jedoch geschieht, wenn neue Denk- und Handlungsanstöße in andere Zielrichtungen lenken. Ordnen

Sie deshalb alle Dinge, die im Verlaufe des Tages an Sie herangetragen werden, in eine Prioritätsskala. Beschäftigen Sie sich mit dem, was Sie im jeweiligen Zeitpunkt als das Wichtigste ansehen, und widmen Sie sich weniger aktuellen Angelegenheiten später. So können die Spiele im Dunkel des Unterbewußtseins ungestört ablaufen. Denn Ihr Unterbewußtsein vermag nur nacheinander, aber nie gleichzeitig oder fast zur selben Zeit auf mehrere Ziele hin erfolgreich tätig zu werden.

Fall C: Mangelnde Detailarbeit verhindert Aktivitäten Ihres Unterbewußtseins.

Die Entscheidung, noch nicht zu handeln, kann durchaus das Ergebnis reiflicher Überlegungen sein. Manchmal ist es sogar sehr klug, nicht in den Verlauf der Dinge einzugreifen und noch abzuwarten. Ebenso oft gehen aber viele jeder Entscheidung aus dem Weg und setzen sich über die Notwendigkeit einer klärenden Auseinandersetzung hinweg. Aus solch unbewältigten Problemen und Detailfragen erwachsen oft die größten Konflikte, deren Beilegung dann Stunden, Tage oder Monate in Anspruch nimmt.

Beispiel: Zwei Eheleute streiten sich jeden Tag wegen belangloser Kleinigkeiten. Sie unternehmen aber nichts, um diese kleinen Probleme zu lösen. Oberflächlich betrachtet scheinen sich die Dinge mit der Zeit wie von selbst wieder einzurenken. Doch der Schein trügt. Irgendwann bricht all das durch, was in ständiger Kleinarbeit ins Unterbewußtsein verdrängt wurde, so daß ein geringfügiger Anlaß genügt, um schließlich einen ganz großen Ehekrach auszulösen. Dabei beleidigt man sich dann unversöhnlich und spricht von Scheidung ...

Ob es sich nun um neue Einsichten, erfolgreiche Ideen, die Kunst der Menschenbeeinflussung oder das Glück Ihrer Ehe handelt: Stets haben Sie nur dann Erfolg,

wenn Sie sich konsequent dem Detail widmen. Nur dann entfalten sich die Kräfte Ihres Unterbewußtseins, wenn Sie Schritt für Schritt vorwärtsgehen.
Fassen wir nun die Ergebnisse von Fall A, B und C zusammen. Selbst schwierigste Ziele werden erreichbar, wenn Sie große Ziele in viele kleine Teilziele zerlegen und beharrlich an ihrer Verwirklichung arbeiten. Die Arbeit jedes einzelnen Tages entscheidet darüber, ob Sie Ihr Endziel erreichen. Das Geheimnis jeden Erfolges besteht ja schließlich eben darin, zum richtigen Zeitpunkt immer gerade jene Dinge zu tun – und richtig zu tun –, die zum Erreichen des Endziels notwendig sind. Nicht allein die Fähigkeiten des Genies, sondern auch Ihre Kräfte und Fähigkeiten entwickeln sich einzig durch konsequente Planung und vernünftige Zeiteinteilung. Nur so schaffen Sie die Voraussetzungen, die Ihre unbewußten Kräfte zu ihrem Durchbruch und Wachstum brauchen. Praktizieren Sie daher folgende Arbeitstechnik.

Übung 27: Teilen Sie Ihre Zeit richtig ein. Stellen Sie (und nicht andere!) eine Prioritätsskala Ihrer Tätigkeiten auf. Beginnen Sie sofort mit der Verwirklichung des Teilziels, das auf der Prioritätsskala an erster Stelle steht. Und gehen Sie so jeden Tag Schritt für Schritt voran.

Verfahren Sie nach dieser Methode, werden Sie damit Ihre größten Erfolge erzielen und Ihre Fähigkeiten weiterentwickeln. Sie werden Leistungen vollbringen, die Sie früher für völlig unmöglich gehalten hätten.
Nutzen Sie den natürlichen Ablauf der Entfaltung unterbewußter Kräfte. Denn ein nichterfüllter Wunsch setzt Sie auf die Dauer stärkeren inneren Spannungen aus, als zur Verwirklichung des Wunsches vonnöten wären. Verschleißen Sie Ihre Kräfte nicht mehr durch solche

Zerreißproben. Setzen Sie nämlich die Kräfte ein, die Ihr Unterbewußtsein hervorruft, verwandelt jeder Teilerfolg Ihre Spannungen in Glückserlebnisse!

Erhöhen Sie durch richtige Erfolgsplanung die positiven Tätigkeiten des Unterbewußtseins

Anhand von Übung 6 haben Sie Ihre ganz persönlichen Ziele erkannt. Nun gilt es, einen Zeitplan zu ihrer Verwirklichung aufzustellen. Um das zu bewerkstelligen, sollten Sie sich bei jedem Ziel zuerst fragen:

- Welche Teilleistungen sind notwendig, um mein Ziel zu erreichen?
- Welche Bildung und welches Wissen muß ich mir aneignen?
- Welche meiner noch verborgenen Fähigkeiten sind zu entwickeln?

Beantworten Sie diese Fragen, zergliedern Sie zugleich schon jedes Ziel in Teilziele. Und aus den Teilzielen wiederum ergibt sich nun Ihr Monatsplan, Wochenplan und zuletzt der Tagesplan. Sie müssen nur noch die Zeiträume festlegen, in denen Sie Ihre Teilziele verwirklichen wollen.

Um die Teilziele klar zu erkennen und in die richtige Reihenfolge zu bringen, ist es notwendig, die Erfolgsvoraussetzungen in der Weise durchzudenken, daß Kausalitätsreihen entstehen. Denn die Planung bringt Sie nur dann schnell ans Ziel, wenn die ihr zugrunde liegenden Ursache/Wirkung-Beziehungen richtig entwickelt werden. Die Reihenfolge der Teilziele soll demnach eines logisch auf dem anderen aufbauen, damit die Verwirklichung des nächsten Teilziels sich aus jener des vorangegangenen ergibt.

Natürlich heißt das nicht, stets solange zu zögern, bis die

Verwirklichung eines Teilziels mit Sicherheit garantiert ist. Ein gewisses Erfolgsrisiko muß man schon auf sich nehmen. Natürlich kommt es darauf an, es durch gründliche Überlegung möglichst klein zu halten. Bedienen Sie sich also folgender Arbeitstechnik:

Übung 28: Zerlegen Sie Ihre Ziele in Teilziele. Und stellen Sie zu ihrer Verwirklichung Jahrespläne, Monatspläne, Wochenpläne und Tagesziele auf.

Wie Sie wissen, kann sich Ihr Unterbewußtsein nicht gleichzeitig mit mehreren Zielen beschäftigen. Manchmal legt es auch eine schöpferische Pause ein, wobei allerdings nie alle seine Aktivitäten aufhören. Ein kurzfristiger Stillstand in seiner Tätigkeit auf das eine Ziel hin ist oft mit gesteigerten Aktivitäten auf ein anderes Ziel hin verbunden. Das Unterbewußtsein bewirkt somit eine ganz besondere Art des «Wegdenkens». Denn beschäftigt man sich ständig nur mit einer Sache, läuft man Gefahr, Routinekombinationen zu erliegen.
Gerade wegen dieses Phänomens ist es zweckmäßig, sich gleich zu Anfang mehrere Ziele zu setzen und mit einer zweiten Zielverwirklichung nicht erst dann zu beginnen, wenn ein angestrebtes erstes Ziel schon verwirklicht ist. Zwar besteht bei mehreren Zielsetzungen die Gefahr, seine Kräfte zu zersplittern, doch da Sie ja zu jedem Ihrer Ziele ein Erfolgsbilanzbuch führen, können Sie leicht entscheiden, ob Sie die einen Zielbestrebungen intensivieren und dafür andere zurückstellen sollen.

Die Feed-back-Technik verstärkt die erfolgsgerechten Aktivitäten Ihres Unterbewußtseins

Nach der optimalen Zielplanung gilt es nun, die auf Ihre Ziele hin ausgerichteten Aktivitäten zu verstärken. Von zwei dieser Techniken haben wir bereits gesprochen. Bei der einen geht es darum, regelmäßig an Ihre Ziele denken, um die Tätigkeit Ihres Unterbewußtseins zu stimulieren. Bei der anderen werden im Unterbewußten entsprechende Zentren geschaffen, um dessen Möglichkeiten zu vergrößern.

Wir wollen uns nun mit der bereits erwähnten Feed-back-Technik befassen, um die zielgerechten Aktivitäten des Unterbewußtseins noch weiter zu verstärken. Damit der Steuer-Regel-Mechanismus des Gehirns zur Zielverwirklichung funktioniert, ist für jeden Tag, jede Woche und jeden Monat wie auch jedes Jahr eine Erfolgsbilanz aufzustellen und mit Ihrem Plan zu vergleichen. Erst der Vergleich der Soll-Werte des Plans mit den erreichten Ist-Werten setzt jenen Mechanismus in Gang, der die Aktivitäten des Unterbewußtseins noch zusätzlich verstärkt. Verfahren Sie danach, werden auch Ihnen solche Feed-back-Erlebnisse zuteil.

Im einzelnen empfiehlt es sich, folgendermaßen vorzugehen.

Legen Sie sich ein Büchlein zu und reservieren Sie für jeden Wunsch einige Seiten. Für weit gesteckte Ziele benötigen Sie natürlich mehr freie Seiten. Halbieren Sie jede Seite durch einen senkrechten Strich. Tragen Sie nun in die linke Hälfte jeder Buchseite zu jedem Wunsch den Tagesplan, Wochenplan, Monatsplan und Jahresplan ein. Am besten benützen Sie das Erfolgsbüchlein gemeinsam mit Ihrem Ideenbuch. Für den Tagesplan und Wochenplan müssen Sie natürlich mehr Platz freihalten als für den Monatsplan und für diesen wiederum mehr als für den Jahresplan. Schreiben Sie

später in knappen Stichworten auf die rechte Hälfte jeder Seite gegenüber dem zugehörigen Planungsfeld das auf, was Sie in der Zeit erreicht haben. Und stellen Sie danach also Ihre Erfolgsbilanz auf.
Vergleichen Sie nun Soll (Plan) und Ist (tatsächlich Erreichtes), wird Ihnen die Wirksamkeit Ihrer Erfolgsbemühungen vor Augen geführt. Weichen Ihre Ist-Werte von den Soll-Werten Ihrer Planung ab, versteht es sich fast von selbst, nun den Folgeplan entsprechend zu verändern. Ihr jeweiliger Tages- und Wochenplan kann auch in verschlüsselter Kurzform in das Notizbuch eingetragen werden. Derart verstärken Sie nicht nur die Aktivitäten Ihres Unterbewußtseins, sondern üben auch gleichzeitig Ihr Gedächtnis.
Arbeiten Sie mit dem *Erfolgsbuch* und verwenden Sie die angegebene Arbeitstechnik.

Übung 29: Tragen Sie in ein Büchlein für jedes Ziel schriftlich Ihren Tages-, Wochen-, Monats- und Jahresplan ein. Stellen Sie dem Plan das wirklich Erreichte gegenüber und vergleichen Sie beides.

Dieses Verfahren verstärkt wie gesagt die Aktivitäten Ihres Unterbewußtseins. Auch Ihre bewußten logischen Überlegungen entwickeln sich klarer und präziser. Auf diesen bedeutungsvollen Zusammenhang zwischen bewußter und unbewußter Geistestätigkeit ist schon mehrmals hingewiesen worden.
Je konsequenter Sie mit dem Erfolgsbuch arbeiten, desto weniger können Ihnen äußere Einflüsse anhaben. Denn die Regsamkeit und Wachheit Ihres Unterbewußtseins nimmt mit Übung 29 in so großem Maße zu, daß es sich gegen jede Art von Störung oder Behinderung durchsetzen wird.
Tun Sie einen Schritt auf Ihr Ziel zu, so folgt der nächste

wie von selbst. Und ein Detail ergibt sich logisch aus dem anderen. Machen Sie sich also keine Sorgen, wenn Sie den Monatsplan nicht so ausführlich wie die Tagesplanung gestalten können. Die folgerichtige Fortführung der Tages- und Wochenplanung wird auch den Monatsplan im Detail immer präziser werden lassen.
Der schriftliche Erfolgsplan birgt einen weiteren großen Vorteil. Sehr oft werden ja Forderungen und Wünsche an Sie herangetragen, die Sie so rasch wie nur möglich erfüllen sollten. So stellen es sich jedenfalls Ihre Mitmenschen vor. Meistens ist es aber erfolgversprechender, mit der Tätigkeit fortzufahren, der Sie sich im Augenblick zugewandt haben. Es kann weit wichtiger sein, das Nachdenken über eine Angelegenheit fortzusetzen, als sofort auf jede Bitte, jeden Telefonanruf oder jeden Brief zu reagieren.
Wenn nun am Tag mehrere Dinge unerwartet auf Sie zukommen, dann vergleichen Sie die Wichtigkeit und Dringlichkeit dieser Anliegen mit denen Ihres Planes. Stellen Sie in dieser Hinsicht stets Vergleiche an, werden Sie von den Ereignissen des Tages nicht einfach überrollt. Sie behalten einen klaren Kopf und lassen sich so leicht nicht mehr überraschen. Überlegen Sie immer erst, ob eine angeblich dringende Angelegenheit wirklich so dringlich ist, und orientieren Sie sich an Ihrer Prioritätsskala. Entscheiden Sie erst dann, wenn Sie sich mit der Angelegenheit befassen wollen. Machen Sie einen kurzen Eintrag in Ihr Notizbuch und übertragen Sie ihn vielleicht später in Ihr Erfolgsbuch.
Sie entlasten dadurch Ihr Gedächtnis, und das Unterbewußtsein kann in seiner Tätigkeit fortfahren. Störeinflüsse werden zudem vermieden. Verfahren Sie stets nach dieser Technik, bleibt die Verwirklichung Ihrer Ziele ungefährdet. Praktizieren Sie darum Übung 30.

Übung 30: Versuchen unvorhergesehene Ereignisse Ihren Plan durcheinanderzubringen oder umzustürzen, so vergleichen Sie die Notwendigkeit, in dieser Richtung tätig zu werden, mit der Dringlichkeit Ihrer planmäßigen Aktivitäten. Die richtige Einordnung Ihres allfällig erforderlichen Handelns zur Bewältigung des Tagesgeschehens ergibt sich dann von selbst. Darüber hinaus vermeiden Sie auch Störeinflüsse des Unterbewußtseins.

Die richtige Einordnung wird sehr erleichtert, wenn Sie sich stets fragen, welche Nachteile Ihnen erwachsen, wenn Sie die Beschäftigung mit dem Problem verschieben und nicht sofort damit beginnen. Der beste Zeitpunkt für Ihr Tun und Lassen wird so ganz einfach absehbar. Falls Sie sich nach Ihren Überlegungen überhaupt noch zur Tat entschließen. Denn Sie wissen ja, was man gemeinhin von Ihnen erwartet: Für andere alles und für Sie selbst nichts zu tun.
Halten Sie sich also an Übung 30 und lassen Sie sich Ihr Glück nicht von anderen stehlen. Nutzen Sie die Zeit zur Verwirklichung *Ihrer* Ziele, soweit dies nur irgend möglich ist.

Mit diesem Erfolgsprogramm überwinden Sie Fehlschläge

Häufig werden Sie Ihre Teilziele leicht verwirklichen können. Gelegentlich werden Sie aber auch einmal einen Rückschlag hinnehmen müssen, so daß sich ein Teilziel nicht gleich schon beim ersten Bemühen realisieren läßt.
Vielleicht ist die erhoffte Beförderung ausgeblieben.

Oder ein Mädchen hat Ihr Werben abgelehnt. Bereits bei der geringsten Belastung werden Sie wieder nervös. Sie beginnen wie früher zu schreien und zu toben oder sich in Ihr Schneckenhaus zu verkriechen. Möglich, daß Ihre Mitmenschen über Sie lächeln, und mit einem gewissen Recht, da Sie völlig vergaßen, jetzt erst recht die Erfolgstechniken der Menschenbehandlung anzuwenden. Haben Sie vielleicht gar Ihre Abmagerungskur unterbrochen und dazu erst noch Ihre sportliche Betätigung vernachlässigt? Bedienen Sie sich auch nicht mehr der Erfolgsplanung? Und bezweifeln Sie aufs neue Ihre Fähigkeiten? Nur weil entweder ein Plan nicht richtig überlegt oder falsch durchgeführt wurde?

Um welche Fehlschläge es sich auch immer handelt: Jetzt zeigt es sich, ob Sie wirklich der Schmied Ihres Glückes sind. Alle Menschen müssen dann und wann Rückschläge einstecken. Es wäre wirklichkeitsfremd und unwahr, zu behaupten, daß die Praxis der in diesem Buch dargelegten Übungen und die Anwendung der Techniken Sie mit Sicherheit vor jedem Rückschlag bewahren würde. Nein, jetzt geht es einzig darum, daß wir uns mit den Rückschlägen auseinandersetzen. Um es vorwegzunehmen: Das Erfolgsgeheimnis zu deren Überwindung besteht wiederum darin, sich der Möglichkeiten des Unterbewußtseins zu bedienen.

Ihr Unterbewußtsein befähigt Sie selbstverständlich auch mit solchen Situationen fertig zu werden und den Mißerfolg zu verkraften. Sofern Sie sich auch jetzt erfolgsgerecht verhalten und Ihre vielfältigen Möglichkeiten nutzen, vermögen Sie wie so viele bedeutende Menschen weitere große Erfolge zu erzielen.

Wer Rückschläge nicht zu ertragen versteht, scheitert daran, daß er mit falschen Reaktionen gerade jene Vorgänge im Unterbewußtsein zu unterdrücken und vereiteln sucht, die zur Überwindung so dringend notwendig wären.

Stellen wir uns einmal vor, Sie hätten einen Fehlschlag erlitten. Natürlich sind Sie dann im Augenblick deprimiert, mutlos und ängstlich und meinen vielleicht, Ihr Endziel nicht erreichen zu können. Solche Gefühlsprozesse werden weitgehend vom sympathischen Nervensystem gesteuert, mit dem Ergebnis, daß der Körper zur Gegenwehr Adrenalin produziert. Die dadurch hervorgerufene Erregung wiederum beeinträchtigt aber die Fähigkeit zu präzisen Überlegungen.

Werden Sie sich deshalb Ihrer Enttäuschung bewußt und zwingen Sie diese nicht über verborgene Bahnen in jene unterbewußten Gefühlsreservoire hinunter, von wo sie Sie bei nächster Gelegenheit überfallen und Ihr zielgerichtetes Handeln zunichte machen. Die Bewußtmachung löst gefühlsnegative Prozesse auf, bevor sie ins Unterbewußtsein dringen und zu unliebsamen Störfaktoren werden, deren Opfer wieder Sie und Ihre Absichten wären.

In solchen Situationen ist es nicht unbedingt zweckmäßig, sofort nach einem neuen Plan zu suchen, der die Fehler des ersten vermeidet. Und es wäre völlig falsch und reine Kraftvergeudung, sogleich stundenlange Überlegungen nach den Erfolgsvoraussetzungen anzustellen, hat doch der Betroffene immer noch «sein Brett vor dem Kopf».

Viel gescheiter ist es, etwas ganz anderes zu tun, sei es, seinem Hobby zu frönen, von der nächsten Urlaubsreise zu träumen oder mit der Frau ein Theater zu besuchen. Nehmen Sie gleichsam einen Situationswechsel oder eine Übertragung vor. Ob Sie sich nun der Illusion zukünftiger Urlaubserlebnisse hingeben oder gepackt dem Schauspiel auf der Bühne folgen – stets begeben Sie sich in eine andere Welt, so daß sich Ihr Bewußtsein aus der Ebene Ihres erfolgsbestrebten Interesses löst. Doch nicht nur Ihr Bewußtsein, sondern auch Ihr Empfinden wird so an andere Bezugssysteme geknüpft. Nehmen Sie An-

teil an einem anderen Geschehen, transzendieren Sie das eigene Ich. Sie heben es über die gewohnte Wirklichkeit und Wirksamkeit hinaus. Mit solch transzendierenden Effekten sind dann ihrerseits wieder parasympathische Körperreaktionen verbunden, die sich auf das geistige und seelische Befinden günstig auswirken.
Doch nicht nur das. Noch während die bewußten, rationalen Oberflächenschichten des Gehirns negativ auf den Fehlschlag reagieren, setzen Sie in den tieferen Schichten des Gehirns bereits unbewußte Funktionen in Gang. Jeder weiß, daß weder das Geschehen auf der Bühne noch die Illusion der Zielverwirklichung der eigentlichen Realität entspricht. Aber das beeinträchtigt die Spielfunktion des Unterbewußtseins keineswegs, genauso wenig wie Widersprüche seine Traumtätigkeit behindern. Da sich das Unterbewußtsein (und teilweise auch das Oberbewußtsein) im Theatergeschehen spiegelt und sich mit den Gestalten auf der Bühne identifiziert, wird das tatsächliche Erlebnis erst durch Reaktionen des Unterbewußtseins möglich. Es setzt sich mit dem Helden gleich, es fühlt und denkt wie er und löst so die vielfältigsten Gedanken und Empfindungen aus. Das Bühnengeschehen wie auch das Betrachten von Zielbildern sind darum nur insofern und insoweit reizvoll, als diese Reize durch das Spielvermögen des Unterbewußtseins zustande kommen. Mit Hilfe der Identifikation und der gedanklichen Introversion wird also quasi der Motor Ihres Unterbewußtseins angeworfen. Es werden im Unterbewußtsein integrative Kräfte geweckt, die sehr bald die negativen Auswirkungen des Fehlschlags oder der Niederlage beseitigen. Vor allem aber lösen solch unterbewußte Spiele neue Assoziationen aus, nachdem Sie ja schon während Ihres Vergnügens spielend Phantasiespiele des Unterbewußtseins arrangierten. Deren Ausstrahlung erstreckt sich später in Form unterbewußter Gedankenspiele und Traumbilder auch auf das Be-

zugssystem Ihrer Erfolgsinteressen. Mit anderen Worten: Widmen Sie sich zwischenhinein anderen Vorgängen, verschwindet auch Ihr «Brett vor dem Kopf». Sie denken anschließend klarer und kreativer.

Manche Theaterbesucher haben schon während der Aufführung großartige Ideen, andere gleich hinterher und nicht wenige erst am nächsten Tag. Bestimmt aber werden auch Sie, ob im Theater oder sonstwo, kreative Ideen entwickeln und Ihren Mißerfolg überwinden. Das fehlende Detail zur Verwirklichung Ihres Zieles wird sich sehr bald finden.

Verspüren Sie keine Lust auf einen Theater- oder Kinobesuch, weil Ihnen vielleicht das Programm nicht zusagt oder Sie keine Eintrittskarten erhielten, laden Sie eben Ihre Frau zu einem Essen in einem guten Lokal bei zarter Musik ein. So lösen Sie nicht nur sich selbst, sondern gleichzeitig auch Ihre Frau aus der Routine des Alltags. Sie können sicher sein, daß Ihr anschließendes intimes Beieinandersein um so schöner sein wird. Wenn Sie dann gemeinsam die Höhepunkte der Liebe erreichen, praktizieren Sie eine ganz besondere Art, sich zu transzendieren und die Alltagserfahrung hinter sich zu lassen. Sie beglücken Ihre Frau und sich, und bald werden sich ebenso beglückende Ideen einfinden. Versuchen Sie es nur. Sie werden es erfahren. Auf diese Art ist sogar ein Erfolgsgedanke geboren worden, der später mit dem Nobelpreis belohnt wurde.

Natürlich können Sie auch einen Theaterbesuch, ein gemeinsames Abendessen und zärtliche Stunden miteinander kombinieren. Ihr Vergnügen und das Ihrer Frau ist dann um so größer, Ihre Einfälle sprudeln um so eifriger.

Auf gute Ideen zu kommen, bedeutet folglich nicht, sich nur mit sich selbst zu beschäftigen. Es ist auch nicht erforderlich, in den tranceartigen Zustand des Dichters und Mathematikers zu verfallen, wie ein Wachträumer

ständig in seiner Phantasiewelt zu weilen oder einzig auf die Traumspiele des Schlafs zu hoffen.
Haben Sie also einen Fehlschlag erlitten, verfahren Sie einfach nach dem folgenden Programm.

Übung 31:
Erfolgsprogramm zur Überwindung eines Fehlschlages

1. Registrieren Sie achtsam Ihre Gefühle, damit sie nicht ins Unterbewußtsein verdrängt werden. Doch verfallen Sie nicht in den Fehler, in Selbstmitleid zu zerfließen und negative Stimmungen zu kultivieren.
2. Beschäftigen Sie sich mit Ihren Hobbys. Oder machen Sie sich mit Ihrer Frau einen netten Abend. So entfremden Sie sich erfolgsnegativen Routinegedanken.
3. Befallen Sie am nächsten Tag erneut destruktive Stimmungen und Verzweiflung, betreiben Sie dazu Autosuggestion (siehe Übung 11, Seite 91/92).
4. Zweifeln Sie vielleicht an Ihren Fähigkeiten, dann festigen Sie den Glauben an sich durch Autosuggestion (siehe Übung 12, Seite 92/93).
5. Suchen Sie die Schuld nicht bei anderen. Fragen Sie sich vielmehr: Wie kann ich besser überzeugen? Entschließen Sie sich dazu, jene der im Buch angegebenen Überzeugungstechniken anzuwenden, die auf Ihren bisherigen Erfahrungen aufbauen.
6. Seien Sie nicht starrköpfig. Halten Sie zur Verwirklichung eines Zieles nicht unbedingt am selben Plan fest. Und sagen Sie nicht: So muß es um jeden Preis möglich sein!

7. Fahnden Sie vielmehr nach dem Fehler, den Sie begingen. Beginnen Sie beim Mißerfolg. Versuchen Sie ihn zeitlich rücklaufend mittels einer Kausalitätsreihe zu erklären. Zerlegen Sie Ihren gesamten Plan in einzelne Schritte. Überprüfen Sie jeden Schritt auf seine Richtigkeit und bedienen Sie sich bei dieser Detailarbeit auch Ihrer Denkkartei (siehe Übung 22, Seite 200).
8. Finden Sie Ihren Fehler nicht? Dann vermehren Sie Ihr für die Zielverwirklichung notwendiges Wissen! Oder haben Sie etwa nur eine Kleinigkeit übersehen?
9. Fällt es Ihnen schwer, weitere Energie zur Verwirklichung des Zieles aufzubringen? Dann nehmen Sie den Bilderband der Ziele zur Hand. Geben Sie sich ganz der Illusion hin, das Ziel bereits erreicht zu haben. So verstärken Sie die integralen, das heißt einordnenden und auf ein Ganzes ausrichtenden Kräfte Ihres Unterbewußtseins.
10. Stellen Sie beim Überdenken von Erfolgsursachen fest, daß Ihnen Sicherheit oder Überlegenheit fehlen, verstärken Sie das Übungsprogramm in dieser Richtung.
11. Denken Sie daran: Gelegentliche Rückschläge bei der Entwicklung unterbewußter Fähigkeiten sind zu erwarten, ja sogar notwendig und normal. Mit den hier genannten Techniken überwinden Sie aber jeden Fehlschlag. Die unbewußten Kräfte werden Ihnen nachher um so ergiebiger zufließen.
12. Unternehmen Sie den nächsten Versuch zur Zielverwirklichung erst dann, wenn Sie eine bessere Idee haben oder den Fehler fanden.
13. Sollte der nächste Versuch entgegen allen Erwartungen wieder einen Fehlschlag zeitigen, arbeiten Sie erneut dieses Programm durch.

14. Befolgen Sie all diese Ratschläge und stellen Sie trotz aller Bemühungen fest, daß Ihnen keine Erfolgsgedanken mehr einfallen, dann macht Ihr Unterbewußtsein eine schöpferische Pause. Greifen Sie ein anderes Ziel auf und beschäftigen Sie sich mit diesem. Doch kehren Sie nach einiger Zeit zur Verwirklichung Ihres mißglückten Teilzieles zurück.

Dieses Programm wird Sie in die Lage versetzen, jeden Rückschlag zu überwinden und Ihre Ziele schließlich doch zu erreichen, zumal Ihre Kräfte mit den Schwierigkeiten wachsen. Das Wachstum Ihrer unterbewußten Fähigkeiten vollzieht sich zwar kontinuierlich, doch ist es nicht immer registrierbar. Sehr oft ist der Strom der unterbewußten Kräfte nach einem Fehlschlag und einer schöpferischen Pause deutlicher zu spüren und der Zug auf das Ziel hin merklicher. Finden Sie sich mit dieser Rhythmik ab und versuchen Sie nicht, den Prozeß mit Gewalt zu beeinflussen. Sonst verschwenden Sie nur Nerven, weil Sie nicht das Richtige zum richtigen Zeitpunkt tun.

Nehmen Sie den zeitweiligen «Stillstand» als notwendige Phase in der Entwicklung unterbewußter Kräfte hin und stören Sie ihre harmonische Entwicklung nicht. Denn in den Tiefen des Unterbewußtseins verlaufen trotz der vermeintlichen Ruhepause die mannigfaltigsten und subtilsten geistigen Prozesse. Sie registrieren Sie nur nicht. Gewöhnlich dauert es nicht lange, bis Sie wieder mit den erstaunlichen Ergebnissen der verborgenen Assoziationsspiele überrascht werden.

Ihre unbewußten Kräfte werden nie versiegen. Darauf können Sie sich verlassen. Sie haben aber fast so etwas wie einen eigenen Willen, und den muß man ihnen lassen. Man muß ihnen Zeit lassen und Geduld üben, was sich ja lohnt. So werden Sie Ihre Ziele um so bestimmter erreichen.

9. Kapitel

So entfalten Menschen die Kräfte ihres Unterbewußtseins

Sie wissen nun, wie Sie vorzugehen haben, um Ihre Wünsche und damit Ihre Lebensziele zu verwirklichen. Sie praktizieren die im Buch dargelegten Erfolgsregeln, schaffen Aktivitätszentren im Unterbewußtsein und nutzen seine Kräfte!

Schon die Anwendung der Erfolgsregeln sollte Ihnen eigentlich viel Freude bereiten. Sie kommen ja Ihren Zielen von Tag zu Tag näher, weil Sie mit jedem Problem fertig werden. So steuern Sie erfolgreich Ihr Lebensschifflein durch die Wellen, und Ihr Wertgefühl wächst.

Leider ist es aber häufig so, daß nur solche Techniken zur Zielverwirklichung angewandt werden, die nicht auch die Kräfte des Unterbewußtseins mobilisieren, so daß Wissen und Können immer oberflächlich bleiben. Die Erfolge fallen dann nur spärlich aus, die Arbeit daran macht keinen Spaß mehr und wird als Last empfunden. Und bald geben jene unzulänglich Motivierten jedes weitere Bemühen auf, weil sie an sich und ihren Fähigkeiten zweifeln.

Die Methode, Aktivitätszentren im Unterbewußtsein zu schaffen (in der Folge immer als A-Methode bezeichnet), macht es jedoch möglich, jedes Hindernis zu überwinden und sozusagen über den eigenen Schatten zu springen, da die Netzeffekte Ihres Unterbewußtseins Ihre Kräfte potenzieren. Und wer mit dieser Methode einmal begonnen hat, dem werden sich spielend und automatisch, also von selber immer weitere Bereiche der Selbstverwirklichung erschließen. Haben Sie damit noch keine eigenen Erfahrungen gemacht? Und wollen Sie das Buch erst zu Ende lesen? Dann lassen Sie mich von den Erfahrungen anderer mit dieser Technik berichten.

Vier Beispiele erläutern Ihnen, wie ganz verschiedene Menschen dank der erstaunlichen Möglichkeiten ihres Unterbewußtseins zu Erfolg und Glück gelangten.

Im ersten Beispiel berichtet ein Angestellter von seinen

Erfahrungen mit der A-Methode, mit deren Hilfe er den Teufelskreis seiner Fehlmechanismen zu durchbrechen und das angestrebte Berufsziel endlich zu erreichen vermochte.
Das zweite Beispiel handelt von einer Hausfrau, die nach der A-Methode ihre schöpferischen Fähigkeiten entwickelte und zu malen begann.
Drittens erzählt ein Angestellter, der auf Grund dieser Methode ungeahnte Begabungen entdeckte und zu einem anerkannten Archäologen wurde.
Abschließend berichtet ein Student, wie ihm die Denkkartei als Hilfsmittel der A-Methode geistige Einsichten verschaffte und wie er endlich lernte, seine Geisteskräfte richtig zu gebrauchen, um mit Erfolg ein Examen abzulegen.
Auch Sie werden mit den Kräften Ihres Unterbewußtseins ein neues Leben beginnen, unabhängig davon, wie alt Sie sind und welche Ziele Sie sich setzen. Das Glück winkt jedem und ist für alle erreichbar. Man muß es nur begreifen und ihm durch die Tat Gestalt und Wirklichkeit verleihen.

Erstes Beispiel: Ein Angestellter realisiert seinen Berufswunsch

Ich lernte Herrn K. schon während meiner Tätigkeit in einem Industrieunternehmen kennen. Er war nett und hilfsbereit. Als Laborant hatte er ständig neue Versuchsreihen durchzuführen. Da ihn diese Arbeit nicht befriedigte, bildete er sich auf einer Abendschule beruflich fort. Nach dreieinhalb Jahren hatte er diese Ausbildung beendet und legte die Technikerprüfung ab. Doch damit war er noch immer nicht am langersehnten Ziel angelangt. Denn sein Wunsch war es, die Enge des Versuchslabors mit dem für ihn interessanteren Feld der Kundenberatung zu vertauschen. Mit der Technikerprüfung hatte er seine fachliche Qualifikation nachgewiesen; jetzt fehlte ihm nur noch das entsprechende Betätigungsfeld.

Seinem Wunsch, in der Firma, in der er arbeitete, einen entsprechenden Posten zu erhalten, hätte nichts mehr im Weg gestanden, wäre nicht ein schwieriges Problem aufgetaucht.

K. meinte nämlich, sein Vorgesetzter müsse immer alles besser wissen als er selbst, weil er grundsätzlich allen sogenannten Autoritäten sehr viel Respekt entgegenbrachte. Sein Vorgesetzter deutete die Ursache dieses Verhaltens völlig falsch. Er erkannte darin die Unfähigkeit, eigene Initiative zu entwickeln und Veranwortung zu übernehmen. Deshalb wurde K. die gewünschte andere Tätigkeit nicht zugestanden.

K. tat, was in solchen Fällen immer richtig ist: Er suchte bei einem anderen Unternehmen den Posten, der seinen Wünschen entsprach. Doch noch während der Probezeit mußte K. die neue Firma wieder verlassen. Es bestand kein Zweifel: K. war wieder an seinem Fehlmechanismus gescheitert. Da seine Unselbständigkeit auch die Kunden verunsichert hatte, war sie womöglich noch unangenehmer aufgefallen.

K. fand sehr schnell wieder eine andere Stellung. Aber wieder mußte er sich mit einer uninteressanten Tätigkeit begnügen, und so bedrückte ihn weiterhin die Tatsache, seinen Berufswunsch nicht realisieren zu können. Natürlich zweifelte er nun auch noch an sich und seinen Möglichkeiten, so daß sich sein Fehlverhalten noch stärker ausprägte.

Zufällig traf ich ihn zu jener Zeit. Betrübt schilderte er mir sein Problem. Und er vergaß nicht zu erwähnen, daß er neben Büchern über Entspannungstechniken auch solche über Selbstanalyse studierte. Diese Lektüre habe

ergeben, daß er sich richtig verhalte. Sein Mißerfolg sei ihm deshalb unbegreiflich.
Offenbar hatte K. aber über den Inhalt der Bücher hinweggelesen. Er verstand es nicht, bei sich geistige Prozesse in Gang zu bringen, die ihm auf seinem eigenen Erlebnisfeld zu Selbsterkenntnis verholfen hätten. Daher drehte sich K. weiter im Kreise seiner Mißerfolge und wurde immer wieder das Opfer seiner unbewußten Fehlmechanismen.
Ich riet K., nach der hier beschriebenen Methode im Unterbewußtsein Aktivitätszentren zu schaffen. Und ich bat ihn, die nachstehend geschilderte Technik anzuwenden.

Eine spezielle Technik der A-Methode

1. Skizzieren Sie schriftlich Ihr Verhalten. Tun Sie nur das! Stellen Sie noch keine Betrachtungen darüber an, was allenfalls richtig oder unrichtig daran war.
2. Überlegen Sie sich nach einer Woche – vollkommen unbeeinflußt von Ihrer ersten Niederschrift –, was
   a) grundsätzlich zum Erfolg,
   b) mit Sicherheit zum Mißerfolg führen müßte.
   Beschaffen Sie sich auch Bücher, damit Sie ein umfassendes Wissen auf dem Gebiet erlangen, das Ihre Überlegungen betrifft. Halten Sie die Erkenntnisse schriftlich fest. Sie werden dann zu eigenen Erkenntnissen gelangen, Fragen Sie bei Ihren Überlegungen immer nach dem Warum.
3. Wenn Sie mit Punkt 2 mindestens zwei Wochen verbracht haben, vergleichen Sie nun Ihr skizziertes Verhalten mit den ermittelten Erfordernissen. Doch tun Sie das nur anhand Ihrer Aufzeichnungen.

Diese Technik gilt übrigens allgemein und für jeden Fall. Auch Sie sollten danach verfahren, wenn eines Ihrer Unternehmen scheiterte oder Sie bisher ohne Ergebnis nach noch unbekannten Erfolgsnotwendigkeiten suchten.
Doch nun zurück zu Herrn K. Nach vier Wochen besuchte er mich und erzählte von seinen Erfolgen. Doch lassen wir ihn selbst berichten.
«Eigentlich schien mir zunächst ein solches Gedankenspiel überflüssig. Es auch noch schriftlich auszuführen, hielt ich erst recht für unnötig. Trotzdem begann ich, freilich mehr aus Freude an der spielerischen Logik als aus Hoffnung, den Teufelskreis meiner Mißerfolge zu durchbrechen. Ich wandte sogar jeden Abend fast zwei Stunden dafür auf, und um ganz sicher zu gehen, besorgte ich mir Bücher über die Verhaltensweisen von Menschen und arbeitete sie durch.
Mein Gedankenspiel zum Erfassen der Erfolgsbedingungen, die zu meinem Ziel führen würden, wickelte sich so ab:

Erste Frage: Was ist notwendig, um in der Kundenberatung Erfolg zu haben?
Antwort: Den Kunden mit gediegenem Sachwissen zu überzeugen.
Zweite Frage: Wie muß ich mich verhalten, damit ich den Kunden zu überzeugen vermag?
Antwort: Er muß meine Kompetenz und fachliche Überlegenheit erkennen können. Er muß für sich die Überzeugung gewinnen, daß ich etwas kann.

Ich will hier die Entwicklung meiner Gedankenkette nicht weiter darstellen, obwohl dies vielleicht für andere interessant und nützlich wäre. Nach einigen Wochen Arbeit mit dieser speziellen Technik der A-Methode erlebte ich etwas Überraschendes. Auf einmal begannen

meine schriftlich entwickelten Feststellungen und Gedankenreihen ein Eigenleben zu führen. Häufig gingen sie mir auch dann durch den Kopf, wenn ich mich gar nicht mit ihnen beschäftigen wollte.
Während eines Spazierganges schließlich formierten sich alle meine niedergeschriebenen Stichworte plötzlich zu einer einzigen Kette. Ich sah vor meinem geistigen Auge gleichzeitig in Bild und Wort die Erfolgsnotwendigkeiten, die ich erkannt hatte, und mein bisheriges Verhalten. Der miteinander gekoppelte Ablauf meiner Gedächtnisinhalte machte mir manches erst jetzt so recht bewußt und hatte auch vollkommen neue Erkenntnisse zur Folge. So etwas hatte ich bisher noch nie erlebt. Ich war völlig verblüfft, aber noch verblüffender war die Tatsache, daß ich nun meine Fehler klar vor mir sah und fast mit Händen greifen konnte.
Jetzt erfaßte ich auch, zu welchen Leistungen das Unterbewußtsein fähig ist. Um es in der Sprache der Fachleute auszudrücken: Ich hatte unter Anwendung der A-Methode die Netzeffekte meines Unterbewußtseins dazu verwendet, Assoziationskomplexe zu bilden. Sie waren es, die mir ganz neue Einsichten in die Realität bescherten. Aus dem geistigen Nebeneinander von Faktenreihen ergab sich für mich durch deren Verschmelzung eine ganz neue Beziehung zur Wirklichkeit. Mein Unterbewußtsein konnte aber diese Leistung nur deshalb vollbringen, weil ich mit kleinen Bausteinen von Sachverhalten zu spielen begonnen hatte.»
Beenden wir hier die Ausführung des Herrn K., der heute übrigens Leiter der Anwendungstechnik eines mittleren Unternehmens ist. Die letzte Postkarte, die er mir schickte, kam von der Karibik . . .

Zweites Beispiel: Eine Hausfrau entdeckt eine neue Wirklichkeit und beginnt zu malen

Frau L. berichtet:
«Während mehr als zehn Jahren beschäftigte ich mich mit nichts anderem als mit dem Haushalt. Anfangs machte mir diese Arbeit viel Spaß, und mit zwei Kindern hatte ich auch alle Hände voll zu tun. Wenn ich so zurückschaue, kann ich eigentlich nur sagen: Es ist etwas Schönes, kleine Kinder großzuziehen. Doch nun sind mein Junge und meine Tochter schon 14 und 15 Jahre alt. Beide füllen ihr Leben bereits mit eigenen Interessen aus. Manchmal habe ich sogar den Eindruck, bald gar nicht mehr gebraucht zu werden, wenn man von meinen hausfraulichen Arbeiten einmal absieht, die meiner Familie alle Annehmlichkeiten bieten. Doch wo bleibe eigentlich ich? In zwei Jahren werde ich bereits vierzig sein. Und die Mitte des Lebens ist für mich wahrscheinlich schon überschritten. Das bisher immer noch ungewisse Gefühl, das Leben ginge achtlos an mir vorbei, befiel mich in der letzten Zeit immer heftiger. War ich nicht ganz in der Arbeit für andere aufgegangen? Für meinen Mann und meine Kinder? Was war denn aus all meinen Plänen geworden, die wie jeder auch ich einmal schmiedete?
Diese Fragen beschäftigten mich schon seit Monaten. Und während unseres letzten Holland-Urlaubs bedrängten sie mich stärker denn je zuvor. Wir besichtigten damals unter anderem das Rijks- und das Vincent-van-Gogh-Museum in Amsterdam. Mein Mann und meine Kinder bestaunten dort die Bilder der großen Maler. Plötzlich fühlte ich mich um fast zwanzig Jahre zurückversetzt. Wie die genialen Maler hatte auch ich einmal eine große Liebe zur Malerei empfunden, da mich der Rausch der Farben und besonders die faszinierende Wirkung von Farbkombinationen schon immer bezau-

berten. Zwei Bilder van Goghs zogen mich völlig in ihren Bann: das mit der Vase und der blauen Irisblume vor einem gelben Hintergrund und das Porträt von Camille Roulin.
Ich verglich diese beiden Bilder mit den Schöpfungen des holländischen Malers Rembrandt. Der Vergleich drängte sich ja förmlich auf, hatte uns doch der Weg vom Rijks-Museum mit seinen Rembrandtbildern direkt ins Vincent-van-Gogh-Museum geführt, das nur zehn Minuten davon entfernt war.
Die flammende Malweise des Expressionisten van Gogh mit ihrer Symphonie von Farbtupfen beeindruckte mich persönlich mehr als die Hell-Dunkel-Konturen Rembrandts. Eine Frage beschäftigte mich intensiv: Was hat eigentlich die besondere Maltechnik van Goghs geprägt? Und welche Einflüsse haben wiederum den Maler Rembrandt geformt? Zeigen sich doch hier zwei völlig verschiedene Standpunkte und Bezugssysteme, auf die Wirklichkeit zu schauen.
Der Vergleich zweier völlig verschiedener Malweisen, mehr durch die Zufälligkeit unseres Urlaubs bedingt als systematisch angestrebt, schob für mich die Frage nach dem Warum in den Vordergrund und ließ mich nicht mehr los. Da ich bereits in der Jugend eine Vorliebe für die Malerei hegte, hatte ich schon früher Fotografien von Werken beider Maler betrachtet. Während ich jedoch damals in den unterschiedlichen Techniken allein ein individuelles Merkmal der Maler erblickte, dachte ich nun zum ersten Male darüber nach, von welch unterschiedlichen Erlebniswelten doch die Malweise dieser Künstler geprägt worden war.
Aber auch eine weitere Frage drängte sich mir auf: Hatte eigentlich auch ich schon meine ganz persönliche Beziehung zur Wirklichkeit gefunden? Mußte ich mich nicht schon deshalb innerlich verkümmert fühlen, weil eine solche fehlte? Für mich gab es ja nur die Wirklich-

keit der dreckigen Hemden, sauberen Teller, niederen Lebensmittelpreise und dergleichen. Natürlich strengt auch die Hausfrauenarbeit an, und gewiß hat auch sie ihren Wert. Doch war ich nicht selbst schuld, wenn ich mich nicht mit anderem beschäftigte? Wenigstens dreiviertel Stunden im Tag müßten doch auch für mich selbst übrig sein, wenn mir die Familie etwas Arbeit abnähme. War es zum Teil also nicht mein Versagen, wenn ich nicht auch eine größere Wirklichkeit kannte? Fühlte ich mich nicht deshalb leer, weil mir eigene Erlebnisse fehlten? Und war es nicht vollkommen falsch, von meiner Familie zu erwarten, mir solche Erlebnisse zu vermitteln?

Nachdem wir aus dem Urlaub nach Hause zurückgekehrt waren, beschäftigte ich mich eifrig mit Rembrandt und Vincent van Gogh. Ich besorgte mir Bücher mit Abbildungen und versuchte, die Kunstwerke besser zu verstehen. Immer wieder betrachtete ich van Goghs blaue Irisblumen vor dem gelben Hintergrund. Ich entdeckte, daß das Blau der Blumen nur vor dem gelben Hintergrund so stark leuchtete, als ob das Gelb dieses Leuchten selber hervorrufen würde. Und ich gewann den Eindruck, van Gogh habe besonders auf diese Wirkung hinweisen und sagen wollen: ‹Schaut, wie das Gelb des Hintergrundes das Blau der Blume verwandeln kann.› Damit erkannte ich im Bild die Absicht des Künstlers, auf einen Aspekt hinzuweisen, der ihm aufgefallen war. Das Gemälde sollte den Betrachter dazu einladen, das Erlebnis des Künstlers zu teilen.

Da ich eingehend die Werke beider Maler verglich, vertiefte sich mein Verhältnis zu ihnen schnell. Ich fragte mich stets, warum sie gerade diese oder jene Farbenzusammenstellung gewählt hatten, und ich probierte auch selbst Farbenspiele aus, indem ich Farben auf einem Zeichenblock mischte. Natürlich ließen sich meine Erlebnisse mit Worten schlecht ausdrücken. Oft war es

mir auch unmöglich, bei all den vielen Farbkombinationen etwas Brauchbares herauszufinden. Aber das war auch gar nicht notwendig, denn plötzlich verspürte ich eine unbändige Lust, mehr als nur Farbspielereien auszuführen, und ich entdeckte, daß ich anfing, mit eigenen Augen zu sehen und zu zeichnen.
Aus Interesse besuchte ich einen Malkurs der Volkshochschule. Ich versuchte, mir dort für meine eigene Malerei noch mehr Geschick und Wissen anzueignen. Dabei bemerkte ich bald, daß die Leinwand die Farben verändert. Sie wirken auf dem weißen Viereck immer anders als in der Natur. Der Maler muß deshalb gewisse Kniffe anwenden und die Farben und Formen verstärken und auch vereinfachen.
Auch muß man ein eigenes Verhältnis zum Modell entwickeln. Selbst ein einfaches Porträt ist ja nie bloß eine Kopie der Wirklichkeit. Bei jeder Betrachtung trägt man doch die eigene Person an den Gegenstand heran, sein eigenes Sehen und Denken und Fühlen, so daß die Malereien eben auch davon ein Abbild sind. Jedenfalls sind die Bilder in Stil und Inhalt immer so, wie das Auge des Malers den Gegenstand sieht – und nicht eine direkte Wiedergabe des Gegenstandes.
Als ich mir genügend handwerkliches Können erworben hatte, stellte ich mir die Frage, was denn nun *ich* auf meinen Bildern darstellen wollte. Um die Dinge mit meinen eigenen Augen zu sehen, mußte ich aber erst noch mein Verhältnis zu ihnen verfeinern. Das fiel mir deshalb leicht, weil ich mich schon mit den Schöpfungen der beiden genannten Maler auseinandergesetzt hatte und bei der Beurteilung dieser Werke zum ersten Mal darauf gekommen war, daß auch ich mir von der Wirklichkeit eine ganz persönliche Vorstellung machte.
In den Motiven, die ich malte, versuchte ich diesen Vorstellungen Ausdruck zu verleihen. Dabei entwickelte sich mein eigener Stil, der sich mit der Zeit ganz von den

früheren Vorbildern entfernte und immer mehr mir selber und meinem inneren Wesen entsprach. Der Leiter des Malkurses, den ich weiter besuche, meint, ich sei sehr begabt. Ob sich meine Bilder je verkaufen lassen, weiß ich nicht. Aber ich weiß sicher, daß mir das Malen dazu verholfen hat, ein frisches und überaus faszinierendes Leben zu beginnen. Ich habe meine Krise überwunden. Das Leben kann herrlich sein, wenn man immer wieder Neues entdeckt und etwas tut, das ihm Sinn gibt und das einem selber gehört.
Es ist eigentlich ganz einfach. Man muß nur irgendwo anfangen, am besten bei Dingen, für die man sich seit jeher interessierte. Auf diese Art kann jeder glücklich werden. Es sollte niemand nur passiv seine gewohnte Rolle weiterspielen, sondern entschlossen dem nachgehen, wozu ihn sein Inneres treibt. Dann wird die enge Welt des leiden Alltags plötzlich groß und weit und man stößt auf eine erregende Wirklichkeit, in der man schließlich seinen Platz finden kann und immer mehr zu sich selbst kommt, zu einer Person, von der man vorher kaum etwas geahnt hat. So bin ich zur Malerin geworden, zu einem ganz anderen Menschen. Und meine Hausfrauenpflichten erfülle ich seither viel fröhlicher und unbeschwerter, auch viel umkomplizierter, weil ich jetzt mein eigenes Leben lebe und der Haushalt nur ein Teil davon ist.
Mein Mann und meine Kinder sehen und spüren das, und wir sind alle viel glücklicher geworden.»

Drittes Beispiel: Ein Angestellter erzählt, wie er zu einem anerkannten Archäologen wurde

«Mein leidenschaftliches Interesse an der Antike entflammte – wenn ich so sagen darf – während einer Griechenlandreise. Von der Hetze des Alltags befreit, schlenderten meine Frau und ich eines Tages an antiken Bauwerken vorbei. Die Überreste der alten Bauten übten auf mich ganz unerwartet einen starken Reiz aus. Waren mir noch am Abend zuvor Gedanken an meine berufliche Arbeit durch den Kopf gegangen (offenbar lag es daran, daß wir erst einige Tage Urlaub machten), war nun plötzlich jede Erinnerung an den beruflichen Alltag ausgelöscht. Eine neue Welt zog mich in ihren Bann, und mein eigenes Ich mit all seinen Sorgen und Kümmernissen verschwand im Hintergrund. Selbst als wir abends zu Tisch saßen, stand ich noch immer unter dem Eindruck dieser packenden Erlebnisse.

Als wir aus dem Urlaub nach Deutschland zurückkehrten, verschaffte ich mir über die griechische Antike ausführliche Literatur. Ich interessierte mich aber auch für unsere deutsche Vergangenheit und machte die Beschäftigung mit ihr zu meinem eigentlichen Steckenpferd. Besonders fesselte mich die Technik der Ausgrabungen, da bei ungeschicktem Vorgehen seitens der Archäologen kostbare Kunstwerke beschädigt oder gar zerstört werden können. In meiner Freizeit führte ich nun einige Ausgrabungen in Deutschland durch. Bald erregte ich die Aufmerksamkeit und Anerkennung der archäologischen Fachwelt. Eine ihrer Gesellschaften ernannte mich sogar zu ihrem Ehrenmitglied.

Da ich vor zwei Jahren einen Arbeitsunfall erlitt, konnte ich meiner beruflichen Tätigkeit nicht weiter nachgehen und hatte als Frührentner nun den ganzen Tag Zeit, mich mit meinem zweiten und eigentlichen Beruf zu befassen. Von den Ergebnissen meiner Ausgrabungen im

Rheinland war die Fachwelt sehr begeistert. Ich wurde schließlich so bekannt, daß ich von der Bundesregierung den Auftrag erhielt, am Niederrhein weitere Ausgrabungen vorzunehmen.

Trotz des Unfalls ist mein Leben viel ausgefüllter geworden. Die Beschäftigung mit vergangenen Zeiten hat meinen geistigen Horizont erheblich erweitert, weshalb ich heute auch weit intensiver zu empfinden und zu erleben vermag. Denke ich an jene Jahre zurück, da ich noch einzig meine Angestelltentätigkeit verrichtete, erinnere ich mich auch dieses Empfindens von Leere und Stumpfheit, das damals leise in mir bohrte und mich sehr oft unzufrieden und launisch stimmte. Es war, als sei in meinem Inneren etwas verschüttet und könne nicht zu mir durchbrechen, denn ich fühlte sehr deutlich, daß da noch etwas anderes war im Hintergrund. Oder, wenn Sie wollen, im Untergrund. Ich hätte damals natürlich diesen dumpfen und zwiespältigen Regungen keinen Namen zu geben vermögen. Dazu waren sie zu weit entfernt, zu schwer faßbar. Heute freilich ist mir bewußt, daß es sich um nichts anderes als um unformulierte und noch unausgegorene Wünsche handelte.

Ich hatte schon immer einen ausgesprochenen Hang zur Gründlichkeit, und eben deshalb vermochte mich meine Arbeit als Angestellter nie ganz zu befriedigen. Ich wollte wissen, wie es eigentlich zu den Vorgängen kam, von denen ich immer nur einen Teil zur Erledigung erhielt, ohne je das Ganze überblicken zu können. Da es mir in meiner Position, wie ich glaubte, nicht anstand, derart indiskret zu sein, gestand ich mir auch meinen Drang nie offen ein, hinter die Kulissen zu blicken und alles zu erfahren, was mich interessierte. Ich sah mich damals wohl als häßlichen kleinen Bürozwerg, und so mußte mich die schöne, imposante Struktur antiker Bauwerke, die teilweise aus dem Grund der Erde freigelegt aufragten, um so stärker beeindrucken.

Derart also kam ich zu dem entscheidenden Erlebnis in Griechenland. Es ist für meine ganze Zukunft bestimmend geworden, weil ich dem Schritt für Schritt gefolgt bin, wovon ich mich so machtvoll angerührt fühlte: Von der verborgenen und nur zum Teil offenbaren Struktur des Lebens, die viel tiefer reicht, als man im allgemeinen annimmt.»

Viertes Beispiel: Ein Student berichtet, wie er seine Prüfungsergebnisse erheblich verbesserte

«In meiner Schulzeit und noch im ersten Semester meines Studiums bereitete ich mich auf folgende Art auf Prüfungen vor. Ich nahm meine Aufzeichnungen des Lehrstoffes zur Hand und las diese mehrere Tage von früh bis spät durch. Einen Teil des Wissenstoffes verstand ich, der große Rest jedoch wurde mir nie klar. Immerhin gelang es mir, dank meines guten Gedächtnisses die Prüfungen jeweils schon im ersten Versuch zu bestehen.
Dies änderte sich plötzlich, als ich durch die Physikprüfung fiel. Der Prüfer fragte mich nämlich nicht einfach physikalische Gesetze ab, sondern stellte mir Aufgaben, bei denen ich zu beweisen hatte, das Wissen auch anwenden zu können. Und hierbei scheiterte ich katastrophal. Ich erkannte, daß es dringend notwendig war, meine gesamte Arbeitstechnik umzustellen, da ich sonst das Physikexamen niemals schaffen würde. Ich empfand dies als um so größere Belastung, als mir die Physik ohnehin keinen Spaß machte. Aber es mußte nun einmal sein.
Also machte ich mich zunächst daran, eine Wissenskartei der Physik anzulegen. Ich ordnete die Kartei in die Gebiete Mechanik, Wärmelehre, Akustik, Optik, Elek-

trizitätslehre und Atomphysik. Auf eine der Karten zur Rubrik Mechanik schrieb ich zum Beispiel die Formel des Energie- und Impulserhaltungssatzes. Ich fügte aber auch mein spezielles Wissen über die Einzelheiten und Zusammenhänge in Stichworten dazu. Auf die Karte des Bohr'schen Atommodells aus der Rubrik Atomphysik setzte ich entsprechend einen Hinweis auf den Energieerhaltungssatz und kommentierte auch da kurz den Zusammenhang.

So arbeitete ich die Gesetze der Physik in den großen Zügen durch. Dann beschaffte ich mir ein Buch mit einer Fragensammlung, das auch die Antworten in Kurzform enthielt. Ich versuchte nun, einzelne Aufgaben zu lösen. Natürlich war es mir fast immer unmöglich, die Fragen auf Anhieb richtig zu beantworten. Dann verglich ich die Antwort aus dem Buch mit der meinen. Oft stellte ich dabei fest, daß der Verfasser der Aufgabensammlung ein Grundgesetz der Physik anders als ich interpretierte. In solchen Fällen beschäftigte ich mich nochmals mit diesem Gesetz und zerlegte dessen Aussage in mehrere Teilaussagen, um mir über die Gedankenfolge noch größere Klarheit zu verschaffen und die Schlußfolgerung ganz zu verstehen. Ich stellte bei diesem Vorgehen ständig die Frage nach dem Warum, denn offenbar hatte ich etwas Wesentliches nicht erfaßt. Manchmal tauchte dieselbe Schwierigkeit gleich bei der Beantwortung mehrerer Fragen auf, so daß ich bei der Lösung immer wegen desselben Details scheiterte. Ich beschaffte mir darum noch andere Bücher, um sie bei der Klärung dieser speziellen Schwierigkeit zu Rate zu ziehen. Meistens hatte ich damit sofort Erfolg. Gelegentlich führte die Aufstellung meiner Kausalitätsreihen auch dazu, daß mir eine Erkenntnis aufging, ohne daß ich mich bewußt damit beschäftigte. Das war für mich immer eine besonders angenehme Überraschung.

Diese neuen Erkenntnisse bedeuteten für mich fast so-

viel wie eigentliche Entdeckungen, und ich war mächtig stolz darauf. Die vorher so nüchterne Physik wurde plötzlich interessant, und die Beschäftigung mit ihr begann mir stets größere Freude zu bereiten.
Die Prüfung wurde für mich zu einem Erlebnis. Angst- und Furchtgefühle, die mich sonst in Examen behindert hatten, kannte ich nicht mehr. Ich wußte ja nun, daß sie nur die unbewußte Reaktion auf meine Unsicherheit ausdrückten. Zudem war mir auch klar geworden, daß ich diese Methode der Geistesarbeit, wollte ich weiterhin Erfolg haben, in den übrigen Fächern ebenfalls anwenden mußte, ließ sich doch damit fast mühelos das Verständnis der Materie immer weiter vertiefen. Es wäre unsinnig gewesen, weiter nach der Ochsentour zu verfahren und sich den Stoff vor jeder Prüfung einzupauken, um dann im entscheidenden Moment festzustellen, daß man das meiste schon wieder vergessen hat.
Nun sind schon Jahre seit der Prüfung vergangen. Als Mediziner benötige ich die Physik nur noch wenig. Doch als ich neulich das Buch von Pascual Jordan «Der Naturwissenschaftler vor der religiösen Frage» las, lebte ein Teil meiner Einsichten wieder auf, als hätte ich sie erst eben erfahren».

Erfolg und Glück sind für jeden da

In den vorigen Abschnitten haben Sie an vier Beispielen gesehen, wie verschiedene Menschen den Weg zu Ihrem persönlichen Erfolg und Glück fanden. Erfolg bedeutet aber nicht einfach, irgendein Ziel zu erreichen. Viel wichtiger ist der Sinngehalt, den er für den Betreffenden aufweist.
Dem Techniker im ersten Beispiel gelang es durch Selbsterkenntnis, seine hemmende Autoritätsgläubigkeit

zu überwinden, die ihm bei seiner beruflichen Erfolgssuche im Weg stand. Durch Kontakte zu anderen Menschen im In- und Ausland erweiterte er überdies seine enge Erlebniswelt.
Die Hausfrau wiederum fand durch die Malerei zu sich selbst, weil sie mit eigenen Augen Aspekte der Wirklichkeit entdeckte, die sie früher nie bemerkt hatte. Und auf Grund der selbstgeschaffenen Beziehungen zu ihren Motiven steht sie auch völlig einmalig da. Denn nie wird jemand ein Motiv mit genau denselben Augen sehen wie ein anderer. Ihr Schaffen ist somit ein Mittel der Identitätsfindung und das Werk zugleich Ausdruck zunehmender Individualität. Wie schon erwähnt, nutzen leider viele Menschen die Möglichkeiten der Selbstentfaltung durch das Malen und andere Künste nur deshalb nicht, weil sie dazu erzogen wurden, stets nur die Rolle der Bewunderer von anderen zu spielen.
Der Archäologe wurde zu einer angesehenen Persönlichkeit, weil es ihm gelang, Beziehungen zum Leben zu schaffen, die seinem eigentlichen Wesen entsprachen. Und da er es vorwiegend als geheimnisvolle zeitliche Gliederung verstand, wandte er sich folgerichtig der Geschichte und genauer noch ihren im Konkreten verborgenen Gesichtspunkten zu, so daß auch er seine Erlebniswelt beträchtlich auszudehnen vermochte. Die Entfaltung bisher ungeahnter Kräfte vermittelte ihm ebenso wie den übrigen Gewährspersonen ein völlig neues Lebensgefühl.
Der Student endlich lernte seine Geisteskräfte richtig zu gebrauchen und so seine Möglichkeiten auszuschöpfen.
Um welche Art der Betätigung es sich in den vier unterschiedlichen Fällen auch immer handelte: Jeder gerät, wie Nietzsche es beschreibt, «in ein Entzücken, ein vollkommenes Außersichsein ... und fühlt sich von einer göttlichen Macht durchpulst.»
Sie fragen, wie auch Sie jenes Glück, jene erhebende

Ekstase selbst erfahren können? Nun, dieses ganze Buch vermittelt Ihnen ja Techniken, mit deren Hilfe die harte Schale der Gewohnheiten, Konventionen usw. gesprengt und Ihr befangenes Ich freigesetzt und aus sich herausgehen kann. Sie müssen dazu nur die gewaltigen Kräfte Ihres Unterbewußtseins nutzen.

Auch Sie werden Begeisterungsfähigkeit entwickeln und erleben, wenn Sie in Ihrem Unterbewußtsein Zentren positiver Gedanken und Wünsche aufbauen. Bedienen Sie sich systematisch der Denkkartei. So werden Sie neue Ideen und Anregungen erhalten. Außerdem erschließen sich Ihnen neue Erlebniswelten, sobald einmal eigene Beziehungen zur Realität bestehen. Sie dürfen Ihre kreativen Fähigkeiten nicht länger unterdrücken. Vor allem aber sollten Sie sich der Technik der Erfolgsplanung bedienen.

Glauben Sie bloß nicht, die Kräfte und Möglichkeiten der Selbstentfaltung seien ein Vorrecht der Jugend. Der große Maler Tizian malte noch im Alter von 99 Jahren.

Bertrand Russell erhielt den Nobelpreis für Literatur mit 74 Jahren und schrieb sogar noch mit 87 Jahren.

Michelangelo entwarf 71jährig die Peterskirche in Rom und überwachte auch ihren Bau.

Leonardo da Vinci arbeitete bis zu seinem Tod im Alter von 67 Jahren.

Kant veröffentlichte sein Buch «Kritik der reinen Vernunft» im Alter von 57 Jahren. Sein Werk «Die praktische Vernunft» schrieb er jedoch erst mit 64 Jahren.

Die Reihe solcher Beispiele ließe sich fast beliebig fortsetzen. Jedenfalls wäre es völlig falsch, wenn Sie etwa meinten, schon mit vierzig Jahren am Ende Ihrer Kräfte und Fähigkeiten zu sein. Für einen großen Teil der Leute beginnt die eigentliche Schaffensperiode erst im fortgeschrittenen Alter, was natürlich nicht ausschließt, daß man sich bereits in jungen Jahren mit den hier aufgeführten Techniken vertraut machen kann.

Wie alt Sie auch sein mögen: Neue Einsichten und Erkenntnisse werden sich auch Ihnen erschließen. Sie werden nach wenigen Wochen ein glücklicheres Leben führen, und jeder Tag wird Ihnen neue Freude bringen.
Nur so brechen Sie aus dem Gefängnis Ihres bisherigen Routinelebens aus. Erwarten Sie nicht, daß die Gesellschaft sich ändert und die Umstände dann vielleicht günstiger sind, um Ihr Glück zu verwirklichen. Es könnte auch das Gegenteil eintreten. Beginnen Sie lieber bei sich. Und gewinnen Sie dann unter Anwendung der dargelegten Überzeugungstechniken andere für sich und Ihre Ziele. So werden Sie Ihr persönliches Glück und Ihre Erfüllung finden. Sie haben es ganz in Ihrer Hand!

Schlußwort

Der wahre Erfolg und das wahre Glück

Zu Ende der Einleitung – Sie erinnern sich gewiß – hatten wir festgestellt, daß Wünschen letztlich nichts anderes bedeute als sein Inneres mit Wahrheit zu erfüllen. Vielleicht tönte dies damals noch etwas anspruchsvoll oder gar unglaubhaft. Jetzt aber, da Sie mit einer Erfolgsmethode vertraut geworden sind, die durchgehend auf der geheimen Kraft Ihrer Wünsche und den enormen Fähigkeiten des Unterbewußtseins aufbaut, werden Sie eher geneigt sein, diese Feststellung als richtig anzuerkennen.

Die Frage nach der Wahrheit Ihres Wünschens und Bemühens ist sehr wichtig, denn es kann ja nicht darum gehen, irgendwelche Erfolge zu erringen oder irgendein Glück zu erhaschen. Nein, letzten Endes streben wir doch alle *den* Erfolg und *das* Glück an, also etwas Endgültiges oder doch etwas, das nach Möglichkeit Bestand und Dauer haben und somit auch das Wahre sein soll. Und obwohl daran festzuhalten ist, daß der *Weg* das Ziel ist und niemand darum herumkommt, ihn entschlossen und folgerichtig zu beschreiten, auch wenn es Mühe kostet und Ausdauer verlangt, wollen wir uns hier auf diesen abschließenden Seiten auf das Wahre besinnen.

Diese Besinnung gilt den drei zentralen Begriffen, die wir in diesem Buch kennengelernt haben: dem Wunsch als dem Ausgangspunkt unserer Bestrebungen und Erfolg und Glück als den Ziel- und Endpunkten. Damit wird der Rahmen vollendet, in den wir das ganze Lernprogramm hineinstellen wollen. Sie sollen und müssen ja genau wissen, worauf es dabei ankam und noch immer ankommt, um Ihrem Leben eine neue Wende zu geben und es in die eigene Hand zu nehmen. Wie schon im vierten Kapitel «Das Tor zu einem neuen Leben» betont wurde, sollen Sie sich nicht einfach dieser Erfolgsmethode ausliefern, sondern jederzeit Ihre innere Freiheit wahren, um sich eigene Gedanken zu machen

und vor allem abzusehen, worauf das Ganze eigentlich hinausläuft.
Es handelt sich mit anderen Worten darum, jetzt auch den ideellen Rahmen dieses Buches fertig abzustecken, nachdem die Erfolgsmethode selber schon den didaktischen Rahmen des praktischen Vorgehens geliefert hat. Die Methode sagte Ihnen einerseits, *wie* man es macht oder machen kann, um seine Wünsche zu erkennen und der zu werden, der man im Grunde genommen ist und doch nicht sein darf. Die Techniken anderseits sagten Ihnen, *was* man machen kann und welcher Mittel man sich bedient, um zu Erfolg und Glück zu gelangen. Bevor wir uns aber der erwähnten Frage nach der Wahrheit und den eigentlich bestimmenden Ideen zuwenden, die sich hinter den ebenso verbreiteten wie abgedroschenen Begriffen von Erfolg und Glück verbergen, sei kurz die Abfolge der Ausführungen skizziert.
Zuerst kommt noch einmal das *Wünschen* zur Sprache, und zwar sowohl die Situation des Wünschenden wie auch die der Wünsche selber. Das ist deshalb unerläßlich, weil ja davon alles Weitere ausgeht und die Beurteilung von Folgeerscheinungen wie Erfolg und Glück nur von diesem Ursprung her richtig zu begreifen ist. Es werden somit auch Wesen und Entstehung der Wünsche dargelegt.
Danach fragen wir nach dem *Erfolg*, wobei hier die Situation des Erfolgstrebenden und das wahre Wesen des Erfolgs selber im Vordergrund stehen.
Schließlich wird auch noch über das *Glück* gesprochen, über die Situation des Glücksuchenden und über das wahre Wesen des Glücks. Daß nur am Rande auch einiges über Liebe und Leid bemerkt werden kann, ist zwar sicher zu bedauern, doch würde eine ausführlichere Behandlung weit über unsere Ziele hinausführen.
Beginnen wir mit dem Wünschen, mit dem also, was unwillkürlich aus Ihnen spricht oder Sie ganz ohne Worte

träumen und sich sehnen läßt. Eine schwierige und eher unpopuläre Lage für jeden, der sich den massiven Zwängen unserer Leistungsgesellschaft ausgesetzt sieht! Eben darum wagen es die meisten Menschen kaum noch, Wünsche zu hegen, und noch weniger, sie offen zu äußern und ihnen nachzuleben.
Zum Wünschen braucht es heute Mut. Bringen Sie ihn auf, diesen Mut und diese Beherztheit, denn es geht um den Sinn und die Erfüllung Ihres Lebens, das Ihnen anvertraut ist. Und lassen Sie sich nicht von ihnen abdrängen oder ganz von ihnen trennen. Seien Sie sich darüber im klaren, daß man sehr oft versuchen wird, Ihnen nur Formen des Wunschersatzes zuzugestehen, Bedürfnisse somit, die sich leichter und ohne Störung gesellschaftlicher Normverhältnisse realisieren lassen.
Das Recht, innigsten und tiefsten Wünschen Raum und Ausdruck zu geben, wird Ihnen nämlich um so eher bestritten, als Wünsche revolutionär sind, wenn auch unwillentlich und sozusagen in aller Unschuld. In kleinem Kreise wie in der maßgeblichen Gesellschaft stellen sie Störfaktoren dar, und desto empfindlicher wirkende, je eher dadurch die übliche Trennung zwischen Emotionalität und Rationalität, zwischen Fühlen und Denken, in Frage gestellt wird. Rechnen Sie als Wünschender deshalb damit, der Emotionalität geziehen zu werden, der Irrationalität und vielleicht gar der Verrücktheit, da sich solches einem einzelnen Subjekt nicht geziemt. Tatsächlich verrücken ja Ihre Wünsche, sofern auf ihnen bestanden wird, die Grenzen zwischen gesellschaftsfähiger Objektivität, das heißt normaler sachorientierter Wirklichkeit und sogenannt vernünftigem Verhalten, und Ihrer persönlichen Subjektivität, das heißt Ihrem individuellen und privaten Spielraum eigenen Denkens und Empfindens.
Aus diesen Gründen ist es meist klüger, diskret zu sein und weniger von den Wünschen zu sprechen als sie

schweigend und tatkräftig zu verwirklichen. Zu deren richtigen Erkenntnis jedoch ist es unbedingt notwendig, daß Sie Ihre Lage und die Ihrer Wünsche ohne Illusionen betrachten. Akzeptieren Sie ganz besonders jene falsche Alternative nicht, vor die Sie die herrschende Vernunft der Allgemeinheit so gerne stellen möchte: Entweder deren Verdrängung hinzunehmen wie alle anderen oder aber deren Säkularisation, Verkehrung und Pervertierung.

Lassen Sie sich niemals von der Überzeugung abbringen, daß Ihre Wünsche einzig und einzigartig und ganz Ihre eigenen Wünsche sind. Lassen Sie sich auch nie einreden, sie deckten sich mit jenen sehr vieler anderer Leute und ließen sich folglich, wenn schon Notiz davon zu nehmen sei, in ein allgemeines Bedürfnis einordnen, dem die Gesellschaft oder der Staat früher oder später schon Rechnung tragen werde. Denken Sie vielmehr stets daran, daß die angebliche Normalität unserer Gesellschaft, welche streng zwischen öffentlicher Objektivität (Sachbezogenheit) und privater Subjektivität (Ich- und Gefühlsbezogenheit) scheidet, eine weitgehende Gleichschaltung von allem und jedem zur Folge hat. Und diese Gleichschaltung führt desto mehr zur Verkehrung von Sinn und Wert, je konsequenter und intensiver gerade darauf das entscheidende Gewicht gelegt wird. Der Einzelne und das Einzelne fallen unter diesen Umständen immer dann völlig außer Betracht, wenn sie sich nicht über die Zugehörigkeit zu Gruppen, Parteien, Verbänden oder sonstwelchen Organisationen ausweisen können und auf diese Weise einen mehr oder minder großen Teil ihrer Individualität opfern.

Allein haben Sie einen schweren Stand. Als Subjekt ohne Gewicht werden Sie zum Objekt der Gleichmachung von Ungleichem und der Gleichsetzung von Unvergleichlichem. Das ist zum Beispiel da der Fall, wo die prinzipielle Unbezahlbarkeit menschlicher Arbeit außer acht gelassen wird und das Objektive und Allgemeine Gewalt über das Subjektive und Einzelne ausübt.

Daraus ergibt sich zweierlei. Als Opfer solch schiefer Verhältnisse müssen Sie sich um so mehr vor verkehrten Wünschen hüten, vor Wünschen also, die eigentlich dem Gegenteil dessen entsprechen, was Sie rein persönlich bewegt. Setzen Sie deshalb, wie Sie es nun gelernt haben, dem Allgemeinen, Nivellierenden und Verkehrenden (wobei vor allem auch an Moden, Trends usw. zu denken ist) die positive Macht Ihres Unterbewußtseins entgegen.

Ferner sollten Sie Ihren Wünschen eine um so größere Berechtigung einräumen, gleichsam ein eigenes und zur Allgemeinheit allenfalls auch konträres, gegengerichtetes Dasein zu führen. Sie sind sich dies schuldig, zum einen, weil Sie *Ihr* Leben zu leben haben und ihm ihre ersten und dringlichsten Pflichten gehören, und zum andern, weil sich die Verdrängung der Wünsche besonders angesichts der Gewaltsamkeit der herrschenden Vernunft doppelt nachteilig auswirkt.

Ausgeschlossene Wünsche bleiben nämlich trotzdem eine Macht und suchen Sie in Gestalt gesteigerter Aggressivität heim. Übersteigt diese Angriffslust und Widersetzlichkeit die Schwelle allgemeiner Toleranz, schaden Sie nicht nur sich selbst. Sie tun auch der Normalität der bestehenden Verhältnisse Abbruch, so daß Sie sowohl in innere wie äußere Schwierigkeiten geraten. In dieser doppelt verkehrten und falschen Wirklichkeit, die eben wegen der Verdoppelung des Verkehrten den Schein von Recht und Vernunft für sich hat, haben Sie dann gegen zwei Feinde zugleich zu kämpfen. Sie werden zu einem heillosen Querulanten abgestempelt, zu einem Menschen, der es niemandem mehr recht macht und dem seinerseits niemand und nichts mehr zu genügen vermag.

Das alles gilt es einzusehen, will man seine wahren

Wünsche entdecken. Zu ängstlichen Bedenken ist deswegen kein Anlaß. Sie haben ja in Ihrem Unterbewußtsein den mächtigsten Verbündeten, den man nur finden kann, und zudem wissen Sie jetzt auch, worauf es ankommt und wie man Wünsche spielend leicht verwirklicht. Die Kräfte des Unterbewußten werden Sie bei richtiger Anwendung der Techniken wieder in jene Welt und Zeit zurückversetzen, da sich Verstand und Gefühl noch nicht feindlich gegenüberstanden, nur weil eine Gesellschaftsräson es so wollte. Sie werden sich diese Welt hamonischer Übereinstimmung mit sich selbst und der Wirklichkeit neu schaffen. Vielleicht sind Sie auf dem Weg dazu bereits ein Stück weit gekommen. Es ist unter anderem auch die Welt des Märchens, in der das Wünschen noch hilft.

Befassen wir uns nun nach dieser Lageschilderung mit dem Wesen der Wünsche und mit ihrer Entstehung. Nehmen wir an, Sie machten einen Spaziergang und sähen ein schönes Haus mit einem herrlichen Garten. Dabei wird ein gefühlsmäßiges Interesse geweckt. Sie finden sich unverhofft angesprochen und freuen sich, gleichzeitig aber wird Ihnen bewußt, daß Sie ein derartiges Haus selber nicht haben und vielleicht auch nie haben werden. Dennoch regt sich in Ihnen der Wunsch, dieses Haus zu besitzen – Wünsche scheinen ja so unvernünftig und unbescheiden zu sein.

Wie auch immer: Machen Sie sich einmal die Mühe, diesen Vorgang an sich zu beobachten, und Sie werden ihn bestätigt finden. Um es sehr einfach zu formulieren: Zunächst beginnt der Prozeß mit einer visuellen Wahrnehmung, anschließend engagiert sich Ihr Gefühl und dann entsteht der Wunsch. Was geschieht nun, wenn Sie dieses Prozesses gewahr werden, ohne ihn durch Ich-Aktivitäten zu unterdrücken? Wenn Sie in direktem Gewahrsam dazu stehen, ohne ihn in der einen oder anderen Richtung beeinflussen zu wollen? Wenn Sie klar er-

kennen, daß jede Aktivität stets nur auf dem Ich aufbaut und Sie davon bewußt Abstand nehmen?
Dann werden die Begrenzungen unseres Ich überschritten und in uns tritt eine neue Wirklichkeit ein. Wir geraten in einen neuen Zustand des Seins, da nun jede Schranke und jede Schablone gewohnten Denkens dahingefallen ist. Wir sind mit uns wieder eins und können die entstandene Leere mit einer entsprechenden Erkenntnis erfüllen, die uns dem eigenen Wesen und dem der Wünsche allgemein näherbringt. Nähert man sich seinen Wünschen in dieser Art, wird es möglich, sich auf der einen Seite mit ihnen auseinanderzusetzen, besonnen und überlegen, und seiner Wunschbedürftigkeit auf die Spur zu kommen, so daß der Wunsch noch tiefer erfahren und erkannt werden kann. Auf der anderen Seite vollzieht sich eine große Wandlung, die das Tor zur Selbstbefreiung öffnet und den Menschen von all seinen Beschränkungen löst.
Wer diesen Einbruch des Zeitlosen auch nur für einen Augenblick erlebt, wünscht sich nicht mehr, irgend etwas zu haben oder zu sein. Der Geist löst sich von all seinen Erinnerungen und Wunschbildern und verharrt in der Gewahrsamkeit als solcher, ohne sich noch in der Zeit auf der Suche nach Ewigkeit zu bewegen. So erscheint dann die Erkenntnis des tieferen, eigentlichen Wunsches oft als bildhafte Vorstellung, die die Bedürftigkeit des ersten Wunsches aufhebt und stillt. Man ist reicher geworden und mit dem vertrauter, was wir Wahrheit zu nennen pflegen. Sie wohnt ja diesem Zustand der Erhabenheit inne, der Transzendenz mit anderen Worten, und setzt all jene Energien frei, welche die bisherige Unzulänglichkeit unseres Wünschens gebunden hielt und die jetzt in wirklich schöpferische Gedanken und Handlungen einfließen können.
Wunscherfüllung bedeutet demnach, daß der Wunsch auf das Ursprüngliche zurückgenommen wird, auf das

Selbst, das sich im Sinne der Wahrheit auskristallisiert und eine wertvolle Bereicherung erfährt. Denn woher und wie immer Wünsche sich melden – stets ist es die Leere und die innere Einsamkeit, der sie entstammen. Sie aber sind die Folge ständigen Vergleichens oder Gleichsetzens, welche aushöhlt und erschöpft, weil unsere Identität sich nicht anhand leerer Schattenbilder und inhaltloser Klischees zu entwickeln vermag. Und wollte man versuchen, dieser inneren Leere bloß zu entfliehen und einfach nur nachzuahmen, was andere tun, schüfe man dadurch lediglich einen Teufelskreis, einen Circulus vitiosus, weil jedes Nachahmen mit der Zeit zu äffischer Lasterhaftigkeit ausartet und die Seele mit Unrat anfüllt, der erst wieder ausgeräumt werden muß, soll sie gesunden und zum Quell schöpferischer Lebenskraft werden können.

Die Ratlosigkeit und Unbeholfenheit vieler Menschen ist so zu erklären – als Tatsache, und nicht unbedingt als Schuld. Erst der Vergleich bewirkt das Gefühl eigener Minderwertigkeit, und deshalb ist es empfehlenswert, wenn schon verglichen werden soll, auf voreilige Schlüsse zu verzichten und sich vorerst auf reines Gewahrwerden zu beschränken. Allerdings begleiten Vergleiche den Menschen durch sein ganzes Leben. Schon in der Schule wird er dazu erzogen. Er wird ständig mit anderen verglichen und vergleicht selber bei jeder sich bietenden Gelegenheit, so daß sich eine wahre Manie entwickeln kann. Die Wahrheit dieser Manie offenbart sich in sklavischer Nachahmung, die das Selbst entwertet und herabwürdigt, während die Wahrheit eigenen Gewahrsams das Selbst erhebt und festigt und von der Unersättlichkeit ständigen Wünschens und eiliger Wunscherfüllung entbindet.

Ist dieser Prozeß des Wünschens einmal erfaßt, wird es Ihnen auch gelingen, gelegentlich über Ihren Wünschen zu stehen. So vermögen Sie Ihre innere Ruhe und Ihren

inneren Frieden zu bewahren. Es steht Ihnen indes auch der Weg wirklicher Transzendenz frei, den Sie immer häufiger gehen sollten, damit am Ende das geschieht, was von allen Wünschen befreit und somit als eigentliches Ziel anzusehen ist: Daß Sie selbst Ihr Wunsch sind. Und seine Erfüllung. Daß Sie also zu einem Menschen werden, der die Wahrheit zu schauen vermag und der zugleich erkennt, daß er sie nie ganz wird absehen können, doch immerhin selbst ein Teil von ihr ist.
Anders ausgedrückt: Ein wahrer Mensch, der ganz zu sich selber gelangt, hat keine Wünsche mehr. Zu solcher Weisheit unterwegs zu sein, entspricht unserer Bestimmung und unserem Auftrag. Vergessen Sie aber nicht: Weisheit ist nichts endlich Erreichtes, ist kein Zustand, sondern eine Seinsweise. Der Weg zu ihr ist das Leben in Wahrheit, das Erleben von Wahrheit. Und die Wünsche sind uns dazu gegeben, die Wahrheit in uns selbst und in der Wirklichkeit zu erkennen: im kalten widerlichen Frosch den verwunschenen Prinzen, im Unscheinbaren das Edle, Gute und Schöne. Auch heute noch hilft das Wünschen wie in der alten Märchenzeit. Haben Sie es noch nicht versucht – versuchen Sie es jetzt mit Hilfe dieses Buches.

Fragen wir nun nach dem Erfolg, und betrachten wir die Situation des Erfolgstrebenden. Hier ist nicht wie beim Wünschen die Vorstellung wichtig, sondern die Einstellung, denn Erfolge pflegen sich ja, wie man sagt, einzustellen. Zur richtigen Einstellung gehört das Vertrauen auf seinen guten Stern, auf sich selber und die Kräfte des Unterbewußtseins. Negative Denkschablonen müssen darum erst aufgelöst werden. Dann kann auch ein Wandel eintreten und wird Selbstverwirklichung erst möglich. Sie erfahren, daß nicht andere, sondern Sie selbst Ihr Leben gestalten, und nur so ist es möglich, sich durchzusetzen und Erfolge zu erringen.

Das bedeutet freilich nicht, daß die Gesetze der Menschenbeeinflussung unerbittlich gegen andere anzuwenden wären. Gehen Sie immer davon aus, daß auch der andere positive Seiten hat, Ihre Achtung verdient und in seiner Menschenwürde nicht verletzt werden darf. Auf diese Weise werden Sie nicht das Opfer Ihrer üblen Gedanken und kommen mit anderen auch längerfristig gut aus. Jeder Mensch hat ja ein Gespür dafür, welch innere Einstellung ihm der andere entgegenbringt, und für Sie ist es wichtig, daß man Sie als positiven Menschen schätzt. Wenden Sie daher die Techniken der Beeinflussung nur an, um die Schwächen des Nächsten in Schach zu halten, und nicht, um sie auszunutzen.

Natürlich sollen Sie Ihre Interessen nach Kräften wahren. Sie haben das Recht und die Pflicht, sich zu verwirklichen und mehr aus Ihrem Leben zu machen. Dafür sind Ihnen auch die notwendigen Talente gegeben worden. Doch verhalten Sie sich selbstsüchtig und eigennützig, werden Sie den Erfolg, den Sie anstreben, nie erreichen. Wer den Erfolg und nur den Erfolg zur Grundlage seines Lebens macht, wird bald von ihm versklavt und schafft sich ein Gefängnis, in dem er zugleich Häftling und Wärter ist, zugleich Opfer und Peiniger. Stellen Sie sich daher über die Erfolgsgesetze. Rechte Selbsterkenntnis und das Wissen um die weiteren Zusammenhänge verhelfen Ihnen dazu, so daß dadurch Ihre innere Freiheit und Ihr Selbstvertrauen dennoch nicht gefährdet werden. Halten Sie sich auch immer die Tatsache vor Augen, daß die Schlechtigkeit, die man einem anderen zufügt, wegen der Kräfte des Unterbewußtseins im ausführenden Menschen selber ausfächert und groß wird, weshalb man immer auch das Opfer dessen wird, was man einem anderen antut. Umgekehrt gilt dies natürlich ebenso für gute Gedanken und Taten.

Wenn Sie um diese Gesetze des Unterbewußtseins wissen, erkennen Sie, daß jemand, der Ihnen übel will, nur als Gefangener seiner negativen Gedanken handelt. Lassen Sie sich nicht auf eine solche Ebene herunterziehen, denn wie der Bibelspruch sagt, ist «der Weise dem Starken überlegen, ein Verständiger dem Kraftbegabten.» Eine solche Einstellung ist auch in der heutigen Arbeitswelt angezeigt. Lösen Sie also die negativen Gedanken über andere auf, am Arbeitsplatz und in der Familie, denn stets nehmen die Schwierigkeiten bei Prozessen im Unterbewußtsein ihren Anfang. Unterschätzen Sie diese Vorgänge nicht, auch wenn es manchmal Jahre dauert, bis sie zum Ausbruch kommen. Haben Sie einmal eine Auseinandersetzung mit Ihrem Vorgesetzten oder mit Gattin oder Gatte, sollten Sie versuchen, sie noch am gleichen Tage versöhnlich zu beenden. Sie bezeugen damit nicht nur Großmut, sondern befreien gleichzeitig Ihr Unterbewußtsein vom Groll, zu dessen Opfer Sie sonst werden.

Das Wissen um die Tätigkeit des Unterbewußtseins wird Sie überdies von Schuldgefühlen befreien, die Sie vielleicht noch mit sich herumtragen. Das ist auch dringend erforderlich, da das Festhalten an Schuldkomplexen die Wandlungsfähigkeit des Menschen, deren er zu einem sinnerfüllten Leben bedarf, stark beeinträchtigt. Merken Sie sich den folgenden Satz aus den alten buddhistischen Schriften, der Ihnen bedeuten will, daß nicht alte Schulden Ihr Leben bestimmen sollen, sondern Ihre positive innere Haltung: «Bei falscher Einstellung mehrt sich das Unersehnte, Unerwünschte, Unerfreuliche und vermindert so das Ersehnte, Erwünschte, Erfreuliche.» Vertrauen Sie auf die Kräfte Ihres Unterbewußtseins und entfliehen Sie Ihrer Wirklichkeit nicht durch Alkohol, Psychopharmaka oder die übrigen vielen Dämpfungs- und Ablenkungsmöglichkeiten einer Lebenslust, die in sich gefangen sich gegen sich selbst wendet. Übernimmt das Unterbewußtsein in Ihrem Leben die positive Führung, ist Erfolg nur noch ein Attribut Ihrer Selbstverwirklichung, und dann werden Sie auch das Glück erlangen, nach dem Sie sich sehnen.

Was aber hat es mit dem Wesen des Erfolges auf sich? Wie das Wort es besagt, ist er die Folge oder Wirkung eines zielgerichteten Bestrebens nach ideeller und materieller Selbstverwirklichung. Entscheidend ist dabei, wie wir bereits gesehen haben, die Frage der Einstellung oder auch der Ausrichtung und Fixierung auf das Ziel hin. Untersuchen wir den Begriff diesmal von seiner sprachlichen Wirklichkeit her. Auch so wird sich zeigen, wes Geistes Kind er ist und wie es um seine eigentliche Beschaffenheit steht.

Gehen wir vom Wort «Erfolg» selber aus, bedeutet es zuerst einmal einen Zeitpunkt oder ein Stadium, in welchem sich Folgen einstellen. Etwas hört auf und hat – zumindest ein vorläufiges – Ende, nämlich das Folgen, das nun Wirkung geworden ist. Die Ursache der Folge hatte das Folgen hervorgerufen, auch im Sinne von Gehorchen und Befolgen von Anforderungen und Erfolgsregeln, und entsprach der Notwendigkeit der Erfüllung einer fühlbaren Leere im betreffenden Selbst. Oder wenn Sie wollen: im Betreffenden selbst. Nun also ist die beabsichtigte Wirkung erreicht und im Erfolg zum Ereignis geworden, weshalb unter Erfolg auch die Herrschaft über Erreichtes zu verstehen ist.

Dabei war jedoch von Regeln ausgegangen worden, die ja nichts anderes als genormte und erprobte Vorsätze sind, bei denen aber auch das Unterbewußtsein kombinierend und verknüpfend seine schöpferischen Fähigkeiten bewies. Diese Vorsätze waren dem Folgen als spannende Zielwirkung vorausgesetzt, so daß die Vollstreckung dieser Wirkung eigentlich schon vorweggenommen wurde. Wird dies berücksichtigt, läßt sich der Erfolg als Folge zielbewußten und gespannten Vollstreckens von Vorweggenommenem bezeichnen. Jetzt, im Moment des Erfolges und nach Zurücklegung der vollen Strecke oder Distanz zwischen Vorsatz und Ziel, ergibt sich das Vorweggenommene – es ereignet sich wirksam pointiert im Ergebnis. Um es noch anders zu sagen: Ich habe nun die Vorwegnahme oder Vorgabe eingeholt und mir angeeignet, so daß ich mich jetzt auf der Höhe der Zielmarke befinde.

Es war somit die Spannweite zwischen dem Vorweggenommenen und dem Ergebnis zu überwinden oder die Weite des gespannten Entwurfs. In der Gespanntheit der Zielsetzung kam der Entwurf des Vorweggenommenen nach den gegebenen Regeln zum Tragen, das zeitliche Projekt verwirklichte sich im Raume der inneren und äußeren Wirklichkeit. Mit der Einstellung des Erfolgs nun ist die Spannung des gezielten Entwurfs gewichen. An ihre Stelle trat die Realität des Wurfes als zeiträumlich Unbedingtes, das für sich steht und als Markstein des Aufmerkens und geregelten Bestrebens betrachtet werden kann. Es bieten sich aber für die verfestigte Spannung oder die Festspannung, lies: Feststellung von Vorausgesetztem und nunmehr im Ergebnis Erreichten, auch noch andere Ausdrücke wie Erfolgsmarke, Habitus, Heimstätte und andere an. Erfolg ließe sich so etwa als Habitus, als kleidsame Erscheinung und innewohnende Bleibe des erfolgreich Strebenden definieren.

Wir wollen diese sprachlichen Assoziationen, die übrigens ein ausgezeichnetes Mittel zur gedanklichen Eruierung und Vertiefung von Zusammenhängen sind, hier nicht weiter spinnen. Sollten Sie bei deren Verständnis Schwierigkeiten gehabt haben, lesen Sie das Ganze einfach noch einmal, wobei Sie sich im einzelnen genau vorzustellen versuchen, was beispielsweise ein Diskuswerfer beim Ausüben seines Sports oder allgemeiner gesagt beim Entwerfen und Werfen seines Gegenstandes tut. Oder stellen Sie sich noch besser vor, Sie selbst wären der Diskuswerfer.

Hat man also den Diskuswerfer vor Augen, der eben

seine Scheibe schleuderte und eine bestimmte Weite erzielte, wird jedenfalls klar, daß der Erfolg – ganz für sich betrachtet – als merkliche Sinnerfüllung zu begreifen ist, die Genugtuung und Befriedigung verschafft. Man sinnt ja auf Erfolge, und schon deshalb sind sie nicht mehr und nicht weniger als erfüllter Sinn als solcher. Dieser innere Erfolg kann, muß aber nicht durch äußere Entsprechungen verbürgt sein, in unserem Falle etwa durch eine Siegesmedaille. Als Entsprechung zu der genannten Heimstätte als Ausdruck von Erfolg ließe sich auch an ein schönes Haus denken.

Bedeutet Erfolg jedoch nur Sinnerfüllung und weiter nichts, so heißt das, daß er für sich selbst nur in übertragenem Sinne bestehen kann, als Ausdruck und Versinnbildlichung, wie dies bei einem Haus zutrifft, das ihn – den Erfolg – und gleichzeitig auch seinen Besitzer repräsentiert. Je mehr aber Sie selbst und Sie allein Heimstätte des Erfolgs sind, der Erfolg selber sind, desto stärker wird Ihr Selbst übertragen, und zwar in eben jene Dimension, die wir Transzendenz nennen. In ihr vollzieht sich das jeweilige Überschreiten zu höheren Stufen der Einsicht. Dadurch verschiebt sich die Grenzlinie zwischen der bisherigen Wirklichkeit, auch Endliches oder Endlichkeit geheißen, auf das Unendliche hin. Das bedeutet, daß in Ihre Wirklichkeit nun Unendliches einfließt und Ihr geistiger Horizont wie Ihr seelischer Erfahrungsschatz sich erweitern und stärker erfüllen.

Schalten wir hier einen kurzen Halt der Besinnung ein. Wir haben gesehen, daß «Erfolg» zunächst als «merkliche Sinnerfüllung» zu begreifen war und daß ihn zum Beispiel eine Siegesmedaille nach außen hin darzustellen vermag. Anhand ihrer wird der Erfolg merklich, greifbar, begreiflich. Diese Einsicht ist uns aber nur deshalb zuteil geworden, weil wir uns einer gehobenen Sprache bedienten, von der aus leicht zu einer allgemeinen Formulierung wie «Sinnerfüllung» zu gelangen war.

Wären wir jedoch ganz beim Bild des Diskuswerfers geblieben, hätten wir unter «Erfolg» die Siegesmedaille verstehen und sie ihm gleichsetzen müssen. Eine andere Möglichkeit, den Erfolg zu be-greifen, wäre nicht vorhanden gewesen – hätte nicht auf der Hand gelegen.

Der große Nachteil der gehobenen Sprache jedoch war der, daß der Vorgang des Diskuswerfens aus ihr kaum noch ersichtlich war. Wir haben es unseren Ausführungen ja auch bloß zur nachträglichen Veranschaulichung des Ganzen zugrunde gelegt. Dieser Hinweis auf die Grundlage des Erfolgsvorganges in der Wirklichkeit sollte das Verständnis erleichtern. Dabei haben wir uns an den Ihnen bekannten Leitsatz Karl Jaspers' gehalten: «Die Aufgabe wahren Erkennens ist, ständig zurückzukehren zu dem, wovon es ausging.» Und natürlich geht jedes Verständnis des Wortes «Erfolg» auf einen Ausgangspunkt in der Wirklichkeit zurück. Dieser Punkt kann beispielsweise das Vorhaben eines Menschen sein, den Diskus so und so weit zu schleudern und auf Grund seines Entwurfs einen Wurf zu landen.

Um ganz zu begreifen, mußten wir also zur Grundlage zurückkehren und uns auf die Wirklichkeit besinnen. Wir mußten von der gehobenen Ebene einer abstrakten Ausdrucksweise auf eine tiefere, aber realistischere Stufe des Sehens und Erkennens hinuntersteigen. Wäre indes der Diskuswerfer der Ausgangspunkt unserer Darstellung gewesen, hätten wir uns in umgekehrter Weise von ihm, der eine ganz spezielle Vorstellung von Erfolg vermittelte, erst zu einer allgemeineren Vorstellung und Formulierung erheben müssen. Zu diesem Zweck hätten wir von ihm – in der doppelsinnigen Bedeutung des Wortes – «absehen» müssen, was ja auch geschah.

Gelangt man nun vom Einzelnen der Wirklichkeit zum Allgemeinen einer höheren Wirklichkeit, erfolgt damit eine Übertragung des Wortverstandes auf eine höhere Stufe. Und da uns der Begriff der Übertragung bereits

als Transzendenz bekannt ist, läßt sich jetzt auch sagen, daß wir uns einer transzendierten Sprache bedienten. Der gegenteilige Vorgang des Hinuntersteigens in die eigentliche Wirklichkeit würde dann das Deszendieren des Wortverstandes bedeuten. Mittels einer bereits transzendierten oder transzendentalen Sprache läßt sich somit der Verstand eines Wortes leicht ins Transzendentale ausweiten, wobei freilich der Sinn einer solchen Wortübertragung so lange allgemein und sogar nichtssagend bleibt, als man sie nicht *selbst* vollzieht.
Entscheidend ist folglich das sinnliche Miterleben der Transzendenz, die Übertragung und der Einbezug des Wortverstandes in den eigenen Sinn. Denn nur dadurch wird nicht bloß das Wort und sein Verstand, sondern werden vielmehr Sie selbst transzendiert und in eine höhere Sphäre gehoben. Nur so wird die Übertragung zu einem Ereignis und Erlebnis. Geschieht dies nicht und unterbleibt die Sinnübertragung und die Erfüllung Ihrer selbst, bleibt es lediglich bei einer Wissensaneignung oder gar bei Wortspielereien, bei einem leeren Wortgeklingel, das in Wirklichkeit nichts besagt und nichts bedeutet. Es kommt also auch darauf an, durch eigenes Bemühen und Entdecken den Dingen auf die Spur zu kommen. Die spielerische Benutzung der verschiedenen Sprachstufen, das Hinauf- und Hinuntersteigen, Transzendieren und Deszendieren, kennzeichnet jedoch erfolgreiche Leute. Darum gilt es, den eigenen Sprachschatz im Sinne eines Erfahrungsschatzes auszubauen und sein Verständnis zu vertiefen. Durch solche Beschäftigung schaffen Sie im Unterbewußtsein weitere Aktivitätszentren, die zu Ihrer geistigen Klarheit, zu Ihrer Geistesgegenwart wesentlich beitragen.
Um nun wieder auf den Erfolg zurückzukommen: Der schönste Erfolg ist also wohl darin zu erblicken, daß Sie selbst zum Erfolg werden – zu einem Erfolg des Lebens, dessen Kind Sie sind, und zu einem Erfolg des Schöp-

fers, dessen Geschöpf · Sie sind. Bedenkt man, daß Erfolge letzten Endes auch als fortschreitende Grenzverschiebung zwischen Ordnung und Chaos, Sinn und Unsinn, Leben und Tod aufgefaßt werden können, was schließlich – im übertragenen Wortverstand – zum Ausschluß von Chaos, Unsinn und Tod aus der lebendigen Wirklichkeit Ihrer selbst führt, erkennt man auch daran deren eminente Bedeutung für den Menschen.

Lediglich äußere Erfolge zu erzielen, Scheinerfolge somit, die nicht auch Sie selbst weiterbringen, hat deshalb wenig Sinn. Die Kräfte Ihres Unterbewußtseins indessen, Meditation und unmittelbare Bewußtheit werden Ihnen bei der Aufgabe beistehen, die Arbeitstechniken, die zum Erfolg leiten, richtig einzusetzen. Die Verbindung mit dem Unterbewußtsein aufrechtzuerhalten und sich von ihm, das Ihr Bestes und Tiefstes birgt, steuern zu lassen, ist folglich unerläßlich. Denn reißt diese Verbindung ab, werden Sie auch dann unfehlbar in die Irre gehen, wenn Sie vor der Welt vorübergehende Erfolge einheimsen. Sie selbst bleiben dennoch draußen und von all dem, was wirklich zählt, ausgeschlossen, wenn Sie nicht mit den Erfolgen wachsen und reifen. Aus diesem Grund sind so viele scheinbar Erfolgreiche allein, einsam und unglücklich.

Lassen Sie sich deshalb nie auf ein blindes Vorwärtsdrängen und übereiltes Erfolgshaschen ein und verhalten Sie sich vielmehr so, wie es die tibetischen Sherpas tun, die willigen Helfer bei so vielen Himalaya-Expeditionen. Die weigerten sich jeweils, die forcierten Gewaltmärsche der Fremden, die auf ihr Ziel losstürmten, rast- und ruhelos mitzumachen. Nicht weil sie dazu zu bequem gewesen wären oder es ihnen an Kräften gefehlt hätte. Nein, diese Leute wußten sehr wohl, wozu allzu große Hast führt und erklärten daher, sie müßten erst ausruhen und nach dem langen Weg auch ihre Seele nachkommen lassen.

Eine imponierende Haltung, der auch Sie sich beim Verfolgen Ihrer Ziele befleißigen sollten. Eile mit Weile! Sie kennen das Spiel. Spielen Sie es auch in Ihrem Leben, und Sie werden Ihrer Erfolge um so sicherer sein. Gleichen Sie sich dem Rhythmus Ihres Unterbewußtseins an. Überfordern Sie Ihre Kräfte nicht, sondern gewähren Sie ihnen Pausen der Erholung, damit Sie leicht und mühelos an Ihr Ziel gelangen und auch Zeit für Ihr Glück finden.
Dem Glücklichen, heißt es, schlägt keine Stunde. Damit dies wahr wird, müssen Sie immer wieder auch Ihrer inneren Uhr gehorchen: Sie weiß oft besser, was es geschlagen hat, als Sie selber. Erzwingen Sie nichts, denn damit unterstellen Sie sich nur stets weiteren Zwängen. Schenken Sie Ihren inneren Kräften Vertrauen. Dann quält Sie auch kein Erfolgszwang. Der Erfolg wird sich im Gegenteil ganz von selbst einstellen und Sie beglücken. Allein darauf kommt es an.

Zuguterletzt also das Glück. In einer buddhistischen Schrift steht der Satz: «Indem ich fröhlich bin, mindern sich die unheilsamen Dinge und die heilsamen mehren sich.» Aber auch in der Bibel ist zu lesen, daß glücklich ist, wer auf Gott vertraut. Sie sehen: Das Glück liegt bei Ihnen selbst und in Ihrer Einstellung zu den Dingen und Geschehnissen. Um glücklich zu werden, muß man dazu auch den aufrichtigen Wunsch haben. Manche Leute haben sich schon so an Ihr Unglück gewöhnt, daß sie es gar nicht fassen können, wenn ihnen doch einmal etwas Glückliches zustößt.
Wenn Sie den Tag beenden und vor dem Einschlafen an etwas Positives denken, wird Ihr Unterbewußtsein in Richtung auf das Gute hin tätig werden, und bald werden Sie in beruhigenden und erholsamen Schlummer sinken. Beginnen Sie den neuen Tag ebenfalls mit einem

positiven Gedanken, dann wählen Sie den Weg zum Glück. Es hängt ganz von Ihnen ab, ob Sie sich für das Glück oder das Leid entscheiden. Seien Sie sich also Ihrer Macht bewußt, Ihr Schicksal selber wählen und bestimmen zu können.
Lösen Sie negative Denkschablonen auf und denken Sie daran, daß man sowohl das Glück wie das Unglück selbst auf sein Haupt herunterbeschwören kann. Befürchten Sie ständig ein Unglück und kreisen Ihre Gedanken unaufhörlich darum herum, hat es bereits von Ihnen Besitz ergriffen. Meist dauert es dann nicht lange, bis es auch wirklich eintrifft. Benutzen Sie jedoch die heilsamen Kräfte Ihres Unterbewußtseins, sind Sie schon bald wieder ein neuer Mensch, weil die unterbewußten Denkvorgänge gewaltige Prozesse auslösen, die Sie ans Ziel bringen.
Trotz allem gibt es viele Arten von Leid, mit denen wir uns auseinandersetzen müssen. Leid entsteht durch organische Erkrankungen, mehr aber noch durch psychische Ursachen. Diesem seelischen Leid kommt im Leben eines jeden eine sehr große Rolle zu, sei es, weil man die Ungewißheit des Lebens fürchtet, sei es, weil man Angst davor hat, nicht geliebt zu werden, in Konflikte zu geraten, der Einsamkeit anheimzufallen oder sich nie selber verwirklichen zu können. Die Bandbreite des Leids ist sehr groß, doch gelingt es, dazu die richtige Einstellung zu finden, wird es sich auch leichter überwinden lassen.
Wollen wir vor allem psychisches Leiden beenden, muß zunächst danach gefragt werden, wie man sich bisher mit ihm auseinandersetzte. Erst danach ist auch die Frage möglich, wie man seiner vielleicht Herr werden kann. Meist wird sich dann herausstellen, daß es seine Ursache darin hatte, daß die Betonung zu sehr auf dem eigenen Ich lag. Wer sich dem Leid so nähert, daß er dies erkennt, vermag es aufzulösen und es zu überwin-

den, ja daran zu reifen. «Leiden ist das schnellste Roß, das zur Erkenntnis führt», sagte schon Meister Eckhart. Rechte Erkenntnis führt also zur Aufhebung des Leides. Doch um welche Art von Leiden es immer geht: Sind Sie der ablaufenden Prozesse gewahr, können Sie auch erfassen, worin es besteht und wie es seinen Anfang nahm, so daß sich ihm ein Ende bereiten läßt.
Haben Sie sich schon einmal in Ihren Beziehungen zu anderen Menschen beobachtet, in der zu Ihren Freunden oder, wenn Sie verheiratet sind, zu Ihrer Frau und Ihren Kindern? Darauf nämlich kommt es vor allem an, wenn von Glück und Leid oder von Liebe die Rede ist. Sprechen Sie zum Beispiel von «Ihrem» Mann, «Ihren» Kindern, äußert sich darin ein Denken, das auf Besitz und Anspruch ausgerichtet, kaum aber geeignet ist, von Liebe zu zeugen. Was Liebe tatsächlich ist, läßt sich freilich schwer in Worte fassen. Sicher ist jedoch, daß es eine ganze Reihe von Hindernissen gibt, die der Mensch hinter sich bringen muß, ehe davon überhaupt gesprochen werden kann. Es sind nach Buddha Herzenstrübungen, die erst erlöschen müssen, bis der Mensch zur Liebe vorzudringen vermag, und darunter werden Habsucht, Bosheit, Zorn, Niedertracht, Heuchelei, Neid, Geiz, Eigensucht, Tücke, Starrsinn, Streitsucht, Dünkel und Anmassung verstanden.
Auch zur Liebe ist somit ein weiter Weg zurückzulegen, und in ihrer wahren Gestalt kann sie sich nur dann entwickeln, wenn jede Begrenzung zwischen dem Ich und dem Du aufhört. Wer ständig nur an sich selbst denkt, schließt die Liebe aus. Tritt jedoch das ganze Ich mit all seinen Wünschen und Ansprüchen in den Hintergrund, erheben Sie sich zugleich über alle Bedingtheiten und erneuern sich auf eine bisher nie erfahrene Art. Sie öffnen sich einer neuen Wirklichkeit und werden von der befreienden und lebendigen Kraft der Liebe durchpulst und sind über alle Maßen glücklich. Dann handelt

es sich nicht um eine Transzendenz in geistigem Sinne, sondern um eine des Gefühls und des Empfindens.
Aber auch sie gehört mit zum Wesen der Wahrheit, zum wahren Leben und Erleben. Denn wohlgemerkt: Eine Wahrheit, die nur intellektuell begriffen werden könnte, gibt es nicht. Mit dem Verstand allein läßt sich Liebe ebenso wenig verwirklichen wie der Erfolg allein mit dem Gefühl. Liebe setzt zwar das Erkennen des Partners voraus, eine gegenseitige starke Zuneigung, doch ist dies nicht möglich, solange wir uns nicht so sehen, wie wir wirklich sind. Wir müssen uns unserer Gleichgültigkeit bewußt sein, müssen uns all der lieblosen Handlungen gewahr sein, die wir begehen. Und erst wenn Haß, Übelwollen, Stolz, Neid und Egoismus in Gewahrsam genommen und sich zu positiven Kräften umgewandelt haben, kann sich auch das Wunder der Liebe vollziehen.
Dann gibt jeder das Selbst auf, das das Zentrum der Ich-Aktivitäten ist, und eröffnet sich dem Unbekannten. In solcher Begegnung, Berührung und Durchdringung erneuert sich der Geist und bleibt jung und frisch. Um dorthin zu gelangen, muß man erst tief in sich schauen, muß man des Selbst voll gewahr sein. Nichts darf zugedeckt bleiben, vielmehr muß alles offengelegt werden, denn einzig auf diese Art gelangt der Mensch über sein Ich-Bewußtsein hinaus und findet im geliebten Du seine harmonische Entsprechung und Ergänzung.
Wenden wir uns nun wieder dem Glück zu, diesem so ersehnten Phänomen, diesem so häufigen «Gegenstand» von Neid und Eifersucht. Wir versuchen ihm von der sprachlichen Seite her beizukommen und gehen von den üblichen Wendungen und Redensarten aus, die mit ihm verknüpft sind. Obwohl die Meinungen darüber, wie es selber zu umschreiben und zu begründen sei, weit auseinandergehen, stimmen die Auffassungen doch in einer Hinsicht überein. Man spricht nämlich stets davon, daß das Glück einem zuteil wird, beschert oder beschieden

wird. Es trifft ein, man braucht es oder hat es. Kaum jemand aber maßt sich an, es selbst zu schaffen, selbst wenn er sich als Schmied seines Glücks bezeichnet. Schmieden läßt sich ja nur Vorhandenes.

Daß jemand günstige Glücksvoraussetzungen erarbeiten kann, sei selbstverständlich unbestritten. Wir kennen ja die Macht des Unterbewußtseins und wissen, daß gerade seine Kräfte dazu beitragen, den Menschen auf die vielfältigen Möglichkeiten und Spielarten des Glücks vorzubereiten. Dennoch: Glück ist nicht nach Belieben verfügbar. Es wird meist als Geschenk, als großes oder kleines Wunder empfunden, weil man deutlich spürt, daß es mit eigenen Verdiensten, Rechten oder Ansprüchen wenig zu tun hat. Ob es eintrifft oder nicht, hängt nicht von uns ab, sondern von seiner Laune, von der Gunst der Umstände und vielerlei anderem. Wo es eintrifft und wohin es trifft, bleibe vorerst noch dahingestellt. Gewiß ist nur, daß Treffliches auch in *uns* bestehen muß, sonst würde sein Eintreffen gar nicht empfunden.

Soll ein Glückstreffer also möglich werden, ergibt sich als Voraussetzung, daß man dem Glück offen und aufgeschlossen gegenüberzustehen hat. Ging es somit beim Wünschen in erster Linie um die Frage der Vorstellung und beim Erfolg um die der Einstellung, geht es hier um die Frage der Offenstellung oder Offenbarung. Nun stellen wir uns das Glück aber, wie es die Kultur vieler Jahrhunderte und Jahrtausende beweist, im Bilde gemeinhin als etwas Rundes vor, als Glückskugel oder Glücksrad, was der ebenfalls allgemeinen Vorstellung von runder Fülle, Völle und Völligkeit entgegenkommt. Dem gemäß wird eben von der Launenhaftigkeit des Glücks gesprochen, da Kugeln weiterrollen und Räder sich weiterdrehen, ohne daß sich voraussagen läßt, ob man überrollt oder erhoben wird, wenn man sich hinaufzuschwingen versucht. Dem Glück in die Speichen zu

greifen, um seiner habhaft zu werden, ist eine schwierige Angelegenheit.
Wir könnten auch noch das Füllhorn der Glücksgöttin Fortuna erwähnen, das über Glückliche seine reichen Gaben ausschüttet und anderes mehr. Immer aber stellt sich das Glück als Rundes dar und zugleich als etwas merkwürdig Widersprüchliches, kann es doch jemanden zu sich erheben und im nächsten Augenblick wieder in den Staub des Alltags zurückschmettern. Seine Paradoxie entspringt jedoch seinem Wesen, denn gibt es überhaupt etwas, das ihm in seiner Kreis- oder Kugelgestalt gleichkäme? Gibt es ein Ding, das wie es zugleich so rundum geschlossen und so unendlich offen wäre?
Wie aber, werden Sie fragen, soll all dies zu jenem anderen Bild vom Glück als Treffer passen, das uns fast nahelegt, es sich als Geschoß oder Pfeil vorzustellen? Ja, richtig, auch Kugeln lassen sich verschießen. Nun gut, das wäre zur Not geklärt, doch wie reimt sich dies wieder mit solchen Wendungen zusammen, in denen von überschäumenden und überströmenden Glücksgefühlen die Rede ist und man im Glück geradezu schwimmt? Sind wir denn etwa stille Wasser, in die das Glück wie eine Sternschnuppe hineinplumpst oder gar Pfützen an den Straßen des Lebens, durch welche die Glücksgöttin ihren Wagen kutschiert?
Kein Zweifel, daß etwa mittelalterliche oder barocke Denker und Bildner so ähnlich empfunden haben. Wir Eingeweihten können an solche Vorstellungen ohne weiteres anknüpfen. Erinnern wir uns nur der so vielberufenen Netzeffekte des Unterbewußtseins. Natürlich dachten wir damals an ein Hin und Her und Kreuz und Quer unterbewußter Gedanken und Gefühle, so daß ein netzartiges Gewebe von Verbindungen und Verknüpfungen entstand. Es ändert indes die Sache nicht nennenswert, wenn wir uns stattdessen vorstellen, wie der Stoff, der im Unterbewußtsein angehäuft ist, allmählich

von einem sprudelnden Kraftquell durchtränkt und benetzt wird, woraus dann ebenfalls Netzeffekte resultieren.

Auf diese Art wäre wenigstens teilweise schon erklärt, wie das Eintreffen des Glücks auf unser Inneres einwirkt und weshalb sich der Volksmund so genau entsprechender sprachlicher Wendungen bedient. Und denkt man zudem noch an das oft verwendete Bild von der Auflösung der Widerstände im Unterbewußtsein durch die befreit fließenden Energien des reinen Gewahrwerdens, so wird vollends klar, warum das Glück – wenn es da hineintrifft – ein Überschäumen und Überströmen der Gefühle zur Folge hat.

Es bleibt somit einzig noch die Kreis- oder Kugelform des Glücks zu begründen. Daß das Glück einem alles erfüllenden und alles durchwaltenden Gewahrwerden entspringt, welches Jegliches rundet und schließt und in seligem Aufruhr alle Grenzen übersteigt, selbst die des eigenen Fassungsvermögens (man ist außer sich vor Glück, überwältigt, kann es weder fassen noch begreifen), ist uns jetzt aufgegangen. Wir verstehen nun auch, weshalb und wie man von diesem gefühlsmäßig-bildlichen Erleben her zu der Vorstellung von einem kugelrunden Glück gelangen konnte, das so sehr betroffen macht, daß man es wie eine Himmelsgewalt empfindet und an dem man paradoxerweise, dauert es länger, schwer zu tragen hat. Von da her leuchtet auch Goethes so oft mißverstandener Seufzer ein: «Nichts ist schwerer zu ertragen wie eine Reihe glücklicher Tage.»

Schicken wir es voraus: Die Vorstellung von der Kugelgestalt des Glücks beruht natürlich auf logischer Abstraktion. Welche Bewandtnis es damit hat, wenn man nicht vom Empfinden und seiner nachherigen rationalen Auffassung ausgeht, sondern von erkenntnismäßigen Überlegungen, sei zum Schluß noch in aller Kürze dargelegt. Auf die durch die Kreis- und Kugelgestalt verkörperte Paradoxie des rundum Geschlossenen und zugleich unendlich Offenen wurde bereits hingewiesen. Dieser Widerspruch allerdings besteht nur für uns, für Kreis und Kugel selber ist er selbstverständlich. Oder wenn man will: Die Paradoxie ist Ausdruck ihres Selbstverständnisses, ihres eigentlichen Wesens. Das wiederum bedeutet, daß diese geometrischen Gebilde einer Welt entstammen, in der – im Gegensatz zu der unseren – etwas gleichzeitig, also synchron sein kann und wo Spruch und Widerspruch vereint miteinander und ineinander existieren.

Das ist, wie gesagt, bei uns nicht möglich. In unserer Wirklichkeit ist etwas entweder geschlossen oder offen. Ein Zugleich gibt es nicht. Kreis und Kugel nun, um es noch ein drittes Mal zu sagen, sind zugleich völlig offen und völlig geschlossen. In dieser seltsamen Welt, in der die Gegensätze aufgehoben sind, ist folglich jener fundamentale Satz ungültig, der unsere normale Wirklichkeit und unser logisches Denken kennzeichnet: der Identitätssatz. Diesem Grundsatz unseres Denkens entspricht die für uns unumstößliche Tatsache, daß $1 = 1$ und $2 = 2$ usw. ist. Niemals aber kann $1 = 2$ oder $1 = 3$ usw. sein. Genau dies ist aber in bezug auf Kreis und Kugel der Fall. Hier ist nicht mehr $1 = 1$. Es gilt vielmehr die Gleichung $1 = 2 = 3 \ldots = \infty$ (unendlich).

Was diese Aufhebung der Gegensätze und damit der Identität in ihrer Konsequenz besagt, ist schon wiederholt erwähnt worden. Wir erleben sie im Zustand reinen Gewahrwerdens, und schon damals stellten wir fest, daß er es ermöglicht, unsere gewohnte Wirklichkeit mit ganz anderen Augen zu sehen – gleichsam von der Unendlichkeit her. In ihm findet die Ebenbildlichkeit der Welt ein Ende. Darum gibt es in der Natur keine geometrischen Figuren, zumindest nicht ohne weiteres ersichtliche. Das jedoch heißt, daß wir Kreis und Kugel nur von einer höheren, übertragenen Wirklichkeit her in ihrem eigenen und wahren Wesen zu erkennen vermögen. Diese Wirklichkeit könnte ganz einfach auch Geometrie oder höheres Wissen oder Wissenschaft genannt werden. Ist nun in dieser Welt reinen Gewahrwerdens alles gleichzeitig und ohne Wert- und Rangfolge ersichtlich, ist entsprechend auch alles gleichräumlich, alles gleich klein oder gleich groß. Und eben darum ist die Größe des Glücks überhaupt nicht zu ermessen, ist es grenzen- und schrankenlos und einziger Mittelpunkt nicht bloß seiner selbst, sondern auch alles übrigen.

Ein sonderbarer, wunderlicher Zustand, der jedoch dem Glücklichen selber gar nicht auffällt, weil er weder das eine noch das andere als solches wahrnimmt. Alles ist reine Mächtigkeit. Vor seinen Augen sind alle Konturen verschmolzen und verschwommen, und so ist seine Welt eine einzige Glückswelt voller Innigkeit und Brüderlichkeit, die nichts Fremdes und nichts Störendes kennt, nichts Kleines und nichts Großes, nichts Wertes und nichts Unwertes. Da ist nur Jubel und Überschwang, unendliche Harmonie und selige Selbstvergessenheit.

Dieses übermächtige Glücksempfinden, sagten wir, sei durch unmittelbares Gewahrwerden, durch eine Bewußtheit höheren Grades ausgelöst worden. Doch wie ist nun das Glück genau eingetroffen? Durch ein Gewahrwerden, das die abgegrenzten Inhalte des Unterbewußtseins wie den Fisch im Netz auf einmal in eins zusammenschloß. Der Einbezug aller Grenzen, deren Rücknahme und Erhebung in den dicht geballten Netzmittelpunkt bedeutet, wie wir wissen, die Freisetzung gewaltiger Energien und zugleich auch ein Aussetzen der Schwere, die sich jetzt in reine Strahlung umwandelt. Der Glückliche ist subjektiv völlig ohne Gewicht, weil die einstige Schwere – Erdenschwere – in ein Strahlen und Leuchten übergeht, fast einem fluoreszierenden Kraftfluß vergleichbar.

Betrachtete man diesen Vorgang mit dem Sprachschatz

eines Physikers, ließe sich vielleicht von einer persönlichen Kernbildung sprechen, die zu einer Art von Fusion und Kernwandlung führt, weil die ungewöhnliche Energiedichte diese Ereignisse naturgemäß in Szene setzt. Daß danach, nach dem Abklingen des subjektiv überströmenden, strahlenden Glücksgefühls, die körperliche Schwere erst wieder wahrgenommen wird und sich geltend macht, weshalb zeitweilige Traurigkeit dem Glück eng benachbart ist, bewies uns schon Goethes Ausspruch. Ob man sich bildlich die Glückserfüllung in dieser oder jener Form vorstellt – stets bedeutet das Glück in Wahrheit die Erfüllung der Mitte eines Menschen und gleichzeitig sein Einswerden mit aller Welt.
Niemals sonst ist ein Mensch im gleichen Augenblick so sehr sich selbst und zugleich aller Welt verbunden, reicht er so weit in die erhabene Sphäre der Götter hinein, wie im Überschwang seines Glücks. Und so wünsche ich denn Ihnen, lieber Leser, daß Ihnen solches Glück im Leben immer wieder begegnen wird.

Zusammenstellung des Übungsprogramms und Übersicht über die Arbeitstechniken

Ihr Erfolgsprogramm gliedert sich in reine Übungen und in Arbeitstechniken. Um jedoch im Buch die Übersicht des Programms nicht noch zu erschweren, wurde keine getrennte Aufzählung vorgenommen, sondern in dieser Übersicht nur dazugesetzt, ob es sich um eine reine Übung (Üb) oder eine Arbeitstechnik (AT) handelt.

Die Übungen 1–8 der Gruppe A zum Erfassen Ihrer persönlichen Ziele stellen sämtlich Arbeitstechniken dar, die nur solange angewendet werden sollen, bis vollkommene Zielklarheit gewonnen ist. Dazu werden etwa vier Wochen ausreichen.

Die Übungen 9–14 der Gruppe B zur Entfaltung der Erfolgskräfte des Unterbewußtseins müssen regelmäßig betrieben werden. Bereits nach vier Wochen tritt ein beachtlicher Erfolg ein. Dann können Sie den Übungsaufwand auf die Hälfte reduzieren.

Bei der Gruppe C der Übungen 15–22, die die Entfaltung der kreativen Möglichkeiten Ihres Unterbewußtseins und Ihrer Persönlichkeit betreffen, sind nur die Übungen 17 und 19 reine Übungen. Sämtliche anderen Übungen dieser Gruppe stellen einfache geistige Arbeitstechniken dar, mit denen Sie Ihre Ziele ohne Umweg direkt und schnell durch den wirkungsvollen Gebrauch der Kräfte Ihres Unterbewußtseins anstreben.

Auch bei den Übungen 23–26 der Gruppe D zur Menschenüberzeugung handelt es sich um reine Arbeitstechniken. Um das Ziel zu erreichen, sollte man sich ihrer *ständig* bedienen.

Dasselbe gilt auch für die unter E zusammengefaßten Übungen 27–31, die ebenfalls Arbeitstechniken zum Gegenstand haben und durch Stimulierung unterbewußter Kräfte die Tätigkeit des Unterbewußtseins erhöhen.

Literatur

Kurth, Hans:
Lexikon der Traumsymbole
Wilhelm Goldmann Verlag, München, 1984

Ryborz, Heinz:
Lebe besser – lebe gern
Schweizer Verlagshaus Zürich, 1. Auflage 1987
Jeder kann es schaffen
Schweizer Verlagshaus Zürich, 2. Auflage 1983
Wer ist Dein Freund, Wer ist dein Feind?
Schweizer Verlagshaus Zürich, 1. Auflage 1985
Die universellen Kräfte Ihrer Psyche
Ariston Verlag, Genf, 2. Auflage 1982
Wilhelm Goldmann Verlag, München, 3. Auflage 1986
Die Kunst, Ihr Leben zu meistern
Ariston Verlag, Genf, 1. Auflage 1982
Wilhelm Goldmann Verlag, München, 3. Auflage 1986
Das Abenteuer sinnvoll zu leben
Ariston Verlag, Genf, 1. Auflage 1984
Die Kunst zu überzeugen
Ariston Verlag, Genf, 3. Auflage 1984
Wilhelm Goldmann Verlag, München, 2. Auflage 1986

Ihre Persönlichkeitsanalyse

Wissen Sie, daß Sie einzigartig sind? Wissen Sie, worauf Sie angelegt sind? Leben Sie Ihr Leben oder haben Sie sich durch die Umwelt davon abbringen lassen?
Ihre Persönlichkeitsanalyse ermöglicht Ihnen einen neuen Zugang zu sich selbst. Ein ganz spezifisch auf Sie bezogenes Geburtshoroskop zeigt Ihnen, was anlagenmäßig zu Ihrer Persönlichkeitsstruktur gehört.
Auf die Thematik – Geburtshoroskop, Selbsterkenntnis und Selbstentfaltung – und auf vieles mehr wird im Buche LEBE BESSER – LEBE GERN eingegangen.
Ihr Geburtshoroskop zeigt Ihnen Ihr wahres Wesen und macht Ihnen bewußt, welche besondere Bedeutung Ihr Leben hat. Sie erkennen, welche Ihrer Wesenskräfte harmonisch zueinander sind und welche Herausforderungen und besondere Entwicklungsmöglichkeiten darstellen.
Sie erfahren Einzelheiten über Ihre Begabungen, Neigungen, Erfolgsmöglichkeiten, berufliche Chancen und Ihr Verhalten in Liebe, Ehe usw. Die Aussagen über Sie betragen etwa 10 DIN A4 Seiten.
Die Persönlichkeitsanalyse Ihres Kindes oder des Partners ermöglicht es Ihnen, mehr Verständnis füreinander zu gewinnen und bessere Beziehungen aufzubauen.
Ihre Persönlichkeitsanalyse hilft ihnen, Ihren individuellen Weg zur Selbstentfaltung und Persönlichkeitsentwicklung zu gehen.
Teilen Sie dazu
Geburtsdatum, Geburtsstunde, und Geburtsort
mit (bitte auch den Namen der in der Nähe gelegenen größeren Stadt).
Die Kosten für die Persönlichkeitsanalyse betragen DM 33,–.
Versand nur gegen Vorauskasse.
Institut für Angewandte Psychologie
Postfach 21 03 46
5270 Gummersbach 21
Tel.: 0 22 61/5 15 49

Schlußwort und Leserdienst

Sie haben das vorliegende Buch gelesen und wissen nun, wie Sie die Ihnen innewohnenden Kräfte des Unterbewußtseins nutzen. Sie bedienen sich dieser Kräfte, um Ihre verborgenen Wünsche zu erkennen, Ihre Fähigkeiten zu entfalten und Ihre Ziele zu erreichen.

Indem Sie mit den lebenserneuernden Kräften, an denen Sie teilhaben, in Berührung treten, stoßen Sie in eine andere Welt des Seins vor und Sie bedienen sich der gewonnenen Energien, um sich immer mehr zu verwirklichen und an Ihrer Persönlichkeit zu wachsen. Indem die immensen Kräfte in Ihnen immer mehr zum Durchbruch gelangen werden, erfüllt sich für Sie der Sinn des Lebens.

Nun weiß ich aus Erfahrung, daß eine große Anzahl von Lesern meiner Bücher daran interessiert ist, die notwendigen Techniken in einem INTENSIV-TRAINING zu erlernen und zu üben. Diese Möglichkeiten bieten Ihnen Wochenendseminare, die im

INSTITUT FÜR ANGEWANDTE PSYCHOLOGIE

durchgeführt werden. Sie lernen, wie Sie die Macht Ihres Unterbewußtseins und die großen Möglichkeiten Ihres Tiefenbewußtseins nutzen und konsequent erfolgreiche Techniken zum Erreichen Ihrer Ziele anwenden. Solche Wochenendseminare sind schon von vielen Menschen aus allen Bevölkerungsschichten besucht worden. (Übrigens werden auch Seminare in der Schweiz durchgeführt.) Viele Dankschreiben sprechen für den Erfolg der Seminare.

Da die Hilfestellung immer auf der Person des Seminarteilnehmers und seinen individuellen Lebensumständen aufbaut, können die Arbeitstechniken besonders gut vermittelt werden.

In Verbindung mit einem Seminar werden Ihnen ein per-

sönliches Gespräch und eine individuelle Beratung besonders helfen. Der Wunsch ist verständlich, denn nicht jeder Teilnehmer wird, selbst in der besten Atmosphäre der Seminarrunde, all das sagen wollen, was ihn zutiefst bewegt. Das Gespräch hilft ihnen, ein Problem zu lösen oder in einer wichtigen Angelegenheit die richtige Entscheidung zu treffen. Häufig stecken Menschen so tief in einem Problem, daß Sie von sich selbst nicht die Lösung erkennen. So hilft Ihnen das Gespräch, in Zukunft Fehler zu vermeiden, und die richtigen Maßnahmen und Mittel zum Erreichen Ihres Zieles für Ihre ganz individuelle Situation richtig auszuwählen und anzuwenden. Mit Hilfe der Ihnen beim INTENSIV-TRAINING vermittelten bewährten Techniken entfalten Sie die in Ihnen verborgenen Kräfte und Fähigkeiten und verwirklichen Sie Ihre Wünsche.
Unterlagen über die verschiedenen Seminare werden Ihnen gern kostenlos und unverbindlich zugesandt.
Bitte schreiben Sie dazu an folgende Anschrift:
Institut für Angewandte Psychologie
Postfach 21 03 46
D-5270 Gummersbach 21
Oder rufen Sie an: Tel.: 0 22 61/5 15 49

A

Ermittlung Ihrer persönlichen Ziele

Mit den Übungen 1–8 verstärken Sie die Signale des Unterbewußtseins, so daß Sie erkennen, auf welches Ziel hin es sich für Sie betätigen will. Etwa nach vier Wochen ergibt sich für Sie die notwendige Zielklarheit, auf der die Tätigkeit Ihres Unterbewußtseins aufbaut. Dann haben Sie die Voraussetzungen geschaffen, nicht nur Ihre Fähigkeiten, sondern auch Ihre Persönlichkeit zu entwickeln.

AT Übung 1 (S. 34)
Schreiben Sie sieben Wünsche auf, die Ihnen besonders am Herzen liegen. Überarbeiten Sie die Liste mehrfach.

AT Übung 2 (S. 42)
Stellen Sie eine Liste Ihrer Tätigkeiten und Beanspruchungen auf. Überlegen Sie, wem Ihre Aktivitäten nutzen. Helfen sie anderen mehr als Ihnen, so geben Sie diese auf. Und nutzen Sie die Zeit dafür, Ihre eigenen Wünsche zu realisieren.

AT Übung 3 (S. 44)
Gehen Sie die Wunschliste noch einmal durch und untersuchen Sie, ob sie widersprüchliche Ziele enthält. Finden Sie Ziele, die sich gegenseitig ausschließen, streichen Sie sie so lange, bis Sie sich für das eine oder andere entschieden haben.

AT Übung 4 (S. 47)
Nehmen Sie Ihre Wunschliste jeden Tag für einige Minuten vor. Wiederholen Sie Übung 1–3.

AT Übung 5 (S. 52)
Überlegen Sie genau, welche Gründe Sie bisher wörtlich anführten, um Ihre Mißerfolge zu entschuldigen. Nehmen Sie sich vor, sich in Zukunft solcher Entschuldigungen nicht mehr zu bedienen. Trennen Sie sich endgültig von Ihren Ausflüchten.

AT Übung 6 (S. 53)
Überarbeiten Sie Ihre Wunschliste und schreiben Sie diese neu.

AT Übung 7 (S. 55)
Beschreiben Sie ausführlich jedes Ihrer Ziele in mindestens 10 Punkten. Nehmen Sie eine mehrmalige Überarbeitung vor.

AT Übung 8 (S. 65)
Verschwenden Sie keine Gedanken mehr an die Vergangenheit. Denken Sie immer daran: Richtigmachen bringt Erfolg. Jeder ist seines Glückes Schmied.
Sagen Sie diese Sätze mehrmals am Tag zu sich, wenn Sie allein sind.

B

Entwicklung der Erfolgskräfte des Unterbewußtseins

Außer Übung 9 ist es ein Übungsprogramm, das regelmäßig durchzuführen ist. Mit solch einfachen Übungen heben Sie die Blockade Ihrer unterbewußten Kräfte auf, worauf Sie spielend Ihre Erfolgskräfte zu entfalten vermögen. Nach vier Wochen können Sie den Zeitaufwand dafür auf die Hälfte reduzieren.

Üb Übung 9 (S. 86)
Stellen Sie ein Bilderbuch Ihrer Ziele zusammen. Betrachten Sie es regelmäßig. Geben Sie sich ganz dem Erlebnis hin, das Ziel schon erreicht zu haben.

Üb Übung 10 (S. 90)
Erwählen Sie mehrere positive Leitsprüche. Sprechen Sie diese am Tag mehrmals vor sich hin, wenn Sie allein sind. Betreiben Sie die Übung auch stets dann, wenn sich pessimistische Stimmungen einstellen. Zeit: 5 Minuten täglich.

Üb Übung 11 (S 91/92), Übung 12 (S. 92/93), Übung 13 (S. 94/95)
Suggestionstexte zur Steigerung positiver Gedanken, zur Kräftigung des Selbstvertrauens und für ein sicheres Auftreten. Die Übungen sollen morgens nach dem Aufstehen, abends vor dem Schlafengehen und bei Gelegenheit auch am Tag betrieben werden.
Zeitaufwand etwa 15 Minuten.

Üb Übung 14 (S. 103)
Fördern Sie Ihre Gesundheit durch Programm A und B. Nutzen Sie die wechselseitigen Beziehungen zwischen Geist und Körper, und es werden ungeahnte Lebenskräfte in Ihnen erwachen.
Zeit: 15 Minuten täglich.

C

Entfaltung der kreativen Möglichkeiten Ihres Unterbewußtseins und Ihrer Persönlichkeit

Mit den hier dargelegten geistigen Arbeitstechniken erreichen Sie Ihre Ziele und begründen durch das Ausschöpfen Ihrer kreativen Möglichkeiten Ihre ganz besondere Identität.

AT Übung 15 (S. 150)
Nehmen Sie sich die Wunschliste mit den Detailbeschreibungen jeden Tag für einige Minuten vor und denken Sie an Ihre Wünsche und Ziele. Ergeben sich hierbei neue Einzelheiten, dann nehmen Sie diese in die Wunschliste auf und schreiben die Liste neu.

AT Übung 16 (S. 155)
Schreiben Sie alle Ideen und Gedanken sofort auf. Ordnen und sortieren Sie diese später, wenn Sie gerade keine Einfälle haben.
Legen Sie auch ein Ideenbuch an, in das Sie Ihre Ideen und Gedanken eintragen, die zur Erreichung Ihrer Ziele geeignet sein könnten.
Zeit: 1 Stunde wöchentlich.

Üb Übung 17 (S. 160) Bild-Meditation
Betrachten Sie ein Bild mehrere Minuten lang. Schließen Sie hierauf die Augen und versuchen Sie, sich das Bild wieder vorzustellen.
Brechen Sie danach die Übung ab.
Wiederholen Sie die Übung täglich.
Gelingt es Ihnen schließlich, das Bild nach einer Reihe von Übungen bei geschlossenen Augen zu sehen, wählen Sie sich für Ihr weiteres Training ein anderes Bild oder irgendeinen Gegenstand.
Zeit: 3 Minuten täglich.

AT Übung 18 (S. 166)
Legen Sie während der Arbeit alle zwei bis drei Stunden eine fünf- bis zehnminütige Pause ein. Lassen Sie so Anspannung und Entspannung miteinander abwechseln. Versuchen Sie dabei an nichts zu denken und nehmen Sie die Autosuggestion zu Hilfe. Widmen Sie sich jeden Tag neben Ihrem Entfaltungsprogramm auch Tätigkeiten Ihrer Wahl, die nicht anstrengen und Ihnen Freude bereiten.

Üb Übung 19 (S. 172/173) Achtsamkeits-Meditation
Setzen Sie sich aufrecht auf einen Stuhl oder legen Sie sich auf eine Couch, wenn das möglich ist. Ziehen Sie sich ganz in sich zurück.

Schließen Sie die Augen so, daß Sie Ihre Umwelt nicht wahrnehmen, die Augen aber trotzdem nicht ganz geschlossen sind. Richten Sie in der angegebenen Weise die Aufmerksamkeit auf die Bauchdeckenbewegung oder den Luftstrom der Nase.
Zeit: 20 Minuten täglich.

AT Übung 20 (S. 183)
Beschäftigen Sie sich mit Ihren Träumen nach dem angegebenen Rezept. Arbeiten Sie regelmäßig mit ihnen.

AT Übung 21 (S. 194)
Legen Sie sich ein Notizbuch zu und trainieren Sie damit Ihr Gedächtnis. Versuchen Sie, sich der Dinge ohne seine Hilfe zu erinnern. Schauen Sie in das Büchlein nur, um nachzuprüfen, ob Sie tatsächlich nichts vergessen haben.

AT Übung 22 (S. 200)
Legen Sie eine Denkkartei für jeden Ihrer Wünsche an. Beschäftigen Sie sich in der Woche zweimal mit ihr.
Gehen Sie die Kartei gelegentlich auch ganz durch und vervollständigen Sie diese. Gewinnen Sie neue Einsichten, schreiben Sie sie nieder. Werden dadurch schon gewonnene Erkenntnisse überholt, streichen Sie sie.
Wenden Sie diese Technik für alle Wünsche an.

D

Techniken der Menschenbeeinflussung

Nachfolgend finden Sie die Arbeitstechniken aufgeführt, mit denen Sie einige Fehler unterbinden und andere Menschen spielend beeinflussen können. Sie sollten.sich mit diesen Techniken zu Anfang mindestens zwei Stunden in der Woche beschäftigen. Nach vier bis sechs Wochen kann dann die Zeit dafür reduziert werden.

AT Übung 23 (S. 223)
Nehmen Sie jeden Abend das 9-Punkte-Programm des sicheren Auftretens zur Hand. Überlegen Sie, wie Sie am nächsten Tag mehrere Punkte verwirklichen wollen. Führen Sie die Absicht aber nur aus,

wenn Sie erfolgversprechend ist. Haben Sie am Tag gegen einen der aufgeführten neun Punkte verstoßen?

AT Übung 24 (S. 226)
Wie Sie sich immer im Streß des Alltags andern gegenüber benehmen: Halten Sie sich zunächst zurück und werden Sie erst Ihrer Absicht inne. Registrieren Sie diese bewußt. Stellen Sie sich sodann die Frage, ob Ihr beabsichtigtes Vorgehen erfolgauslösend wäre. Führen Sie die Absicht nur aus, wenn Sie ein bejahendes Urteil fällen. Im andern Fall unterlassen Sie die Verwirklichung Ihres Vorhabens.

AT Übung 25 (S. 246)
Wenden Sie jeden Tag mindestens fünf der im 7. Kapitel angegebenen aktiven und passiven Erfolgstechniken an. So finden alle in Ihrem Anwendungsprogramm Aufnahme. Klammern Sie bestimmte Techniken nicht einfach aus. Beobachten Sie vielmehr aufmerksam die Wirkung jedes einzelnen Beeinflußungsmanövers.

AT Übung 26 (S. 249)
Sammeln Sie zur Vorbereitung des Beeinflussungsgesprächs gute Argumente. Überlegen Sie auch, welche weiteren Argumente der Gesprächspartner vorbringen könnte und wie Sie am besten darauf reagieren. Suchen Sie gezielt nach Techniken, welche die Schwächen des anderen so nutzen, daß Ihr Einfluß auf ihn zunimmt.

E

Techniken zur Steuerung unterbewußter Aktivitäten

Die hier am Schluß dargelegten Techniken erhöhen die erfolgspositiven Aktivitäten Ihres Unterbewußtseins auf Ihre Ziele hin. Mit ihrer Hilfe läßt sich jeder eventuelle Fehlschlag überwinden. Sie sollten sich daher dieser Techniken immer bedienen.

AT Übung 27 (S. 261)
Teilen Sie Ihre Zeit richtig ein. Stellen Sie (und nicht andere!) eine Prioritätsskala Ihrer Tätigkeiten auf. Beginnen Sie sofort mit der Verwirklichung des Teilziels, das auf der Prioritätsskala an erster Stelle steht. Und gehen Sie so jeden Tag Schritt für Schritt voran.

AT Übung 28 (S. 263)
Zerlegen Sie Ihre Ziele in Teilziele. Und stellen Sie zu ihrer Verwirklichung Jahrespläne, Monatspläne, Wochenpläne und Tagesziele auf.

AT Übung 29 (S. 265)
Tragen Sie in ein Büchlein für jedes Ziel schriftlich Ihren Tages-, Wochen-, Monats- und Jahresplan ein. Stellen Sie dem Plan das wirklich Erreichte gegenüber und vergleichen Sie beides.

AT Übung 30 (S. 267)
Versuchen unvorhergesehene Ereignisse Ihren Plan durcheinanderzubringen oder umzustürzen, so vergleichen Sie die Notwendigkeit, in dieser Richtung tätig zu werden, mit der Dringlichkeit Ihrer planmäßigen Aktivitäten. Die richtige Einordnung Ihres allfällig erforderlichen Handelns zur Bewältigung des Tagesgeschehens ergibt sich dann von selbst. Darüber hinaus vermeiden Sie auch Störungen des Unterbewußtseins.

AT Übung 31 (S. 272 ff.)
Bedienen Sie sich des Erfolgsprogramms, um Fehlschläge mit den Kräften des Unterbewußtseins zu überwinden.

Register